A Study of Rural Household Finance:
Theory and Empirical Case

中国农户家庭资产选择
理论与实证研究

肖忠意／著

中国财经出版传媒集团

经济科学出版社
Economic Science Press

图书在版编目（CIP）数据

中国农户家庭资产选择理论与实证研究/肖忠意著．
—北京：经济科学出版社，2019.3
ISBN 978 - 7 - 5218 - 0275 - 7

Ⅰ.①中…　Ⅱ.①肖…　Ⅲ.①农户 - 家庭 - 资产管理
- 研究 - 中国　Ⅳ.①F832

中国版本图书馆 CIP 数据核字（2019）第 030668 号

责任编辑：谭志军　李　军
责任校对：隗立娜
责任印制：王世伟

中国农户家庭资产选择理论与实证研究
肖忠意　著
经济科学出版社出版、发行　新华书店经销
社址：北京市海淀区阜成路甲 28 号　邮编：100142
总编部电话：010 - 88191217　发行部电话：010 - 88191522
网址：www. esp. com. cn
电子邮箱：esp@ esp. com. cn
天猫网店：经济科学出版社旗舰店
网址：http://jjkxcbs. tmall. com
固安华明印业有限公司印装
710 × 1000　16 开　18.75 印张　260000 字
2019 年 3 月第 1 版　2019 年 3 月第 1 次印刷
ISBN 978 - 7 - 5218 - 0275 - 7　定价：56.00 元
（图书出现印装问题，本社负责调换。电话：010 - 88191510）
（版权所有　侵权必究　举报电话：010 - 88191661
电子邮箱：dbts@ esp. com. cn）

前言 /PREFACE

改革开放 40 年来中国经济的快速增长，促进了居民收入水平的不断提高和家庭财富的日益积累。渐进式的社会制度变迁让中国家庭资产结构较以前发生了剧烈变化。其中农户家庭资产结构变化尤为显著。农户家庭资产结构从 20 年前以手持现金和储蓄为主的单一模式，逐渐向股票、理财产品、商业保险、政府债券、公司债券、黄金、外汇等多种资产组合模式转变，甚至选择了期货、期权、权证等金融衍生品。虽然目前储蓄仍然在农户家庭资产中占主导地位，但是现金、储蓄等低风险资产占比逐渐下降，而风险较高的金融性资产占比随着家庭资产总量的不断增加而提高。因此，对于当前中国农户家庭资产选择和消费行为的研究具有重要的现实意义。

中国居民消费观念保守，消费意愿和能力不足，是制约经济发展的重要因素。中国居民消费不足的重要根源在于农村居民消费不足。本研究以农户家庭为研究对象，基于 2013 年中国家庭金融微观调查数据（CHFS2013）构建了一个包含 13634 户农户家庭的微观数据，检验了农户家庭参与储蓄、股票、商品房和商业保险 4 种资产选择对家庭消费行为影响的财富效应及财富效应的地区差异。实证结果显示，农户家庭参与储蓄、股票、商品房和商业保险等家庭资产选择对家庭消费支出具有显著的促进作用，存在财富效应。同时，中西部地区相对于东部地区而言，其农户家庭资产选择对消费支出的促进作用更加显著，应重视中西部地区消费金融市场的培育和发展。由于财富效应的存在，因此进一步研究资产选择的影响因素对于扩大消费和拉动经济增长有重要作用。

影响家庭资产选择的因素很多。本书在借鉴国内外现有家庭资产选择理论研究成果的基础上，结合中国农户家庭特征，从农户家庭视角出发，重点研究了家庭人口结构、婚姻关系和主观幸福感等方面因素对农户家庭资产选择的影响及作用机制，为相关研究架设了一个新的研究视角。

对家庭人口结构与农户家庭资产选择关系而言，本书从老年抚养比、少儿抚养比、家庭规模、家庭代际数等多个家庭人口结构特征视角，研究了家庭资产选择的差异。实证结果发现，老年抚养比越大、家庭规模越大、家庭代际数越多，越倾向于参与储蓄等无风险的资产选择活动。少儿抚养比对于股票、商品房和商业保险参与有显著的影响。总的来说，家庭人口结构因素对农户家庭资产选择有重要的作用，但是不同家庭人口结构因素的影响存在一定的差异。

对家庭婚姻关系与农户家庭资产选择关系而言，本书从婚姻状态、婚姻家庭态度、婚龄以及婚姻匹配等多个婚姻关系视角，研究了家庭资产选择的差异。实证结果发现，已婚农户家庭参与储蓄和商品房等资产选择比率和比重均较单身家庭高，且婚否与农户家庭股票和商业保险参与概率呈显著负相关，已婚家庭持有股票的比重显著低于未婚家庭。婚姻观念较强的已婚家庭较未婚家庭参与储蓄的比重更高，参与持有股票的比重却较低。婚龄越长的农户家庭参与投资股票的概率和持有比重较婚龄较短的家庭低。户口异质的家庭参与储蓄和持有股票的概率显著高于同质农户家庭。

对主观幸福感与农户家庭资产选择关系而言，农户家庭主观幸福感提升，其参与储蓄的概率下降，参与商品房和商业保险的概率均上升，但持有股票的比重会减小。进一步的机制研究还发现，风险偏好和创业动机能够与主观幸福感形成交互作用，从而影响农户家庭资产选择。

创业家庭和打工家庭资产配置存在异质性。良好的区域创新创业环境，不仅对于提高打工家庭参与持有股票的概率有显著的促进作用，而且可能降低创业家庭和打工家庭股票投资在家庭资产中的持有比重，这表明外生的区域创新创业环境可能是解释中国家庭资产选择的"有限参与之谜"的重要因素。此外，区域创新创业环境对进城农民家庭资产选择的影响作用可以通过创业动机和家庭财务脆弱性来实现。

亲子利他性能够影响农村家庭参与金融市场行为，同时对选择储蓄、投资、保险、住房、借贷五种资产配置的影响存在差异。亲子利他性会显著增加农村家庭的储蓄规模，但是会减少自身住房需求的支出，以保障子女未来获得足够的资金用于教育等需求。进一步研究还发现，农村家庭所表现出的先天的亲子利他性受到后天教育的影响十分有限，这表明"非理性"因素亲子利他性对家庭资产选择具有重要作用。

研究结论启示，拓宽农民增收渠道，提升农户家庭收入水平，健全完善社会保障体系，建立金融市场良好秩序，丰富创新金融产品供给，有利于培育农户积极的消费预期，增强农户参与资产选择的意愿，满足农户家庭多元化的金融消费需求，对于农村居民扩大消费，拉动经济增长具有现实和理论的重要意义。

肖忠意
2019 年 1 月

目 录 /CONTENTS

第1章 研究背景概述

1.1 研究背景与问题的提出

自 1978 年改革开放以来，中国经济实现了 40 年的持续快速增长，取得了世界瞩目的成绩。这一阶段，支撑中国经济高增长的传统动力主要为投资和出口。然而近年来，随着我国经济发展阶段以及国际经济形势的变化，投资和出口动力逐渐减弱，经济增长趋势逐步放缓。为扭转我国经济增长过度依赖外需的局面，中国经济迫切需要实现从"出口依赖型"向"消费主导型"经济增长方式的转变。加快建立扩大内需、促进消费的长效机制，充分发挥第"三驾马车"——消费拉动经济增长的作用，是加快我国经济结构调整、提高经济发展质量和效益的关键。2016 年，中国国内生产总值 744127 亿元，比上年增长 6.7%，对世界经济增长的贡献率达到 33.2%，依旧是世界经济增长的第一引擎。相比之下，中国居民消费观念保守、消费能力不足，中国城乡居民消费占国内生产总值的比重远低于欧美发达国家平均水平。2016 年城镇居民人均消费支出 23079 元。与城镇居民相比，农村居民人均消费支出 10130 元，不到城镇居民人均消费支出的一半。农村居民消费不足的问题更加突出，成为制约经济增长的重要因素。曾有不少学者指出，中国居民消费不足的重要根源在于农村消费不足。因此，如何有效解决"促进中国农村居民消费"这一难题，是拉动经济增长、促进经济增长方式成功转型的重中之重。

过去国内外学者已经从不同角度对中国居民消费不足的问题进行了理论和实证研究，积累了丰富的学术研究成果。但是通过对现有文献的梳理发现，这些研究忽视了一种对农户家庭消费具有重要影响的因素——家庭资产。事实上，改革开放40年来经济的快速增长，促进了我国居民收入水平的不断提高和家庭财富的日益积累，渐进式的社会制度变迁让中国传统家庭结构、功能和观念发生了剧烈的变化。中国城乡家庭规模缩小，家庭经济行为市场化程度不断提高，财富意识的觉醒进一步促使了家庭资产结构和消费支出行为的变迁。近20年来，家庭资产结构发生了根本变化，已经从传统的手持现金、活期储蓄和定期储蓄，扩展到了股票、理财产品、商业保险、政府债券、公司债券、黄金、外汇、商品房等多种组合，甚至包含期货、期权、权证等金融衍生品。与此同时，虽然储蓄仍然在农户家庭资产结构中占主导地位，但手持现金、活期存款和定期存款等低风险资产的占比逐渐下降，风险较高的金融性资产占比却不断提高。各类金融机构如雨后春笋般出现，各种金融要素在市场机制下灵活运行，金融业得到前所未有的蓬勃发展。

近两年家庭金融的兴起，受到学术界的广泛关注。家庭资产选择行为不仅影响居民福利水平，而且对居民家庭消费行为有重要影响。家庭资产选择决策的优化是扩大消费需求和促进经济增长的重要途径，也是理论和实证分析的重点课题。在给定的经济条件下，家庭可以通过资产的合理配置实现消费需求的最大化。家庭资产可以分为金融资产和实物资产，不同类型的资产具有不同的属性特征，并且不同资产对于居民消费行为的影响可能存在明显差异。因此，农户家庭的资产选择行为及对家庭消费的财富效应值得我们深入研究。

通过对国内外相关文献的梳理，不难发现如下结论：

（1）目前家庭金融研究对象主要集中于城镇居民，农村居民家庭虽然也存在迫切的消费金融需求，但以农户家庭为研究对象的相关理论分析和实证证据还比较欠缺。

（2）受家庭微观投资数据可得性的限制，国内相关研究多数从宏观变量入手，以微观数据为基础的研究还比较薄弱，或者分类观察还比较粗糙，有待进一步深入分析。

（3）受社会经济快速变迁和城乡二元经济结构特征的影响，对中国农户家庭资产选择和消费行为的分析，难以简单借鉴生命周期理论等西方经典理论或中国城镇居民资产选择结论。因此，迫切需要通过大量实证分析，探索建立适用于中国农村和农户家庭的消费金融理论模型。

1.2　研究理论意义与现实意义

1.2.1　理论意义

本研究以中国农户家庭为研究对象，这是以前相关研究没有注意到的，具有一定的创新空间。

（1）本研究基于农户家庭资产选择异质性，通过实证分析家庭资产选择对消费的财富效应及地区差异，为金融市场能够有针对性地提出资产优化组合和投资建议以及为金融产品和服务创新提供理论基础。

（2）本研究首次从农户家庭的角度出发，从家庭人口结构、婚姻关系、主观幸福感三个维度实证研究了其与家庭资产选择之间的关系，在研究角度和研究方法上具有一定的前沿性和创新性，可以为国内的后续研究提供重要参考。

（3）我国经济发展进入"新常态"，渐进式改革路径可能导致改革目标不是在改革初期就是明朗的。改革的不确定性使农户家庭根据政策改变的合理预期调整自身消费行为的难度加大，从而削弱甚至逆转原本意在通过消费金融扩大消费内需的经济逻辑。因此，本研究的结论对"新常态"背景下农村金融理论发展具有重要意义。

1.2.2　现实意义

（1）消费一直是中国经济发展中的"短板"，而随着农村金融市场的发展，农村消费市场蕴藏巨大的能量。探索农户家庭消费金融行为的影响因素，有利于引导社会转变消费观念，塑造积极的消费文化，解决农村消费不足的问题。

（2）伴随农户家庭财富的积累，农户家庭的消费和资产选择行为表现明显异质性，这不仅仅影响单个家庭的财富变化和消费支出，也可能会在宏观上影响整个资本市场的供给关系、资产价格和风险结构。

（3）本研究有助于帮助人们在现有金融条件下，利用已掌握的金融工具进行最优资产组合选择，来应对未来制度和市场带来的各种不确定性，同时本研究为相关制度和政策的制定提供参考。

1.3　研究目标

针对现有研究的局限性，本研究有以下 4 个目标：

（1）以中国农户家庭为研究对象，分析家庭资产选择特征。国外学者对欧美国家家庭资产选择进行了较为系统的研究，为国内学者研究中国家庭资产选择行为特征提供了有价值的理论基础和实证经验。国内不少学者也尝试利用相关数据对国内城市家庭进行了实证研究。本研究在城乡二元结构背景下，基于家庭金融微观调查数据 CHFS 对农户家庭资产选择问题进行系统深入的分析，分析了我国农户家庭资产选择行为特征。

（2）研究中国农户家庭资产选择对消费的财富效应及地区差异。以农户家庭为研究对象，研究储蓄、股票、商品房和商业保险 4 种资产选择对农户家庭消费行为是否存在财富效应；如果存在财富效应，则进一步检验 4 种资产对农户家庭消费的财富效应的地区差异。

（3）从多个家庭维度研究农户家庭资产选择的决定因素。中国农户家庭的家庭观念比较强，鉴于此，本研究从家庭人口结构、婚姻关系和主观幸福感三个维度进行实证研究，本研究的核心目的就是研究这三个家庭因素分别与农户家庭储蓄、股票、商品房和商业保险资产选择的关系，并进一步探寻其可能存在的影响机制。

（4）通过系列实证分析结论形成有一定现实价值的政策建议。基于本书研究结论，提出农户家庭消费的财富效应和家庭金融效应结论，为政府相关部门政策制定和规范金融市场提供政策建议和智力支持，为金融实务部门创新和发展提供思路。

1.4　研究框架设计

本书分为 10 章进行阐述，具体内容如下：

第 1 章研究背景概述。主要阐述了中国农户家庭消费与资产选择问题提出的背景与意义，提出了研究意义、研究目标、研究思路、研究方法及技术路线等。

第 2 章家庭资产选择相关文献综述。主要对农户家庭和资产选择等概念进行了界定，对资产选择理论和财富效应等问题的国内外的文献综述进行了梳理和归纳，为本研究的深入研究提供借鉴依据。

第 3 章构建农户家庭资产选择和消费的微观数据，并基于家庭微观数据细致分析家庭资产选择的异质性。

第 4 章实证检验农户家庭配置不同的资产对消费的财富效应及不同地区的财富效应的差异。

第 5 章实证检验家庭人口结构特征与农户家庭资产选择的关系。重点关注家庭人口结构中老年扶养比、少儿抚养比、家庭规模、家庭代际数 4 个因素对农户家庭选择储蓄、股票、商品房和商业保险 4 种资产的参与概率和持有比重的影响。

第 6 章实证检验婚姻关系与农户家庭资产选择的关系。针对农户家庭婚姻关系，从婚姻状态、婚龄、婚姻匹配结构等多个维度实证分析了婚姻对家庭储蓄、股票、商品房和商业保险等资产选择的影响，并进一步进行了资产选择机制研究。

第 7 章实证检验主观幸福感与农户家庭资产选择的关系分析。分析了农户主观幸福感的变化对农户家庭参与储蓄、股票、商品房和商业保险4种资产选择的影响，并进一步分析可能存在的影响机制。

第8章本章研究区域创新创业环境对进城农民家庭金融市场参与及资产选择的影响及可能存在的机制，以期能够对相关文献做必要补充，同时为政策制定者提供相关经验证据。

第9章研究了亲子利他性是否可以解释农村家庭资产选择差异，这既有助于深入认识中国农村家庭资产选择的决策运行机制，也有助于相关部门的政策制定提供参考依据。

第10章研究结论与政策建议。在前文的基础上总结了研究的主要结论，并提出有针对性的政策建议。

第2章 理论基础与文献综述

居民家庭资产选择的对象是家庭拥有的所有资产，因此，研究家庭消费行为和家庭资产选择行为首先要界定家庭、家庭经济结构、家庭消费、家庭资产选择等相关概念，并提出当前研究方向和存在的问题。

2.1 基本概念的界定

2.1.1 农户家庭的界定

什么是家庭？家庭是指在婚姻关系、血缘关系或收养关系基础上产生的，亲属之间所构成的一个社会生活单位。对于"家庭"概念的理解有多种，具有代表性的有日本的《日本民法典》规定，凡隶属于同一户籍的亲属团体，就称为家庭，其成员可不在一起共同生活，但认识家庭成员；而仅有户主，并无家属，也可承认为家庭。《瑞士民法典》规定，家庭必须是共同生活的亲属团体。共同经营家庭生活的个人，可以组成家庭，家庭有家长，由法律、协议或习惯予以确定，法律还规定实行家产共同所有制。《中华人民共和国婚姻法》对家庭关系中的婚姻关系、父母子女关系和其他家庭成员间的关系进行了解释。此外，在《新华字典》对"家庭"的解释是：家庭是以婚姻和血统关系为基础的社会单位，包括父母、子女和其他共同生活的亲属在内。《辞海》给出了类似的解释：家庭是由婚姻、血缘或收养关系而产生的亲属间的共同生活组织，婚姻构成最初的家庭关系，由于出生事实，又产生父母、子女等其他家庭成员之间的关系，家庭也可因收养建立拟制血亲而形成。

学术界也尝试对家庭概念进行了界定。贝克尔（Becker，1974）认为家庭实际上是小型生产的单元，它能够结合资本、生产资料和劳动以生产出其他有用的产品，所以家庭可以是消费单位，也可以是生产单位，同时还可以成为投资单位，实际上是一个经济主体。刘楹（2007）认为家庭是一种由婚姻关系、血缘关系或者收养关系组织起来的人群的关系，是基于共同的物质、情感基础而建立的一种社会生活的社会组织形式；同时，家庭还是家庭资产配置等经济行为的行为主体。可见，家庭既是一个社会学的社会单元的概念，也是一个经济学行为主体的概念，具备了社会学和经济学的双重研究属性。

中国是典型的"二元"社会结构国家，国内学术界对于"农户家庭"的概念存在狭义和广义两种解释。就狭义的解释而言，韩明谟（2001）认为农户就是农民家庭。卜范达和韩喜平（2003）认为农户是指在农村地区工作和生活的，主要以家庭劳动力从事农业生产为经济来源；家庭是拥有剩余控制权的多功能的社会组织单位。魏梦（2013）则从广义层面解释了农户家庭。他认为农户家庭指户口在农村，参加乡村集体经济组织，并且具有明确的权利和义务的家庭常住户。在前人认识的基础上，本研究认为随着农村经济不断地发展，农户的内涵随着城镇化人口流动和经济发展应有变化，农户所从事的生产活动也不应当局限农业生产领域，生产形式也不一定是小农生产方式，可以涉及多种非农经营方式，并且农户也并不一定常年居住在农村地区。基于以上认识，本研究认为农户家庭的界定应该为农业户籍的家庭，以家庭为基础从事农业或非农业生产活动，家庭成员共同享有家庭资产的农村社会经济组织基本单元。如果农村户籍家庭进入城镇地区工作或者生活，但是其户籍仍留在农村地区，则其家庭仍被视为农户家庭；相反，城镇户籍家庭进入农村地区工作或者生活，但如果其户籍仍留在城镇地区，则其家庭仍被视为城镇家庭。本研究在以后章节中集中讨论的是具有农村户籍的农户家庭。

2.1.2 农户家庭经济结构的界定

农户家庭经济行为的直接结果是形成了一系列的经济变量，而这些经济变量构成要素间的比例关系就构成了所谓的农户家庭经济结构（程兰芳，2004）。"家庭经济结构"一般指在一定经济收入情况下的家庭消费结构和投资结构（见图 2 - 1）。家庭通过各种收入渠道获得的全部收入并扣除所得税费后的可支配收入，然后将可支配收入按照消费和消费剩余进行分割，将用于消费目的的可支配收入花费到各种生产消费品和生活消费品之中，即称为"农户家庭消费结构"，而农户家庭对除去消费支出之外的消费剩余采用一定经济手段进行积累和投资，即称为"农户家庭投资积累结构"。

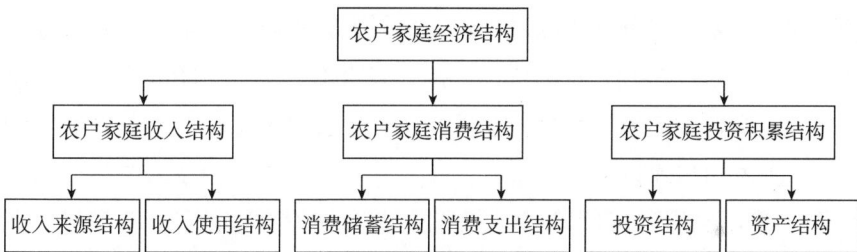

图 2 - 1 农户家庭经济结构示意

2.1.3 农户家庭消费的界定

家庭消费是社会再生产过程中的一个重要环节，也是最终环节。需求是有支付能力的需要，消费需求是消费需要的实现。家庭消费是指利用社会产品来满足家庭成员各种需要的过程，可以分为生产消费和生活消费。生产消费和生活消费的区别在于：前者把产品当作物质资料生产过程中生产资料和生活劳动的使用和消耗，而后者把产品当作满足家庭和个人生活需要的物质资料和精神产品的使用和消耗，是恢复人们劳动力和劳动力再生产必不可少的条件（王珊珊，2010）。此外，消费还可以划分为生存型消费、发展型消费和享受型消费，或者划分为实物消费和现金消费。

农户家庭消费是指农户家庭在一定时期内商品和服务的全部最终消费支出，包括直接以货币形式购买商品和服务的消费支出。可以说，消费结构是消费水平的具体体现。《中国统计年鉴》按照农户家庭日常生活中的吃、穿、住、行、用等将家庭消费结构划分为：食品烟酒支出、衣着支出、居住支出、生活用品及服务支出、交通通信支出、教育文化娱乐支出、医疗保健支出、其他用品及服务支出，共计8项支出类别。

2.1.4 农户家庭资产的界定

格林沃尔德在《现代经济词典》中将资产定义为：由企业或个人所拥有并具有价值的、有形的或无形的权利。资产之所以对物主有价值，或是由于它是未来事业的源泉，或者是因为它可以用于取得未来的经济利益。李雪松（2006）认为资产是指具有明确所有权，能够给所有者带来收益的有形或无形的物质。本研究认为，农户家庭资产指农户家庭拥有的，所有可以通过货币计量，且在一定经济、社会和技术条件下为农户家庭带来经济效益的各类稀缺资源，既包括有形资产，又包括无形资产。农户家庭资产至少应当具备以下三个方面的特征：第一，所有权清晰，家庭某种资产必须属于家庭成员共有或某位家庭成员所有；第二，能够以货币计量，可以通过出租、抵（质）押和流转等形式对资产进行处置；第三，具有稀缺性，能够为农户家庭带来经济效应。

此外，农户家庭无形资产一般可以包括农户声誉、商标权、专利权以及土地经营权等，而有形资产可以依据资产的使用和变现周期，分为固定资产和流动资产。农户家庭资产种类繁多，主要包括以下几种：（1）土地，包括宅基地、耕地、林地等；（2）房屋，包括宅基地住房、城镇地区的商品房、商铺和工厂厂房或作坊；（3）交通工具，包括货车、轿车、摩托车等；（4）工具和设备，包括农用工具以及农用生产设备，例如大型收割机和播种机；（5）存货，包括农户从事农业生产和非农业生产产品的剩余产品，例如水稻、小麦、畜牧产品等；（6）家庭金融资产，主要包括银行储蓄、应收账款余额、农产品订单、股票、债券、期权或期货等金融工具。

2.2　消费与资产选择关系的理论与研究进展

2.2.1　消费理论发展历程

西方经济学界较早开始关注消费领域的研究，具体可以追溯到凯恩斯 1936 年发表的《就业、利息和货币通论》。早期研究主要的观点建立在消费函数的基础上，认为消费本质上是收入的函数，消费水平与收入水平显著正相关。随着后期消费理论的进一步深入和扩展，学术界将不确定性、风险厌恶、行为异质性等因素纳入研究框架，更加丰富了消费理论。现代经济学界对消费理论的研究成果大致包括以下四个阶段：

第一阶段为 20 世纪 30 年代中期到 50 年代中期。当时消费函数尚处于起步阶段，主要的理论包括凯恩斯的绝对收入假说和杜森贝里的相对收入假说，主要研究了消费与收入的函数关系。

第二阶段为 20 世纪 50 年代中后期到 70 年代中期。消费函数在新古典经济学理论研究框架下进一步扩展到跨期消费决策，这一时期的代表性的研究成果是莫迪利安尼的生命周期假说和弗里德曼的持久收入假说，将初始财富纳入研究框架，现实的解释力得到了大大的提高。

第三阶段为 20 世纪 70 年代中后期到 80 年代初期。预期收入和计量经济学被大量引入经济学研究，这一阶段，霍尔、穆斯、卢卡斯等经济学家提出的消费理论形成了具有典型的代表意义的随机游走假说。

第四阶段为 20 世纪 80 年代中后期至今。这一阶段形成了大量新的消费理论假说，例如，通过对消费过度敏感性问题的研究，发展出了流动性约束假说、预防性储蓄假说，实质上也是学术界对消费者行为理论不断完善和修正的过程。

2.2.2　基于消费函数的消费理论

2.2.2.1　凯恩斯的绝对收入假说

凯恩斯（John Maynard Keynes）是现代西方经济学最有影响力之一的英国经济学家，他所创立的宏观经济学、弗洛伊德创立的精神分析法以及爱因斯坦的相对论并称 20 世纪的三大革命。1936 年凯恩斯在《就业、利息和货币通论》中提出"绝对收入假说"，认为当期消费和当期收入之间存在稳定的消费函数关系，即消费水平取决于当期可支配的收入水平，并且表现出边际消费倾向递减。当家庭的可支配收入增加时，其消费支出也会增加，但是消费的增量在收入增量中的比重是下降的，因此，随收入的增加，人们消费的部分在收入中的比重是下降的，相反，投资部分在收入中的比重则是上升的。

绝对收入假说可以建立如下消费函数：

$$C_t = \alpha + \beta Y_t \quad (t = 1，2，3，\cdots，T) \quad (2.1)$$

其中，C_t 表示当期消费支出，Y_t 表示当期可支配收入，α 表示自发性消费，即没有收入也会发生的必要生活消费支出；β 表示边际消费倾向。

凯恩斯首次将消费和收入水平纳入经济学研究框架，扩大了消费分析的视野，但是凯恩斯的绝对收入假说也存在一些局限：第一，绝对收入假说所看到的理性消费者均表现明显的"短视"，仅仅考虑当前收入；第二，只能解释短期消费行为，忽略了中长期不确定性的约束；第三，该理论没有利用效用最大化原理，且缺乏充分的微观行为逻辑基础。

2.2.2.2　杜森贝里的相对收入假说

杜森贝里是美国当代著名的经济学家，他在 1949 年出版的《收入、储蓄和消费行为理论》中提出了相对收入假说。相对收入假说的消费函数可以表达为下式：

$$C_{i,t} = \alpha_0 Y_{i,t} + \alpha_1 \bar{Y}_t + \alpha_2 \tilde{Y}_{i,t_0} \quad (2.2)$$

其中，$C_{i,t}$ 表示消费者 i 在 t 时期的消费水平，Y_t 表示消费者 i 在 t 时期的收入水平，$\bar{Y}_t$ 表示所有消费者在 t 时期的消费水平，$\tilde{Y}_{i,t_0}$ 表示消费者 i 在 t_0 时期的最高收入水平，且同时满足 $\alpha_0 + \alpha_1 + \alpha_2 \leq 1$。

杜森贝里的相对收入假说至少包括两层含义：

第一，消费是有"示范"作用的，消费者的消费支出不仅受自身收入的影响，而且受他人消费支出的影响，这就是所谓的"示范效应"。因为消费者存在"示范效应"的影响，所以随着收入的增加，消费增量在收入增量中的比例就不一定是递减的，即个人的消费行为具有强烈的"模仿"和追求更高生活水平的倾向，如果一个人的收入保持不变或者略有降低，然而周围人的收入却有所提高，那么他未必会选择降低消费水平，从而导致收入中用于消费的比重可能反而增加。

第二，相对收入假说将消费行为的短期分析和长期分析结合起来，认为消费支出不仅受到当前收入水平的影响，而且受到过去较高水平时期收入和消费水平的影响。如果某人过去收入水平较高，并在当时养成了一定的消费习惯，那么这种习惯就会被坚持下来，并对当期的消费行为产生影响，即消费具有"棘轮效应"。换言之，消费者的短期消费函数就如同棘轮一样，对消费下降起着阻碍作用，当收入偏离长期增长趋势时，短期边际消费倾向将小于长期边际消费倾向。

2.2.2.3 莫迪利安尼的生命周期假说

生命周期假说是由美国经济学家弗兰克·莫迪利安尼在 1954 年《效用分析与消费函数对抽样数据的分析》和 1979 年《效用分析与总消费函数一次综合的尝试》两篇文章的研究中形成了基本的研究框架。该理论的中心论点是：消费行为并不仅仅与当期收入有关，人们总是根据一生的全部预期收入来安排其消费行为，人们总是试图把一生的全部收入在消费和投资之间进行最佳的分配，从而获得效用最大化。家庭的总消费受到家庭总收入条件的约束，因此，虽然在生命周期中家庭收入未必稳定，但是其消费却相对稳定。各个家庭和个人的消费表达式可以写作下式：

$$C = \alpha \cdot WR + \beta \cdot YL \tag{2.3}$$

其中，WR 表示非劳动收入，YL 表示劳动收入，α 和 β 分别表示非劳动收入的边际消费倾向和劳动收入的边际消费倾向。

生命周期假说将人的一生划分为两大时期和三个阶段，两大时期是指一生中收入大于消费和收入小于消费的时期，而生命周期的三个阶段包括少年、中年、老年阶段，消费者每个阶段的消费不仅依赖于某一时期的收入，更加依赖一生的全部收入，从而达到优化整个生命周期内消费的配置。

因此，生命周期消费者的效用函数可以写作：

$$U\ (C)\ = U\ (C_1,\ C_2,\ C_3,\ \cdots,\ C_n) \tag{2.4}$$

消费者的预算约束可以写作：

$$\sum_{t=1}^{T} \frac{C_t}{(1+r)^{t-1}} = \sum_{t=1}^{T} \frac{Y_t}{(1+r)^{t-1}} \tag{2.5}$$

其中，C_t 表示消费，Y_t 表示收入，r 表示贴现率。

2.2.2.4　弗里德曼的持久收入假说

持久收入假说由诺贝尔经济学家米尔顿·弗里德曼提出。绝对收入假说和相对收入假说之所以把短期消费函数中的收入和消费关系视为非比例关系，究其原因，就是因为该观点仅仅考虑的是当期的实际收入，从而使得理论受到了限制。弗里德曼认为，消费者在安排消费时，不是依据短期的实际收入，而是依据长期的持久收入，即在相当长时间里得到的收入的平均数，这个收入依赖于其眼界和远见。可见，弗里德曼的持久收入概念最大的特点就是在研究框架中引入了预期收入作为研究工具，这一点无疑使得消费理论更加完善。

在持久收入假说中，消费者可支配收入可以划分为持久收入和暂时收入两种，即可以表达为：

$$Y_t = Yp_t + Yt_t \tag{2.6}$$

其中，Y_t 表示消费者收入，Yp_t 表示持久收入，Yt_t 表示暂时收入。

一方面，持久收入是消费者收入可以预测的，相对稳定的；另一方面，暂时性收入是瞬间的、非连续的、偶然性的非预期收入，是由于暂时性因素导致的消费者获得偏离预期的收入。那么，一个人在一定时期内的收入水平可以大于、小于或等于持久收入，其暂时性收入可以为正，可以为负，甚至等于零。

与持久收入和暂时性收入相对应，消费可以划分为持久消费和暂时消费。其数学表达式可以写作：

$$C_t = Cp_t + Ct_t \qquad (2.7)$$

持久收入和持久消费的关系是弗里德曼持久收入假说的一个基础，认为一个人的消费本质是由持久收入决定的。消费者的持久消费和持久收入之间存在一定的比例关系，两者关系的数学表达式可以写作：

$$Cp_t = k \cdot Yp_t \qquad (2.8)$$

总的来说，弗里德曼的持久收入假说和莫迪利安尼的生命周期假说的基本出发点是相同的，两者都是将消费者的长期收入作为消费决策的重要依据，它们合称为前瞻性消费理论。

2.2.3 基于不确定性预期的消费理论

2.2.3.1 预防性储蓄消费理论

预防性储蓄指风险厌恶的消费者为避免由于收入波动产生的不确定性造成的对消费水平的负向影响而采取的储蓄性行为。假设绝对风险厌恶系数是递减，预防性储蓄假说将持久收入假说和生命周期假说中的消费者理性预期和效用最大化的假设纳入研究框架，同时还引入了不确定性因素，从而在更一般的意义上考察了消费者的跨期消费行为。该假说认为，消费者选择进行储蓄与不确定性相关，其资产积累行为不仅为了实现在整个生命周期内资源跨期的最优配置，以实现整个生命周期内平滑消费以最大化效用现值，更重要的是要增加对不确定性的抵抗能力，防范和减弱不确定性对个人生活的冲击和负面影响。不确定性与财富之间存在着正相关关系，不确定性越高，财富的积累就会越多。在预防性储蓄模型中，面临较高的收入变动的个人将在年轻时较少消费而在年老时较多消费，在所有年龄段他们都有一个较高的财富—收入比率。相对于预期的将来收入不确定的，拥有较低的当前财产确定的人，其收入的暂时性变化的边际消费倾向要大于其他人。具有相对风险厌恶的理性人对暂时收入过度敏感，储蓄过多，并有较高的消费的预期增长率。随后，大量研究围绕预防性储蓄理论进行了不同侧面的研究。

2.2.3.2 流动性约束消费理论

泽尔德斯（Zeldes，1989）认为如果消费者家庭财产低于两个月的收入水平时，消费行为就会受到流动性约束的影响。流动性约束消费假说是指，在消费信贷不发达的情况下，消费者无法不支付任何成本获得借贷消费，因此，无法实现平滑消费。流动性约束消费假说具有两种不同的表现形式：一是即期流动性约束，二是远期流动性约束。即期流动性约束表现为，消费者在收入下降时，将会面临消费信贷的约束，而当预期收入上升时，放松流动性约束可以促进消费者进行更多的消费，因此，相对于收入下降而言，消费者可预期的收入增长反应更为强烈。远期流动性约束是指当预期收入下降时，消费者会选择增加储蓄，以此预防远期流动性约束可能造成的对消费的负面影响，消费者表现为"损失厌恶情绪"，相对于收入上升而言，消费者对预期收入下降反应更为强烈。流动性约束消费假说认为，消费者的消费决策行为受到预期收入变化的影响是非对称的。

2.2.3.3 缓冲库存消费理论

迪顿（Deaton，1990）和卡罗尔（Carroll，1992）结合预防性储蓄假说和流动性约束假说，提出了缓冲库存消费假说。该假说将家庭储蓄视为一种缓冲库存，家庭进行储蓄的目的是为了对冲收入下降时的经济困境，消费者通过缓冲库存在经济困境时维持正常消费，或在经济宽裕时增加消费。

缓冲库存消费者一般需要确定一个财富与持久收入的比例，在消费者存在预防性储蓄动机的前提下，如果财富水平未达到目标，消费者的预防性储蓄动机就会抑制消费行为，增加储蓄；相反，如果消费者持有的财富水平达到了一定程度，消费者可能选择扩大消费水平，减少储蓄的比重。因此，消费者在做消费决策时的最优策略就是，并非将所有收入用于消费，而是有计划的使用当期收入，并且将储蓄量保持在一定的水平，以降低未来收入下降对消费支出的影响。缓冲库存消费假说将储蓄因素纳入分析框架，为传统消费理论提供了一个新的思路，并解释了一些传统理论无法解释的现象，但是该理论并不是一个一般化的消费理论，不能解释所有消费者的消费决策行为，更不能解释家庭投资问题，因此，该理论主要作为传统消费理论的一个补充。

2.2.3.4 随机游走消费理论

罗伯特·霍尔（Hall，1978），在不确定的情况下，将理性预期方法应用于消费行为理论的分析框架之中，并把持久收入假说、生命周期假说和理性预期理论相结合，形成了理性预期生命周期模型，即随机游走消费假说。该假说的主要观点认为，如果财富或持久收入的估计以及未来消费都是基于理性预期的，且遵循需求效用最大化原则，那么，消费者的消费轨迹就相当于一个随机游走过程，即消费者的消费和收入的前期变化反映出的是过去的、过时的信息，对当期消费文化不会产生任何影响，任何过去的变量对于预测未来消费都没有任何的作用。

随机游走消费假说放宽了收入确定性的假设，将决策者对未来的预期将会对其消费行为产生影响的限定引入其随机游走模型之中，描述了一个消费者的最优欧拉方程。

对于一个寿命为 T 期的消费者，其一生的效用函数可以写为：

$$U(C) = \sum_{t=1}^{T} U(C_t) \quad t = 1,2,3,\cdots,T \qquad (2.9)$$

其中，C_t 表示消费者在 t 时期的消费，$U(\cdot)$ 表示效用函数，其满足 $U'(\cdot) > 0$ 和 $U''(\cdot) < 0$。

消费者的预算约束可以写为：

$$\sum_{t=1}^{T} \frac{C_t}{(1+r)^t} \leqslant A + \sum_{t=1}^{T} \frac{Y_t}{(1+r)^t} \qquad (2.10)$$

其中，A 表示初始财富，r 表示贴现率。

假定贴现率 $r = 0$ 时，最大化消费者一生的消费效用的拉格朗日方程：

$$L = \sum_{t=1}^{T} U(C_t) + \lambda \cdot \left(A + \sum_{t=1}^{T} Y_t - \sum_{t=1}^{T} C_t \right) \qquad (2.11)$$

对上式进行求解，可得一阶条件为：

$$U'(C_t) = \lambda \qquad (2.12)$$

这意味着消费者的消费行为的边际效用不变，从而每一期的消费相等。在给定的时期里，个人的消费不是由哪一期的收入决定的，而是由其一生的收入决定的，即收入的时间模式对于消费并不重要。

2.2.4 资产与消费之间的财富效应

2.2.4.1 财富效应的定义

关于财富和消费需求之间关联的研究一致在经济和金融研究领域占据了十分重要的地位。凯恩斯在1936年的《就业、利息和货币通论》中不仅探讨了绝对收入假说，而且对"财富效应"做了早期的探索，他将居民持有的货币和债券视作财富，并提出如果财富价值发生降低将削弱消费者的边际消费倾向。事实上，学术界对于财富的经济效应的分析无处不在，不同学者对于"财富效应"的解读也可能截然不同。《新帕尔格雷夫经济学词典》在借鉴了哈伯勒（Haberler，1939）、庇古（Pigou，1943）和帕廷金（Patinkin，1950）对于"财富效应"的理解，将"财富效应"概念定义为：假如其他条件相同，货币余额的变化将会在总消费开支方面引起变动。从宏观来看，戴维斯和帕拉博（Davis and Palumbo，2001）认为，财富效应意味着资产价值的上涨对于居民消费有正向促进作用，进而刺激国民经济的增长（见图2-2）。从微观来看，财富效应的作用力度一般以边际消费倾向或者消费弹性的形式存在（Paiella，2009）。在居民拥有的各种家庭资产中，以股票为代表的金融资产和具有投资和消费双重属性的非金融资产——房地产，是早期财富效应研究中最重要的两个研究对象（赵杨，2012；周晓荣等，2014）。鉴于此，本研究基于消费函数研究框架探讨家庭拥有的各种资产和财富对消费行为影响的财富效应。

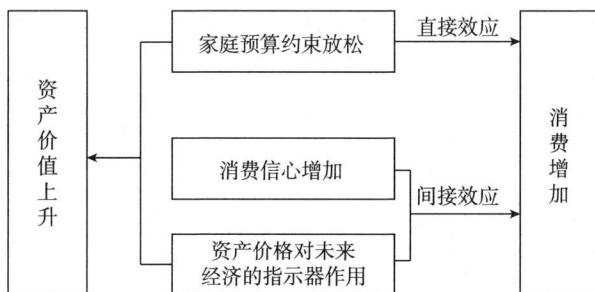

图 2 - 2　财富效应影响消费的作用机制

2.2.4.2　财富效应国际差异比较的实证分析

从一个国家或者地区的宏观层面来看，家庭资产和财富指的是国家和地区中所有家庭资产的总和，是一个国家财富的重要组成部分。以美国为例，2008 年美国家庭资产总额达到 25.4 万亿美元，该规模比美国当年的国民生产总值（14.4 万亿美元）高 0.8 倍左右。可见，家庭资产和财富与国家宏观层面经济的增长存在密切的关联。此外，所谓"藏富于民"的观念也指出了微观层面家庭财富的增加，家庭总体预算约束的放松、消费意愿的增强，有助于实现消费的增长。不同国家和地区不仅在经济发展和资本市场发展程度等方面存在差异，而且在居民家庭的消费文化、消费习惯、风险态度等方面均存在较大的差异，这可能导致各国财富效应的表现存在差异。鉴于此，国际和国内不少学者在不同时期的国内外微观数据基础上进行了大量的、细致的研究工作，以便更全面地了解财富效应对社会经济的影响，更高效地构建经济发展路径。

（1）经济发达国家的财富效应研究。

现代经济学理论在美国发展最为迅速，关于财富效应的研究在美国取得了较大的学术成就，相关的研究文献也最为丰富。20 世纪 90 年代，不少研究关注到了资本市场快速扩张使得美国家庭财富在 90 年代中后期积累迅速增加，其与整体经济增长同向发展。马凯和帕拉博（Maki and

Palumbo，2001）梳理了美国家庭 90 年代股票市场快速增长背景下的家庭消费支出，财富的积累和收入的增加对家庭消费产生了重要的影响，家庭资产价值每增加 1 美元，则可能带动家庭 3~5 美分消费的增加。与之结论类似的，博斯蒂克等（Bostic et al.，2009）、库珀（Cooper，2013）的相关研究发现，美国家庭房产价值每增加 1 美元可以带来 3~10 美分的消费增长。同时，卡罗米瑞斯（Calomiris，2013）发现，家庭持有股票价值增加 1 美元也可以带来 3~5 美分的消费增长。柏特巴和山姆维克（Poterba and Samwick，1995）强调了股票市场价值的波动对于消费行为产生的重要影响，他们认为股票市场的波动可以作为消费支出变化的先行指标。阿加瓦尔（Agarwal，2007）发现美国家庭高估家庭资产的情况非常普遍，如果家庭相信高估家庭资产的价值是合理的，那么这样的家庭更加愿意通过消费信贷进行消费，也更加愿意增加消费支出。基肖尔（Kishor，2004）指出财富效应对于美国家庭消费的影响具有不断加大的趋势。进一步，弥安等（Mian et al.，2013）研究发现美国经历 2007~2009 年次贷危机之后，家庭资产缩水对家庭消费产生了强烈的影响，并且这种影响表现出地区差异，他们测算家庭消费的财富弹性系数约为 0.6~0.8，并且平均消费倾向为家庭住房财富每降低 1 美元，则家庭消费减少 5~7 美分。对于贫穷或者杠杆越高的家庭来说，平均消费倾向带来的影响越强烈。

此外，其他经济发达国家也得到了类似的结论。科司（Case，1992）曾发现，财富效应对 20 世纪 80 年代英国家庭消费具有持续的影响作用。波利等（Boone et al.，2001）认为英国信用市场的不断发展对于消费市场的长期扩张起到了显著的促进作用。较低的资本市场利率水平和住房抵押贷款金融创新推动了房地产市场的快速发展和家庭住房持有量的增加，住房的增值促进了 OECD 国家的家庭消费的长期增长（安德烈，2010）。德马克和科勒尔（Dvornak and Kohler，2003）利用澳大利亚面板数据分析发现，住房资产和股票资产对于澳大利亚家庭消费均具有显著的促进作用，他们还发现，股票资产每增加 1 澳元，澳大利亚家庭长期消费将增加6~9分，而家庭住房资产每增加1澳元，则家庭长期消费可能增加3分左右。另外，陈（Chen，2006）认为，家庭金融资产和房产价值与瑞典家庭消费显著正相关，并且家庭资产对于长期消费增长的作用较短期消费而言，作用更加显著。对亚洲的日本家庭而言，武藤等（Mutoh et al.，1993）、小川（Ogawa，1992）、香冈（Horioka，1996）研究发现家庭财富对家庭消费支出的平均消费倾向为0.01~0.04，由于对家庭资产的界定的差异，其平均消费倾向的作用大小略有差别。

（2）经济欠发达国家财富效应。

格兰特和毕通（Grant and Peltonen，2005）采用1989~2002年家庭面板数据研究意大利股票市场和房地产市场资产对家庭耐用品消费支出产生的影响，该研究发现家庭房产和股票市场收益对家庭消费有相似的反应。其中，低资产家庭收入的边际消费倾向值最高约为0.26，而高资产家庭收入的边际消费倾向值在0.13到0.16之间。毕通等（Peltonen et al.，2009）利用包括中国、印度尼西亚、巴西等14个新兴市场国家的1990~2008年的面板数据进行分析。研究发现，财富效应对于消费的促进作用十分显著，并且股票资产的财富效应对于亚洲新兴市场家庭消费行为的影响更强，而房产资产的财富效应对于拉丁美洲国家家庭消费行为的影响更强一些。此外，该研究还发现，房产资产的财富效应对于亚洲新兴市场家庭消费的促进作用有所加强。葛伟和贾克布（Glewwe and Jacoby，2000）利用1993~1998年越南家庭微观数据进行分析，结果发现越南家庭财富资产增值对于家庭增加教育消费支出具有重要的促进作用。宾度等（Bindu et al.，2011）对非洲国家津巴布韦1994~2008年季度数据进行分析，发现股市的财富效应十分显著，其对边际消费倾向的影响为0.048，该值与西方国家估计结果类似，究其原因，他们认为是因为股票不是典型津巴布韦家庭资产的主要组成部分，家庭成员会更加密切的关注股票市值的变动，进而导致股票市值对其消费决策的影响更加显著地表现出来。辛格（Singh，2012）发现，印度家庭中配置股票的比重也十分有限，其股票市值对边际消费的影响为0.03左右。

近年，随着中国家庭资产规模不断扩大，家庭资产种类不断丰富，家庭财富效应的研究逐渐成为学术热点。国内有关财富效应的研究主要延续了西方文献的基础，以股票资产和房产资产为研究对象，相关研究成果的观点具体可以归纳为以下三点：

第一，存在正向的财富效应。陈杰（Chen，2006）基于中国1999～2007年宏观数据的分析，发现包括房产和股票资产在内的家庭总资产价值的变化对家庭消费产生了显著的影响，家庭资产价值每增加1%，则其消费支出增加0.5%。郭峰等（2005）实证分析了1995～2003年股票价格指数对消费支出的影响，结果发现股票价格指数对消费支出存在财富效应，但是作用较小。陈强和叶阿忠（2009）考察了家庭风险资产对消费的影响，认为股票收益波动是影响家庭边际消费倾向的一个重要因素。尹志超和甘犁（2009）通过实证分析发现，现行住房制度显著影响了家庭对耐用品的消费水平。黄静和屠梅曾（2009）利用中国健康与营养调查的微观数据分析，发现住房财富对居民家庭消费有显著的促进作用。韩立岩和杜春越（2010）利用各省市面板数据发现，城镇家庭储蓄、房贷等资产有助于增加家庭消费支出。张大永和曹红（2012）利用家庭金融微观调查数据考察了各种财富资产对居民消费影响的财富效应。此外，肖忠意和李思明（2015）发现家庭增持储蓄、住房和保险等家庭资产对东西部家庭消费都具有显著的促进作用。

第二，存在负向的财富效应。高春亮和周晓艳（2009）认为，住宅财富每增加1元，消费支出就会相应地减少3.3分。况伟大（2011）基于35个大中城市数据发现，房价上涨对居民消费存在挤出效应。陈彦斌和邱哲圣（2011）认为，近年住房价格高速上涨，使得大量家庭不得不提高储蓄率，因而城镇居民消费水平普遍下降。颜色和朱国钟（2013）发现房价上涨对房产价值增值所形成的财富效应弱于由于筹资购房所形成的房奴效应，最终导致居民家庭不仅储蓄率提升，而且家庭消费率下降。

第三，不存在财富效应。余明桂等（2003）对我国股票市场的财富效应和投资效应进行了实证分析，认为我国股票市场还不具有财富效应。

刘旦（2007）也认为中国城镇住宅市场不具有财富效应。孔吴（Koivu，2012）认为，1998~2008年期间中国施行宽松的货币政策推动了房价的上扬，但是对消费增长的作用却不显著。李涛和陈斌开（2014）认为，家庭房产资产主要呈现出消费品属性，只存在微弱的资产效应，且不存在财富效应。

（3）财富效应差异性特征及相应的几种解释。

一部分学者对不同国家和地区的财富效应进行了研究和对比。从财富效应大小来看，科司等（Case et al.，2001）比较了美国和OECD国家的住房和股市的财富效应的差异，结果发现经济发达国家住房的财富效应对消费支出的影响更大。但是本杰明等（Benjamin et al.，2004）的观点却与之相反，他们发现房产价值每增加1美元对于消费支出增加的作用比家庭金融资产的财富效应强4倍之多。从财富效应地区差异来看，萨克勒（Slacalek，2006）发现财富效应对消费支出的影响在市场经济国家、盎格鲁—撒克逊国家和非欧盟国家更加明显，且房产的财富效应较金融资产的财富效应更弱。赛明斯卡和塔卡马诺（Sierminska and Takhtamanova，2006）比较了加拿大、意大利和芬兰3个国家的财富效应，一方面，对这三国进行数据分析发现，住房的财富效应是金融资产财富效应的3倍；另一方面，财富效应对年轻家庭消费者的影响相对较小，且国与国之间存在明显差异。毕通等（Peltonen et al.，2012）研究发现，与拉美国家相比，亚洲国家和地区表现出的股市效应更大，同时他们还发现，金融市场比较发达的国家和地区股市的财富效应较经济次发达地区更为显著。

此外，财富效应还表现出一定的非对称性特征。科司等（Case et al.，2005）利用美国数据发现，当房产价格上升时，房产价值增加且消费增加；但是房产价格下跌时，消费的反应并不显著。阿佩基斯和米勒（Apergis and Miller，2006）指出，从长期来看，股票市值的上涨和下跌都会导致消费相应的上涨和下跌；但是从短期来看，股票价值下降对消费的累积影响比股票市值上涨对消费的累积影响作用明显。周等（Zhou et al.，2013）对我国股市的财富效应进行分析，也发现了财富效应的不对称性特征，股票资产价值下跌带来的负向作用是股票价值上升带来的正向作用的 1.97 倍。

总的来说，目前的研究成果发现各个国家和地区存在较大的差异，但目前对财富效应差异的原因尚未形成统一的观点，但是大致可以归纳为以下几点：一是，微观调查数据来源不同，且计量分析手段的差异；二是，微观调查数据的研究期间不同；三是，各国相关政策制度环境的差异以及非制度因素差异，如消费文化和消费习惯。

2.2.4.3 家庭资产与消费之间财富效应的作用机制

家庭资产财富效应的传导机制是家庭财富作用于社会经济生活的重要过程，虽然储蓄、股票、房产、保险等资产分属于不同的金融工具，其收益方式、投资周期、流动性等均存在显著的差异，但是财富效应作用于家庭消费的作用机制具有一定的相似之处，许多学者都做过研究。本研究借鉴前人文献基础，将资产对家庭消费影响的作用机制大致归纳为实际收入作用机制、预期收入作用机制、流动性约束作用机制、消费者信心作用机制、替代作用机制 5 种不同的作用机制，并分别进行检验介绍。

（1）实际收入作用机制。居民家庭持有的家庭资产的价格发生变化，在资本市场中资产价格上涨或收益增加，从而为持有家庭资产的家庭实现了一定财富的增值，其实际财富的增加，将会促进家庭消费相应的增加，即财富效应作用于消费的实际收入作用机制（见图 2－3）。家庭资产的财富增值既包括资产面值的增值，又包括资本溢价收益。柏特巴等（Poterba et al.，1995）指出股票价格的上涨预示了家庭实际收入的增加，家庭消费随之增加。莫妮卡（Monica，2008）考察了房地产财富增值对消费的影响，发现房地产价格的上涨会促进消费的增加。

资产价格↑→资本收益↑→家庭财富↑→家庭消费↑

图 2－3 实际收入作用机制示意

（2）预期收入作用机制。在有效地利用信息的前提下，家庭形成一个家庭未来收入增加、财富增值的中长期预期，从而会增加当前消费支出的经济行为（见图2-4）。家庭由于看好家庭资产进一步升值的潜力，并没有选择形成现实的财富，而选择持有资产。例如长期投资的股票或者股权一般不会在短期变现。

资产价格↑→预期收益↑→预期家庭财富↑→家庭消费↑

图2-4　预期收入作用机制示意

（3）流动性约束作用机制。流动性约束是指居民家庭可支配资金余额不足，需要通过外部融资渠道获得资金支持才能满足消费需求。当家庭资产价格上升，家庭资产组合的价值增加，家庭可以从金融机构或非金融机构获得融资的概率提高，同时可能获得更多的消费信贷用于满足消费需求，并且增加家庭资产的流动性（见图2-5）。此外，消费信贷释放家庭的流动性约束不仅可以扩大总消费支出，而且对于家庭选择耐用品和参与消费升级有积极的作用。卡罗尔（Carroll，2006）发现，对于拥有住房产权的家庭，由于房产价格上升，房产价值增加，能够获得更多的资金以释放流动性的约束，进一步流动性约束的释放会使家庭增加消费支出。莫妮卡（Monica，2008）的研究也发现，房地产价格的上涨可以使房地产拥有者更加容易从外部进行融资，从而减轻自己的流动性约束，并最终增加消费支出。

资产价格↑→家庭财富↑→消费信贷约束↓→家庭消费↑

图2-5　流动性约束作用机制示意

（4）消费者信心作用机制。当资本市场价格不断持续上升，家庭对未来经济保持良好乐观的心态，对于经济增长保持了较高预期水平，从而支持了家庭保持或进一步扩大消费的信心，从而促进消费增长（见图2-6）。罗默（Romer，1990）研究美国证券市场与消费的关系时，认为

较高的证券价格反映了更高的财富和更为乐观的情绪，这支持了资产持
有者的消费信心，增加了他们当期的消费水平。刘建江（2005）发现房
地产价格的持续上升不仅可以增加居民家庭的财富水平，而且可以增加
居民家庭对经济发展的信心，最终就会增加消费；相反，房地产价格持
续下跌时，居民家庭对经济形势有悲观心理，就会缩减消费支出。

资产价格↑→国民经济↑→资产所有者的消费信心↑→家庭消费↑

图 2 -6　消费者信心作用机制示意

（5）替代作用机制。当家庭资产价值或收益增加时，家庭投资者认
为增加家庭资产持有比重以期获得未来更高的收入，且未来消费效用高
于当前消费效用，则家庭投资者的消费行为决策则是减少当前消费水平，
转而增加家庭资产的持有比重，即所谓的替代作用机制（见图 2 -7）。
从长期来讲，替代效应能促使未来收入和财富水平的更大幅度的增加，
投资者减少当前消费是为了获得更多未来消费机会。戴维斯和帕伦博
（Davis and Palumbo，2001）认为，资产价值上升后，家庭会配置更多的
资产增加财富增值，而减少消费支出。高春亮和周晓艳（2009）、况伟
大（2011）、陈彦斌和邱哲圣（2011）基于中国家庭分析也发现房产财
富与家庭消费存在一定的替代关系。

资产价格↑→投资收益↑→资产投资↑→家庭消费↓

图 2 -7　替代作用机制示意

2.3　家庭资产选择理论及研究进展

居民家庭资产主要由实物资产和金融资产两大类构成，前者主要包
括住房、商铺、汽车等，后者主要包括股票、债券、期货、期权等。家
庭资产组合是家庭在实物资产和金融资产之间选择的结果，配置不同比
重和不同种类的实物资产和金融资产，即家庭资产结构。家庭资产选择

决策的不同，对家庭资产持有总量和资产结构具有重要的影响作用。

资产选择理论是对家庭资产选择和资产配置比重的研究，是"选择的科学"（Science of Choice）。资产选择理论可以为解释家庭资产选择总量的形成和结构静（动）态调整提供理论依据。国外在资产选择研究领域具有代表性的学者主要有：凯恩斯、弗里德曼、马科维茨、夏普、莫顿、坎贝尔。

2.3.1 早期经典资产选择理论

2.3.1.1 凯恩斯的流动性偏好理论

流动性偏好是指人们宁愿持有不能产生利息收益但是流动性高的货币，也不愿意持有虽然能够产生利息收益但是资产变现能力较差的资产的一种心理。人们的流动性偏好的本质反映的是人们对货币的需求。凯恩斯认为人们流动性偏好具有三种动机：交易动机、预防动机和投机动机。交易动机和预防动机二者均是收入的函数，与利率没有直接的关系，前者是随着人们日常生活需要而产生的，而后者则是由于不确定性因素的影响所形成的。然而，投机需求与利率密切相关，且呈反比关系。利率越高，则持有货币进行投机的机会成本也就越高，人们更加愿意买入债券；反之，人们进行卖出债券的决策。

2.3.1.2 弗里德曼的资产选择理论

弗里德曼对于家庭持有货币资产的决策进行分析，该研究理论认为影响货币持有决策的主要因素包括：财富水平、人力资本和非人力资本的比例以及资产收益率等因素，并且提出了货币函数：

$$M = f\left(P, \ r_b, \ r_e, \ \frac{1}{P} \cdot \frac{\mathrm{d}P}{\mathrm{d}t}, \ w, \ Y, \ u\right) \qquad (2.13)$$

其中，M 表示微观经济主体的实际货币需求，P 表示物价水平，r_b 表示债券的预期名义收益率，r_e 表示股票的预期名义收益率，$\frac{1}{P} \cdot \frac{\mathrm{d}P}{\mathrm{d}t}$ 表示物价水平变动率，w 表示非人力资本占总财富的比重，Y 表示名义收入水平，u 表示其他影响微观主体货币需求的偶然因素。

弗里德曼的资产选择理论指出，人们持有货币的规模取决于持有货币的机会成本，即债券的预期收益率、股票预期收益率和实物资产的预期收益率的资产组合收益率，最终人们会依据资产组合收益的高低相应地选择持有货币的规模和水平。

2.3.2 完全理性下的资产选择理论

2.3.2.1 理性人假设基础

所谓的"理性人"的假设是指作为经济决策的主体既不会感情用事，也不会盲从，而是精于判断和计算，其在经济活动中所追求的唯一目标就是以自己的最小经济代价去获得自己的最大经济利益或效用最大化。"理性人"假设实际是对亚当·斯密"经济人"假设的延续。这个概念被抽象出来的基本特征就是：一是自私，即人们的行为动机是趋利避害，是利己的；二是完全理性，即每个人都能够通过成本—收益或趋利避害原则来对其所面临的一切机会和目标及实现目标的手段进行优化选择。

事实上，"理性人"假设也存在一定的局限性，原因在于由于受到市场信息不对称效应的影响，完全"合乎理性的人"不可能存在。

2.3.2.2 马科维茨的"均值—方差"理论

马科维茨（Markoitz）于 1952 年发表的《投资组合选择》，利用最小方差资产组合集合的思想和方法，提出了最佳组合的基本模型，并开创了现代资产选择理论的先河，奠定了现代投资理论和金融经济学发展的基石。

马科维茨以理性投资者及其基本行为特征为基本假设，并且还假设证券市场是有效的，且投资者都是风险厌恶的，给定风险水平的情况下，选择预期收益最大的资产组合；另外，在预期收益一定的情况下，选择风险最低的资产组合。在期初，投资者决定需要购买的证券的种类和数量分别以一定资金比例购买某种证券的集合成为一个资产投资组合，投资者的决策就是从一系列的资产组合中选择一个最优的证券组合。在资金约束的条件下，投资者应根据自身的风险偏好来分散投资风险，并构建一个最优资产组合。

$$\min \sigma_p^2 = \sum_{n=1}^{N} w_i (r_i - \bar{r}_p) \qquad (2.14)$$

$$E(r_p) = \sum_{n=1}^{N} w_i \cdot r_i \qquad (2.15)$$

其中，σ_p^2 表示资产组合的期望方差；r_p 表示资产组合的期望收益率，w_i 和 r_i 分别表示资产 i 的占比和收益率。

马科维茨所创立的均值—方差资产组合理论采用方差来衡量风险，用各种资产之间的协方差来衡量相关性，将相关系数引入研究框架，提出了经典的分散化投资的观点，即以减少资产间相关性来分散投资的风险。

2.3.2.3　消费—投资组合选择理论

基于马科维茨的研究基础，不少学者将研究进一步扩展到了消费—投资组合研究领域。托宾（Tobin，1958）将无风险资产引入研究框架，提出了"共同基金分离定理"，该理论系统地分析了投资者如何根据风险厌恶程度而将财富在无风险资产和风险资产之间进行最优组合方式，认为所有关心资产回报均值和方差的投资者都应当持有相同的风险资产组合。投资者投资无风险资产和风险资产时，无风险资产和风险资产之间的某种组合方式一定可以使投资者的效用达到最大化。相对而言，保守的投资者可以在资产中配置更多的无风险资产，而激进的投资者可以选择更多的风险资产。

而后，夏普（Sharpe，1963）在马科维茨"均值—方差"理论和托宾（Tobin，1958）的"同基金分离定理"的基础上推导出了资产定价的一般均衡模型，即资本资产定价模型（Capital Asset Pricing Model，CAPM）。进一步将风险划分为系统风险和非系统风险，CAPM 模型阐述了在投资者都采用马科维茨理论进行投资管理的条件下市场均衡状态的形成，把资产的预期收益与预期风险之间的理论关系用一个简单的线性

关系表达出来，即认为一个资产的预期收益与衡量资产风险的一个尺度
β 值之间存在正相关关系。$CAPM$ 表明了投资多样化只能消除非系统风险，而不能消除系统风险，即投资于任何一种资产都要承担系统风险。$CAPM$ 模型的表达公式为，如果市场投资组合 M 是有效的，则任意资产 i 的期望收益满足：

$$E(r_i) = r_f + \beta_i [E(r_m) - r_f] \qquad (2.16)$$

其中，$E(r_i)$ 表示资产 i 的预期收益率，$E(r_m)$ 表示市场组合 m 的期望收益率，r_f 表示无风险资产的收益率，此外，β_i 表示度量一项资产系统风险的指针，即 $\beta_i = \dfrac{\sigma_i^2}{\sigma_m^2}$。

此外，罗斯（Ross，1976）提出了套利定价模型（Arbitrage Pricing Theory，APT），认为投资者可以选择那些自己愿意承担的风险资产组合，而放弃那些自己缺乏能力承担的风险资产组合。套利定价模型的条件更为宽松，其假定投资者的投资组合不仅可以含有风险资产和无风险资产，而且允许市场进行卖空行为。可以假设证券的收益与某一个因素存在线性关系，其线性表达式可以写作：

$$r_i = E(r_i) + \beta_i [I - E(I)] + \varepsilon_i \qquad (2.17)$$

其中，r_i 表示证券的收益率，而 $E(r_i)$ 表示证券 i 的期望收益，I 表示影响证券的某一个因素值，$E(I)$ 表示 I 的期望值，ε_i 表示随机误差。

2.3.2.4 考虑消费的生命周期资产选择理论

早期的资产选择理论和模型主要在单期静态环境下进行了理论演绎，缺乏对投资者跨期经济行为的研究。事实上，消费和投资时影响宏观经济和微观经济的两个重要的经济变量，一方面，消费和投资对于金融市场有重要的反馈效应；另一方面，宏观的消费和投资总量与微观层面的居民家庭消费和投资储蓄行为密切相关。为了更好地研究家庭资产选择行为，学者尝试着把消费和投资决策纳入生命周期的研究框架。家庭会根据家庭财富的实际情况相应地安排家庭当期和跨期的消费和投资以及处理家庭面对的不确定性或者风险。

莫顿和萨缪尔森（Merton and Samuelson，1969）最早利用多期的跨期资产模型将家庭最优投资组合决策问题扩展到多期，并提出了连续时间下投资风险资产和安全资产的决策模型。根据他们的模型：投资者应将一定比例的财富投资于所有的风险资产，且风险资产的最优组合是相同的；风险资产与安全资产的投资比例独立于年龄、财富、投资期限等变量，仅由投资者风险厌恶程度的差异决定。

最优投资组合和消费选择问题可以表示为：

$$\max U = \sum_{t=0}^{T} \beta \cdot U(c_t) \quad (u' > 0 ; u'' < 0) \qquad (2.18)$$

约束条件为：

$$C_t + (A_{t+1} - A_t) = W_t + rA_t \qquad (2.19)$$

其中，β 表示主贴现率，C_t 表示第 t 期的消费支出，$U(c_t)$ 表示消费的效用函数，A_t 表示第 t 期资产的存量，W_t 表示第 t 期劳动收入。

利用随机动态规划方法，根据贝尔曼最优性原理解决消费者的效用最大化问题，可得其一阶条件，从而可以得到欧拉方程：

$$U'(C_t) = \beta(1+r)U''(C_{t+1}) \qquad (2.20)$$

由上述分析可知，该模型推导出的最优消费路径结论意味着，消费增加、保持不变或减少，取决于资本的边际产量是否超过、等于或小于时间偏好。

可可等（Cocco et al.，2001）在莫顿的最优规则基础上，从数量上解决了异质工资收入风险的生命周期资产选择行为，该研究发现，当工资收入发生变化与股市回报的相关性为正且很低时，也可作为无风险资产的一种替代资产，当投资者面对较大的工资收入风险时，持有股票的比例较小，但这一影响效应并不大。鉴于此，他们研究的结论是工资收入对于最优投资组合的配置决策具有重要作用，但是收入风险的影响十分有限。温思雅（Viceira，2001）使用校准技术，优化了生命周期模型，从年龄因素来看，他认为投资者老年化因素会对家庭资产选择产生影响，生命周期中的家庭资产选择决策在不同时期存在差异。坎贝尔（Campbell，2002）提出了家庭生命周期下的战略资产配置框架，利用数值优化技术构建家庭生命周期模型，进行家庭资产的动态设计和规划。

上述国外的成果为国内学者开展最优消费—投资决策提供了重要的参考和研究范式。国内学者申树斌等（2002）利用拉姆齐条件找到了家庭的最优消费条件，并将其加入投资策略模型，得到了中国家庭消费、储蓄、投资的最佳比例解。邓学斌（2006）研究了个人消费在生命周期和持久收入假设下的风险资产投资模型。此外，赵晓英和曾令华（2006）建立考虑附加劳动收入风险的最优投资组合规则动态模型，并对我国城镇居民个人的最优投资组合选择行为进行了动态模拟。

随着研究技术的不断发展以及我国制度变迁等不确定性因素影响，社会发展的巨大变化，现实中家庭与家庭之间存在明显异质性，建立随机动态模拟模型进行求解对于生命周期资产选择理论的发展起到了重要的推动作用。陈学彬等（2006）、杨凌和陈学彬（2006）、陈学彬和章妍（2007）一系列研究利用动态模拟方法深入分析了居民家庭生命周期消费决策行为，认为股票投资风险、货币供给增长率、风险偏好、医疗保障等因素对居民家庭消费决策具有显著影响。韩洁（2008）使用了带网格搜索的逆向推导法，动态模拟出初始时拥有一定财富和住房的家庭和没有初始财富和住房家庭在其生命周期中的资产选择，并分析了不确定因素对家庭在其生命周期中的资产选择的影响。杨汝岱和陈斌开（2009）引入教育支出，结合中国发展时间校准参数，用数值模拟法探讨了教育改革的家庭消费行为影响的微观机制。喻开志和邹红（2010）以最优资产选择模型为基础，采用蒙特卡罗和 Bootstrap 等方法模拟了牛市时期各因素对资产配置行为的影响。但是目前在经济转轨时期不确定性对新兴城镇居民家庭资产配置和消费金融行为的动态模拟研究尚属空白。陈志英（2013）建立了考虑金融市场收益状态变化及参数不确定性下投资者资产选择行为的最优资产组合选择的离散时间模型，并使用蒙特卡罗方法模拟投资者如何在考虑市场状态变化下进行资产组合选择以提高总体效用。李仲飞和姚海洋（2014）进行了理论分析并模拟解决了不确定退出时间和随机市场环境下风险资产的动态投资组合选择问题。

2.3.3 有限理性下的资产选择理论

传统资产选择理论以理性人、完全市场、标准偏好为假设前提，在此基础上研究得出家庭投资比例仅取决于投资者的风险偏好，所有投资者都将一定比例的财富投资于所有风险资产（马科维茨，1952；萨缪尔森，1969；默顿，1958；夏普，1964）。从事实数据来看，美国和英国的股市参与率 1989 年为 7.9% 和 20.7%、1994 年为 34.1% 和 22.2%、1999 年为 39.8% 和 26.2%（Banks et al.，2001），而意大利家庭收入与财富调查显示家庭股市参与率分别为 1989 年的 6%、1995 年的 7.7%、1998 年的 8.9%，虽然过去 30 年欧美发达国家家庭资产选择日益风险化，股票、共同基金等在家庭资产中的占比持续增加，现实中许多人根本不投资于股票，即使参与股票市场的投资者也并非持有市场中所有类型股票，现实数据远远低于理论上的最优风险资产持有份额（Guiso and Jappelli，2000）。

希顿和卢卡斯（Heaton and Lucas，2000）指出富裕的家庭用私人家庭投资代替公共证券活动，股票投资比例相对不足。贝塔特和斯塔尔（Bertaut and Starr-McCluer，2002）研究发现，大多数美国家庭将资产都集中在银行账户、活期存款及人寿保险上，而坎贝尔（Campbell，2006）也得到类似的结果，发现相当数量的富裕家庭既未投资股票也未持有房产。此外，我国家庭金融资产主要以储蓄为主，居民的储蓄率高达 52%（郭树清，2012），家庭的股市参与率仅为 8.84% 左右（李涛，2006；甘犁等，2012）。由上述数据不难发现，虽然理论的推断非常明确，但是实证的研究却发现，家庭对金融市场，尤其是股票市场的参与是非常有限的，这表明家庭的投资组合选择与传统资产选择理论有许多不一致。多数家庭的资产组合相对简单，资本市场参与程度远低于经典理论的预测，普遍存在"有限参与之谜"现象。

随着研究的深入，国内外学者逐渐将"有限理性"观点纳入资产选择理论的研究之中，考察了投资者心理、情绪等社会心理因素，借鉴了行为金融学研究方法和理论，建立了行为资产选择理论（Behavior Portfolio Theory，BPT）。该理论由赛曼和舍弗林（Statman and Shefrin，2000）提出。行为资产选择理论认为：市场并非有效的；投资者的行为并不一定符合经济理性最大化假设，绝大多数投资者并非"完全理性"的，而是"有限理性"的。该理论针对均值—方差方法的缺陷，从投资者的最优投资决策实际上是不确定条件下的心理选择的事实出发，确立起以预期财富和预期概率来进行组合和投资方法的基础，以此来研究投资者的最优资产组合选择。BPT 理论的主要贡献在于打破了理性人局限、风险厌恶局限和风险度量的局限，与投资者的实际决策行为更加相似，更接近真实。

2.4　家庭资产选择行为的国内外实证研究进展

家庭持有资产的多元化意味着各个家庭所持有的资产组合将会不一样，表现出异质性差异。近年来，国内外研究者对于家庭资产选择行为的研究越来越多，对于家庭资产选择的相关研究大体可以分为两个大类：一类是对于各个国家和地区的代表性家庭资产配置概况进行微观描述性分析和比较；另一类是家庭资产选择行为影响因素的相关分析。

2.4.1　国内外家庭资产的代表性微观数据基础

国外学者对家庭资产总量、结构和选择行为的研究主要得益于国外较为完善的微观数据库的发展。国际比较知名的与家庭资产选择相关的数据库包括，美国的消费者金融调查（Survey of Consumer Finance，SCF）和收入动态跟踪数据（Panel Study of Income Dynamics，PISD）、英国的金融资产调查（Financial Research Survey，FRS）和英国家庭面板调查（British Household Panel Survey，BHPS）、德国的收入开支调查（German Income and Expenditure Survey，GIES）和社会经济面板数据（German Social Economic Panel，GSEP）及日本的国民调查数据（Japan National Nutrition Survey，JNSD）等一大批高质量的微观数据来源。

20 世纪 90 年代，国内学者开始关注资产选择的研究，但是由于家庭资产微观数据库的缺乏，早期运用的多是国家或省市统计年鉴构建的面板数据以及中国人民银行的时间序列或截面数据（易刚，1996；谢平，1998；邹红和喻开志，2008）。随着中国经济实力的增强，研究经费的投入不断加大，近年中国的微观数据如雨后春笋般出现，为中国家庭资产选择的微观研究提供了丰富的物质基础。目前国内与家庭资产选择相关的具有代表性的微观数据包括：中国人口普查数据（Census）、国家统计局城调总队负责调查的中国城镇住户调查数据（Urban Household Survey，UHS）、国家统计局农调总队和中国社会科学院经济研究所共同建立的中国家庭收入项目调查（Chinese Household Income Project Survey，CHIP）、美国北卡罗来纳大学教堂山校区的罗来纳州人口中心建立的中国健康与营养调查（China Health and Nutrition Survey，CHNS）、国家统计局农调总队负责调查的中国农村住户调查数据（Rural Household Survey，RHS）、北京大学中国经济研究中心与杜克大学及北大老龄健康与家庭研究中心共同建立的中国老年健康调查项目（Chinese Longitudinal Healthy Longevity Survey，CLHLS）、北京大学中国经济研究中心建立的中国健康退休跟踪调查（China Health and Retirement Longitudinal Study、CHARLS）、北京大学中国社会科学调查中心建立的中国家庭追踪调查（China Family Panel Studies，CFPS）、中国人民大学中国调查与数据中心负责执行的中国综合社会调查（Chinese General Social Survey，CGSS）、西南财经大学中国家庭金融调查与研究中心所进行的中国家庭金融调查（China Household Finance Survey，CHFS）。

2.4.2 家庭资产选择的国内外研究进展

随着居民家庭面对的金融产品日益丰富和家庭金融实践的快速发展，家庭资产选择已经成为家庭金融领域研究的一个十分重要的话题。国内外学者对家庭资产配置和家庭金融相关领域的研究从不同的角度进行过较好的研究综述。国外学者坎贝尔（Campbell，2006）对家庭金融和家庭资产配置领域的研究做了很好的阐述，对于后续研究起到了非常积极的推动作用。国内学者王江等（2010）对于家庭金融的概念和发展现状进行了较好的梳理；李心丹等（2011）基于行为金融视角对家庭金融领域相关研究进行了系统评述；张传勇（2014）从实证研究以及模拟分析等视角对家庭金融相关领域的文献进行回顾，提出了一个较为新颖和系统的家庭金融研究框架；吴卫星等（2015）从家庭资产配置角度对家庭金融领域的研究状况和发展做了一个简要的综述。国内外关于家庭资产配置决策的相关研究主要集中在人口统计特征和风险偏好、收入和财富水平因素、心理因素、社会因素和非理性因素等几个方面。

2.4.2.1 人口统计特征、风险偏好与家庭资产选择

大量研究表明，家庭人口统计特征对家庭资产选择具有重要的影响，这些人口特征包括年龄、学历、性别、户籍等，此外家庭风险态度，包括风险偏好、风险厌恶等也对家庭资产选择产生影响。

（1）年龄因素。关于家庭资产选择的研究中，年龄是一个重要的考察变量。国外学者贾佩黎（Jappelli，1990）研究发现年龄与家庭受信贷约束的概率负相关。博迪和科瑞恩（Bodie and Crane，1997）就利用1996年的截面数据发现，年龄与持股比例显著负相关。希顿和卢卡斯（Heaton and Lucas，2000）研究发现，年龄与家庭资产选择关系的曲线通常是呈下降的趋势。贝塔特和斯塔尔（Bertaut and Starr-MeCluer，2002）分析美国消费金融微观数据发现，年龄与家庭是否在家庭资产中配置风险资产显著相关，但是对于持有风险资产的比重影响不显著。另外，也有一部分学者认为年龄与家庭资产选择的关系并非是线性关系。柏特巴和山姆维克（Poterba and Samwiek，1997）分析1983年、1989年和1992年3年的美国消费者金融调查数据发现，股票持有概率和持有比重随年龄增长而提高，但进入老年期后是平坦的。柳（Yoo，1994）利用1962年、1983年、1986年3年的消费金融调查微观数据研究了家庭资产配置中的年龄效应，他发现处于职业生涯中的家庭持有股票资产的

比重随着年龄增加而增加，但是退休之后，家庭持有股票比重下降，在整个生命周期中总体呈倒"U"型驼峰状。阿米克斯和查德斯（Amerkis and Zeldes, 2004）研究发现，年龄与家庭参与风险资产投资的概率变化图呈倒"U"型，即随着年龄的增加，家庭在资产中配置风险资产的概率先上升后下降，但是他们还发现年龄与风险资产配置比重的影响差异不显著。岩井迫（Iwaisako, 2003）以日本家庭为研究对象，发现生命周期内是否持股呈现倒"U"型变化，但是家庭持股比重变化曲线在生命周期内是平坦的。

国内学者李涛和郭杰（2009）发现随着年龄增加，居民家庭参与股市的积极性显著增加，呈递增的线性关系。吴卫星等（2011）等发现年龄与家庭是否持有股票并不存在简单的线性关系，而是表现为参与持有股票概率随年龄增加呈先增后减的趋势；同时，年龄对股票持有比重也表现出类似的影响作用。王向楠等（2013）认为家庭的寿险和股票资产的持有状况随年龄增长呈倒"U"型变化，存在生命周期迹象。尹志超等（2015）认为，家庭户主年龄对风险资产参与率和家庭风险资产参与深度均呈显著的倒"U"型关系。周雅玲等（2017）以城镇居民家庭为研究对象，发现年龄与家庭房产和股票资产选择呈倒"U"型关系。然而，周铭山（2011）的研究却发现年龄对家庭股市参与概率没有显著的解释力。

（2）教育程度因素。居民受教育年限或学历是衡量人力资本的主要变量。一方面，居民受教育程度越高，其收集和处理信息的能力越强；另一方面，受过良好教育的人具有一定的知识水平和理解能力，从而在金融资产选择时更容易接受新型金融资产（邢大伟，2009）。因此，对于家庭参与资产选择而言，受教育程度越高的居民家庭处理资产配置和收益等相关信息的能力越强，则其在家庭配置资产的可能性越大。威森－约根森（Vissing-Jorgensen, 2002）认为，更高的教育水平使得居民更容易学习理解股票投资知识，推动其参与股市。同期，圭索等（Guiso et al., 2002）也发现受教育程度与股市参与和股票持有比重均显著正相关，且教育对间接持股的影响比直接持股影响更大。他们给出的解释为教育与投资者处理信息的能力和金融的复杂性相关，受教育程度越高，其越容易克服信息障碍。此外，坎贝尔（Campbell，2006）认为教育是影响家庭资产参与股票投资的重要因素，但是对于低教育水平的投资者家庭而言，选择不参与股票投资反而是一种理性的选择，而格雷厄姆等（Graham et al.，2009）也提出了相类似的看法，他认为教育水平高的投资者不参与股市在某种程度上来说是一种投资偏误。库波尔和朱（Cooper and Zhu，2013）也研究了家庭金融资产选择为什么依赖于家庭的教育水平等命题。

国内学者也开展了大量教育与家庭资产选择相关的研究。李涛和郭杰（2009）研究发现，高学历的居民对参与股票投资更为积极。吴卫星等（2011）发现教育程度对家庭参与股票投资有很强的正向促进作用，这与国外实证研究结论基本一致。周铭山等（2011）认为，家庭成员中接受中学教育水平的家庭比未接受教育的家庭的参与股票投资的概率高9.3%左右，而接受大学教育水平的家庭比未接受教育的家庭参与股票投资的概率高21.8%，表明教育的正向促进作用明显。肖作平和张欣哲（2014）、吴卫星等（2015）发现教育程度对家庭金融市场参与概率及参与深度发挥着显著的正面影响，且影响家庭投资组合的有效性。周钦等（2015）认为，随着家庭中成年人的平均受教育年限的提高，家庭持有生产性资产的可能性减小，并且持有房产的可能性和房产持有比例都下降，同时对金融资产和风险资产的持有可能性和持有比例都显著上升。尹志超等（2015）利用 CHFS 家庭微观数据发现，家庭户主受教育程度越高，则家庭参加风险资产投资的概率越高，这种效应呈递增趋势，而受教育程度与风险资产持有比重关系不显著。肖忠意等（2016）基于中国面板数据研究发现，受教育程度对于家庭负债、储蓄、投资行为有显著的促进作用，但是与社会保障性保险的关系为负。周雅玲等（2017）发现受教育年限越长，则家庭资产中配置的储蓄和股票占比越高，这可能是因为较高的受教育程度可能降低居民理解金融市场信息的成本，进而相应地提高了家庭资产配置的深度。

此外，近年也有不少学者将教育的研究深入到某种特定知识对资产选择的影响。伯恩海姆和加勒特（Bernheim and Garrett，2003）发现接受过金融教育的居民往往会储蓄更多。卢萨迪和米切尔（Lusardi and Mitchell，2007）研究指出，金融知识较少的消费者，其储蓄规模也相应很低，从而其参与股票投资的概率也低于其他消费者。卡夫特等（Calvet et al.，2009）利用瑞典的数据研究发现，金融知识掌握较低的家庭发生错误投资的概率往往较高。国内学者孟亦佳（2014）、尹志超等（2015）、胡振和臧日宏（2016）也开始尝试从金融知识的角度解释家庭资产选择。

（3）性别因素。传统的资产选择理论研究非常重视分析性别因素对资产选择的影响。不同性别的人对风险态度存在差异，一般来讲，男性承受风险的能力较女性更强，户主为男性的家庭在家庭资产中持有风险资产比重往往会更高。巴贝尔和奥汀（Barber and Odean，2001）、阿格纽（Agnew，2003）在研究中就强调了性别因素对家庭资产选择的影响。柏特巴和山姆维克（Poterba and Samwick，2003）发现，男性投资者参与股票投资的概率要显著高于女性投资者。目前国内相关研究主要存在两种不同的观点：一是性别因素对于家庭资产的影响显著。史代敏和宋艳（2005）认为转型时期户主性别对中国家庭资产选择具有影响作用，而余新平（2015）认为，户主为男性的家庭较之户主为女性的家庭可能配置相对较多的投资性房屋固定资产和农业器械固定资产。李涛和郭杰（2009）对中国15个城市居民投资行为调查数据进行分析，研究发现男性户主较女性户主参与股票投资的概率明显更高。二是性别因素与家庭资产选择无关。吴卫星等（2011）认为性别对家庭参与股票投资和持有风险资产的概率和持有比重的影响不显著。王琎和吴卫星（2014）在考虑婚姻因素的情况下，发现已婚女性决策者比单身女性决策者更倾向于投资风险资产和股票，且配置更高的风险资产和股票占比；此外，与男性决策相比，女性决策者更倾向于投资风险资产。尹志超等（2015b）

认为男性和女性从正规金融市场或非正规金融市场获得信贷的能力无差异。总的来说，目前关于性别与资产选择的讨论越来越多，但是农户家庭性别因素与其家庭储蓄等安全资产和股票等风险资产的选择问题尚未有详细的报告。

（4）城乡户籍因素。中国具有典型的城乡二元结构，按照户籍可以划分为城镇户籍和农村户籍。王宇和周丽（2009）通过问卷数据分析了农村家庭参与金融市场的差异，他们认为由于中国农村金融市场相对落后、金融抑制普遍存在、多样化金融工具缺失、农村居民对不同金融工具的认识有限等因素阻碍了农村家庭选择家庭资产。邹红和喻开志（2009、2010）、王刚贞和左腾飞（2015）主要关注了城镇居民家庭资产选择的特征，而邢大伟（2008）、肖忠意等（2016）实证分析了农户家庭资产选择的影响因素。此外，黄倩（2014）还发现，户主为农业户籍的家庭股票投资参与率和参与深度显著低于非农家庭，这与炒股家庭主要集中在城市是一致的。总的来说，户籍对家庭资产配置的影响研究对于中国家庭具有非常重要的现实意义，特别是对于农户家庭资产选择的研究目前还十分滞后，急待进一步研究。

2.4.2.2 收入和财富与家庭资产选择

对于一个家庭来说，消费是收入的函数，家庭收入和财富水平对于家庭的消费和资产选择决策具有重要的影响，同时与家庭资产配置总量和结构也密切相关（邢大伟，2009）。希顿和卢卡斯（Heaton and Lucas，1997）将劳动收入和证券组合约束纳入研究框架，投资者在有证券组合约束的情况下应该是将储蓄资产配置到高风险的股票上，而在没有证券组合约束的情况下，投资者甚至可以考虑卖空无风险的长期债券而投资于股票。另外，凯恩斯的绝对收入假说认为，根据边际消费倾向递减规律，高现期收入将导致高储蓄率。臧旭恒和张继海（2005）、谢勇（2010）的研究结果也得到了类似结论。但弗里德曼和莫迪利亚尼的持久收入—生命周期假说却指出，这种基于现期收入的观察是不可靠的。相关实证结果发现，收入和储蓄可能存在非线性关系。朱国林等

（2002）、杨汝岱和朱诗娥（2007）的实证分析发现，中国居民收入水平与边际消费倾向之间呈倒"U"关系。与之类似，杨天宇和荣雨菲（2015）发现，当中国居民的持久收入上升时，储蓄率也呈上升趋势，即富人的储蓄率高于穷人，但是中国居民持久收入水平与储蓄率之间并不存在倒"U"型关系。此外，谢勇（2011）用暂时性收入代表收入不确定性，验证了收入不确定性会提高农村居民的储蓄率。林光华（2013）发现各类农户均存在应对收入风险的预防性储蓄行为，农户家庭的预防性储蓄占比较其他类型农户更高。

　　除了储蓄以外，收入和财富因素对与家庭金融资产、房产、保险的选择也存在一定的影响作用。圭索和贾佩黎（Guiso and Jappelli，2001）发现，意大利的家庭资产配置主要由家庭财富规模决定，他们发现家庭资产配置中金融资产的比重与财富规模呈正相关，而且富裕的家庭倾向于配置更多的风险资产。岩井迫（Iwaisako，2003）认为家庭房产的持有对于日本家庭持有股票的多少显著正相关。卡罗尔（Carroll，2002）对欧洲国家进行分析发现，富裕的家庭在投资过程中承受风险的能力更强。坎贝尔（Campbell，2006）发现富裕的家庭更加愿意在家庭资产中选择风险资产。此外，马萨和西蒙诺夫（Massa and Simonov，2006）发现，家庭劳动收入与股票持有量显著正相关，富裕家庭更倾向于选择能对冲劳动收入风险的负相关股票。佩利佐和韦伯（Pelizzon and Weber，2008）认为，年轻人几乎将收入增长、财富增长全部投入房产，在还完贷款后才开始投资于股市。此外，高晨雪等（2013）认为农户收入结构的差异会影响其家庭的保险选择决策。近年还有不少研究开始关注收入与家庭资产选择之间存在的非线性关系，饶育蕾等（Rao et al.，2014）、王琎和吴卫星（2014）、段军山等（2016）均发现了收入与中国家庭风险资产参与概率和持有比重之间的倒"U"型关系。

2.4.2.3　风险态度与家庭资产选择

　　据风险态度的不同，居民可以被划分为风险偏好型、风险中立型、风险厌恶型三类投资者。经典理论认为，居民家庭往往追求效用最大化，会尽可能分散投资风险，居民的风险规避程度影响其风险资产的投资决策。给定风险资产的收益和风险程度，居民家庭风险规避程度越高，则参与风险投资的可能性越低，而且即使进行了风险资产的投资，风险资产在家庭整个资产组合中的比重也可能处于一个较低水平。茍丽尔（Gollier, 2001）研究发现，居民风险偏好程度的不同，会导致其持有金融资产组合的不同。洪等（Hong et al., 2004）、圭索和帕以拉（Guiso and Paiella, 2007）、圭索等（Guiso et al., 2007）分别利用美国、意大利、荷兰的居民投资数据得出结论，居民具有较高的风险规避程度导致了其参与股市投资可能性相应较低。弗拉维和雅玛西（Flavin and Yamashita, 2011）认为，在给定相对风险厌恶水平条件下，家庭金融资产中持有股票的比重会随着生命周期而增加。坎贝尔等（Campbell et al., 2003）探讨了风险态度和投资组合分散关系，认为居民家庭选择高分散化投资组合的概率与风险厌恶程度之间呈倒"U"型函数。郭姆和迈克尔德斯（Gome and Michaelides, 2005）认为投资者持有风险资产的可能性与风险偏好之间构成增函数，风险偏好者更可能积累到更多的财富，因而，更有可能持有更多的投资。此外，国外许多文献还认为，富人较穷人而言表现更多的风险偏好（Bardhan et al., 2000）。波拿巴等（Bonaparte et al., 2014）分析荷兰和美国两国的微观数据发现，即使收入风险很高，随着收入增长和股市回报率之间的相关程度降低，家庭越来越倾向于选择风险资产。

国内学者就风险态度与资产选择也积累了大量的研究成果。贺京同和霍焰（2005）研究中国1998~2004年股市数据发现，中国投资者普遍存在害怕损失、规避风险的特征，并且风险态度对持有金融资产组合有显著的影响。袁志刚和冯俊（2005）也认为，国内居民对风险的厌恶极大地限制了家庭风险资产的参与程度。红驹和张慧莲（2006）认为，居民对风险厌恶的程度越高，其对储蓄性存款的需求就越强，因此，其在家庭资产中配置储蓄性存款的比重也就越高。何秀红和戴光辉（2007）实证分析发现，收入不确定性强的居民往往在风险态度上倾向于风险厌恶，其在家庭资产配置上更偏好于无风险资产；同时家庭持有风险资产的比重会随预期流动性约束而降低。尹晓伟（2012）对我国15个城市的居民家庭投资调查数据进行实证分析发现，随着持有人风险偏好程度的变高，风险性金融资产的最优占比会随之变高。李雅君等（2015）研究结果表明，风险态度对中国家庭投资组合的构成确实有显著影响，且投资决策者风险厌恶程度与其持有高分散化投资组合的概率负相关。胡振和臧日宏（2016）认为，风险态度对家庭正规金融市场参与有显著影响，风险厌恶程度的提高会显著降低家庭在股票、基金、债券、储蓄性保险市场的参与概率；同时，风险厌恶程度对家庭资产的配置比重具有显著的负向影响。但是也有研究认为风险态度与家庭资产选择无关，李涛和郭杰（2009）认为居民风险态度在解释其是否投资股票时不再显著。段军山和崔蒙雪（2016）认为，风险态度对家庭房产选择的影响不显著，但他们还发现风险态度对股票参与概率和持有比重，而对商业保险选择显著正向相关。

此外，对于农户家庭而言，庞新军和冉光和（2014）研究发现，农户风险态度与信贷配给呈显著的正向关系，农户的风险规避意识越强产生的需求型信贷配给越强烈，并且其风险态度决定了风险成本与风险溢价，进而可以影响到信贷行为。总的来说，随着农村金融深化，在农户家庭持有资产不断多元化背景下，学术界尚缺乏研究农户风险态度对家庭股票、储蓄、房产、保险等资产选择影响的实证证据。

2.4.2.4　社会因素与家庭资产选择

越来越多的文献开始关注社会文化因素对家庭资产选择的影响力。贝克尔（Becker, 1991）认为，个体通过与社会中其他群体成员互通信息可以积累投资经验，使得投资行为发生变化，而布朗等（Brown et al., 2004）也指出，社会成员之间的投资经验的风险推动了投资者参与股票市场的可能性。圭索等（Guiso et al., 2004）的研究显示，居住在社会资本较高地区的人更有可能投资于股市。洪等（Hong et al., 2004）分析了社会互动与同群效应对美国家庭股市参与的影响，研究发现，家庭由于受到邻居、朋友和其他群体的影响，会做出与他人类似的资产配置决策，而且家庭社会互动程度越高，则其参与股市投资的概率越大。圭索等（Guiso et al.，2008）进一步分析了各国居民的社会信任程度与家庭配置股票行为的关系，认为家庭进行是否参与股票投资决策时，会同时考虑被欺骗的风险。因此，家庭的社会信任度与股票参与概率和股票投资比重呈显著负相关。此外，卡兰（Karlan，2005）发现了交流感受的内生互动机制对个体信贷决策的影响。

国内学者李涛（2006）以中国 12 个城市投资者行为的调查数据为基础，研究发现社会互动推动了家庭对储蓄、股票、期货、房产投资的参与概率，但是社会互动降低了个体未来参与股市的期望。何兴强和李涛（2009）还发现，社会互动对家庭参与商业保险购买行为的影响不显著，但是社会资本却显著地推动了家庭参与商业保险。周铭山等（2011）研究了社会互动推动家庭参与股市的差异，他们发现，对于在消费品支出比例高、收入分布集中度高的区（村），社会互动推动家庭参与股市的作用更加显著。郭士祺和梁汉平（2014）使用 CHFS 研究发现，社会互动与网络信息化通过传递股市信息推动了中国家庭参与股市的可能性，并且这两种信息渠道在促进家庭参与股市上有相互替代的关系。此外，曹洋（2015）发现社会网络是促进居民家庭参与股市、风险投资和民间借贷的重要因素，丰富的社会信息和互动渠道能够削弱负面影响，影响家庭的资产参与程度。

此外，社会文化被认为是"一套价值观念以及赋予其意义的实践活动"，也有一些学者提出，社会文化也可能对家庭资产选择等经济行为产生影响。周长城（2003）指出社会文化程度必定影响家庭成员的经济行为。斯图兹和威廉姆森（Stulz and Williamson，2003）认为，社会文化常常与家庭负债程度显著相关。邢大伟（2009）提出，中国儒家传统思想形成的消费观和节俭观，尤其经由先秦、儒、道和墨家的提出和宣扬之后，"戒奢崇俭"已经成为传统消费观的核心价值。节俭的观念可能带来家庭对实物资产需求的降低，转而增加对金融资产的需求。此外，示范效应也会促使居民在家庭耐用消费品和房屋购置上增加支出，从而影响对实物资产的需求。

2.4.2.5 非理性因素与家庭资产选择

鲍曼（Bauman，1967）在《科学投资分析：是科学还是幻想?》中就曾指出，投资者在投资决策时并非完全理性的，应当重视非理性投资心理的研究。卡尼曼和沃斯基（Kahneman and Tversky，1979）总结了金融市场中存在的大量非理性投资行为，并提出了著名的前景理论。席勒（Shiller，1990）研究了投资者中存在的羊群效应、投资心态的传染以及股市的不正常波动等。情绪是人们对某种情况，不管任何外在原因感到的过度悲观或乐观（Antoniou et al.，2009）。福尔金等（Frijins et al.，2008）研究情绪对投资组合的影响发现，市场情绪是决定投资组合的重要因素。伯德金和雷德芬（Burdekin and Redfern，2009）通过中国市场数据也发现，投资情绪对中国投资者的资产配置过程影响显著。国内相关研究目前尚处于起步阶段，汪伟（2008）指出，"理性选择"对于农村家庭中出现的高比例"风险资产零选择"现象缺乏解释力。肖忠意等（2016）研究了农村家庭父母的非理性因素——亲子利他性对家庭资产选择的影响，他们发现亲子利他性能够影响农村家庭参与金融市场的行为，同时对选择储蓄、投资、保险、住房、信贷5种资产配置的影响存在差异，亲子利他性高的家庭会主动选择增加储蓄规模，而减少自身住房消费。

2.5 家庭资产组合选择实证研究文献述评

通过对国内外相关文献的考察，目前关于农户家庭资产组合配置和消费金融行为的研究尚处于起步阶段，更加难以对消费金融效应与社会经济发展的关系给出满意的答复。可以得出如下一些结论：

第一，已有的研究对象主要集中于城市居民家庭。农户家庭和城市居民家庭特征具有明显的区别，目前虽然已经有一些关于农户资产选择的研究，但由于相关研究起步较晚，加之城乡差异的复杂性，目前尚未形成统一的研究成果。虽然农村居民家庭也存在迫切的家庭金融需求，但目前还缺乏系统的相关理论分析和实证证据。

第二，生命周期理论与持久收入假说等在西方经济中得到了较好的研究，然而在资本市场及其不完善、消费信贷落后的中国农村，这些西方经典理论都难以简单的应用于分析中国农户家庭的消费金融行为。农村居民对金融资产和消费的需求显著区别于城市居民，同时随着金融市场的发展变化和多因素作用，城乡居民消费行为和资产配置行为的决定因素可能存在较大差异，目前关于城市居民资产配置行为的相关研究结论可能并不适用于农村居民。

第三，家庭资产选择的研究目前主要是以实证为先导，由于家庭金融微观数据可得性的限制，国内早期居民家庭消费和资产选择的研究多数从宏观变量入手，而从微观基础入手的研究较少，或分类观察比较粗糙，或样本数量有限，造成对居民家庭资产组合进行合理建模难度较大。

第四，目前我国消费需求疲软的原因尚未弄清楚，未来研究不仅需要准确理解农户家庭消费行为习惯，而且还需要深刻理解农户家庭投资者参与金融市场的资产配置决策机制，迫切需要建立更加精细的理论模型，并借助先进的计量手段，建立系统的农户家庭金融研究体系。

第3章 家庭资产选择现状和特征

3.1 引言

家庭金融是这几年经济学研究领域的焦点，它不仅影响居民福利，而且对居民家庭消费行为有着重要的意义。家庭资产选择行为直接影响到消费等一系列经济行为。所以我国经济要继续平稳的发展，必须要将更多的研究精力投入到对城乡家庭资产配置的研究上。虽然中国家庭参与资产选择的历史和程度与欧美发达国家相比仍然有很大的差距，但是改革开放以来，40年的经济快速发展使得我国家庭财富与收入水平不断提高，家庭经济行为市场化程度不断提高，物质和文化生活水平发生了根本性的提升，渐进式的社会制度变迁更是让中国传统家庭结构、功能和观念发生了明显的变化，中国城乡家庭规模缩小，财富意识的觉醒进一步促使了家庭资产结构和消费支出行为的变迁。过去20年城乡家庭资产的配置状况发生了很大的变化，居民家庭手持现金在家庭资产中的比重持续下降，虽然家庭中储蓄仍然占主导地位，但是手持现金、活期存款和定期存款等低风险资产的占比逐渐下降，而风险较高的金融性资产占比逐步上升。目前为止，我国已经形成了多级的金融市场，新增数十种金融工具，尤其是股票市场发展相当迅速。我国保险市场日趋完善和居民风险意识不断加强，各类保险保费收入也不断扩大。

家庭金融是促进消费增长的有效手段，广义上讲，家庭金融是关于家庭与消费相关的所有金融活动的集合。萨缪尔森（Samuelson，1969）

和莫顿（Merton，1971）认为，家庭金融是指如何在给定的金融环境中，利用所掌握的资产来最大限度满足消费者的各种消费需求，包括消费目标、消费与储蓄、信贷、资产配置、面临的风险与约束等，而家庭金融的四项主要功能包括支付、风险管理、信贷、储蓄与投资（Tufano，2009）。家庭金融的意义在于降低流动性约束和交易成本，通过信贷手段或者财富效应促进消费，激发即期潜在的消费能力，形成消费的长期安排。在家庭资产多元化发展背景下，研究家庭参与资产选择的活动特征对于转型时期经济增长理论具有重要的意义。因此，本章以农户家庭为研究对象，分析中国农户家庭消费行为变迁、家庭资产选择变迁的特征及其对宏微观经济影响的重要意义。

3.2　家庭资产积累与资产选择的兴起

3.2.1　市场化经济与家庭收入提高为家庭金融提供物质基础

中国经济体制改革以来，社会主义市场经济资产配置框架逐渐成熟，家庭财富和收入格局发生了巨大的变化和调整，居民收入呈高速增长态势，2015年城镇人均收入达到31195元，比1980年的477.6元实际增长64.3倍，实际年均增长率为12.3%，而2015年农村居民人均纯收入达到11422元，比1980年的191.3元实际增长58.7倍，实际年均增长率为12.0%（见表3-1）。总的来说，农户家庭收入的提高首先得益于农村家庭承包制度调动了广大农户的生产积极性，提高了农业生产效率；其次是市场经济改革拓宽了农户增收途径；同时，国家农业贴补政策进一步促进了农户收入增长。

表 3 - 1　　1980 ~ 2015 年经济增长、城乡人均收入与消费支出数据

年份	GDP（亿元）	人均 GDP（元）	城镇居民人均可支配收入（元）	农村居民人均纯收入（元）	农村居民人均消费支出（元）
1980	4545.6	463.0	477.6	191.3	162.2
1985	9016.0	858.0	739.1	397.6	273.8
1990	18667.8	1644.0	1510.2	686.3	538.1
1995	60793.7	5046.0	4283.0	1577.7	1310.4
2000	99214.6	7858.0	6280.0	2253.4	1670.1
2005	184937.4	14185.0	10493.0	3254.9	2134.6
2010	401512.8	30015.0	19109.4	5919.0	4381.8
2013	568845.2	41907.6	26955.1	8895.9	7485.2
2015	676707.8	49992.0	31195.0	11422.0	9222.6
实际年均增长率	14.9%	13.9%	12.3%	12.0%	11.9%
实际增长倍数	147.9	107.0	64.3	58.7	55.9

资料来源：中国经济与社会发展统计数据库。

城乡二元结构是中国经济社会的一个重要特征。城乡二元经济结构转换过程中，农村剩余劳动力逐渐地由农村转移到城镇地区，从第一产业向第二、第三产业转移。在城镇化和经济结构转换过程中，一部分农民转换成为城镇居民，一部分仍然保留农村户籍但工作或生活在城镇地区。劳动力的转移对农户家庭收入结构产生了巨大的影响，且在不同阶段，农户家庭收入结构也表现出一定的差异。1980 ~ 1982 年，这一阶段工资性收入比重明显大于经营性收入，随后农户家庭经营性收入开始超过工资性收入，且成为农户家庭收入的主要来源。由表 3 - 2 可见，2015 年农户家庭工资性收入占比 40.3%，经营性收入占比 39.4%，财产净收入占比 2.2%，转移净收入占比 18.1%。当农户家庭财富积累到了一定程度，农户家庭对于家庭资产尤其是金融资产的需求将持续增长。农户家庭收入的增加为家庭进入金融市场，进行家庭资产的优化配置提供了物质基础。

表 3 - 2 　　　　　　　1980 ~ 2015 年农村居民人均纯收入构成

年份	工资性收入 （元）	经营性收入 （元）	财产净收入 （元）	转移净收入 （元）
1980	106.4	62.6	—	22.4
1985	72.2	296.0	—	29.5
1990	138.8	518.6	—	29.0
1995	353.7	1125.8	41.0	57.3
2000	702.3	1427.3	45.0	78.8
2005	1174.5	1844.5	88.5	147.4
2010	2431.1	2832.8	202.2	452.9
2013	4025.4	3793.2	293.0	784.3
2015	4600.3	4503.6	251.5	2066.3
实际年均增长率	11.2%	12.6%	—	13.4%
实际增长倍数	42.2	70.9	—	91.2

资料来源：历年《中国农村统计年鉴》。

　　此外，随着收入的增加，家庭持有财富不断积累，而消费需求也相应提升。1980 ~ 2015 年期间，农村居民人均消费支出实际增长 11.9%，与农村人均纯收入增速基本一致（见表 3 - 3）。"家电下乡"等经济刺激政策不断提升农村地区消费结构的调整，消费水平不断升级，消费信贷等市场化金融手段在农村地区的普及推动了农村家庭金融市场的发展。居民消费和投资需求不断得到释放，金融消费意识增强，家庭将消费剩余收入作为资本要素投入金融市场，通过资产组合配置低风险和高风险金融产品，实现资产增值，获取投资收入的动力不断增加。家庭资产配置不再满足于持有现金和银行储蓄，部分农户家庭逐渐开始尝试将资金投资到股票、债券、保险准备金及黄金外汇等金融资产。因而，农户的家庭金融行为参与的广度和深度得到了进一步发展。

表 3 – 3　　　　　　1980 ~ 2015 年农村居民消费支出及结构

年份	食品 （元）	衣着 （元）	居住 （元）	生活用品 及服务 （元）	交通 通信 （元）	文教 娱乐 （元）	医疗 保健 （元）	其他 （元）
1980	100.2	20.0	12.8	15.3	—	4.3	—	9.7
1985	183.3	31.3	39.5	36.1	—	9.1	—	18.2
1990	295.2	45.1	69.2	65.6				88.2
1995	768.2	89.8	182.2	68.5	42.5	33.8	102.4	23.1
2000	820.5	96.0	258.3	75.5	87.6	93.1	186.7	52.5
2005	770.7	147.9	342.5	110.9	245.0	295.5	168.1	54.1
2010	1800.7	264.0	835.2	234.1	461.1	366.7	326.0	94.0
2013	2554.4	453.8	1579.8	455.1	874.9	754.6	668.2	144.2
2015	3048.0	550.5	1926.2	545.6	1163.1	969.3	846.0	174.0
实际年均增长率	10.0%	9.6%	14.9%	10.4%	—	16.2%	—	8.3%
实际增长倍数	29.4	26.5	149.25	34.7		224.4		16.9

资料来源：历年《中国农村统计年鉴》和《中国统计年鉴》。

3.2.2　金融市场深化为家庭资产积累和资产选择提供制度基础

我国城乡纷纷设立各类金融机构，各种金融要素在市场机制下运行，金融业在改革开放中经历了蓬勃的发展。一方面，近 20 年我国股票市场、债券市场、货币市场、保险市场规模不断扩大；另一方面，与家庭相关的金融领域的发展也日趋完善和成熟，家庭金融市场相关金融产品不断丰富，金融服务不断多样化、个性化和全面化发展，逐渐向家庭更深层次、更广空间的经济生活渗透。家庭资产已经从传统的活期储蓄和定期储蓄扩展到了股票、理财产品、商业保险、政府债券、公司债券、黄金、外汇，现在中国居民家庭资产选择更是扩张到了期货、期权、权证等金融衍生品。

据《中国金融年鉴》统计，2014 年中国城乡居民储蓄增加到485261.3 亿元。其中，城镇居民储蓄 369157.2 亿元，农村居民储蓄116104.2 亿元，城镇人均储蓄 49276.1 元，较农村居民人均储蓄

18767.0 元高出 30509.1 元（见表 3 - 4）。另一方面，股票和债券越来越多受到中国家庭的关注，而且中国家庭参与债券和股票投资的规模也越来越大。1990 年中国家庭持有债券的规模为 797.5 亿元，持有股票的规模为 137.7 亿元，而 2014 年家庭持有债券规模达到了 16596.9 亿元，持有股票规模增加到 33746.2 亿元，分别增加了 19.8 倍和 244.1 倍（见表 3 - 5）。此外，家庭持有现金也随着家庭收入的增加不断提升。

表 3 - 4　　　　　　　1990～2014 年中国居民人民币存款余额

年份	城乡总计 （亿元）	城镇储蓄 （亿元）	农户储蓄 （亿元）	城镇人均储蓄 （元）	农户人均储蓄 （元）
1990	7119.8	5278.2	1841.6	1748.0	218.9
1995	29662.3	23466.7	6198.6	6671.6	721.2
2000	64332.4	51977.1	12355.3	11322.5	1528.4
2005	141051.0	116444.6	24606.4	20715.3	3300.9
2010	303302.2	244222.1	59080.0	36463.0	8803.1
2014	485261.3	369157.2	116104.2	49276.1	18767.0

资料来源：历年《中国金融年鉴》。

表 3 - 5　　　　1990～2014 年中国家庭手持现金、债券和股票资产余额

年份	手持现金 （亿元）	债券 （亿元）	股票 （亿元）
1990	2155.5	797.5	137.7
1995	6094.1	3135.5	662.4
2000	11811.9	9452.1	5087.4
2005	19614.5	11430.7	8920.5
2010	35702.6	14062.0	24760.1
2014	53422.0	16596.9	33746.2

资料来源：1990～2010 年数据来源于徐梅和李晓荣（2012）测算结果，2014 年数据通过比例测算而得。

　　住房是承载"家"的实体，住房对大多数家庭而言意味着太多含

义，而中国传统文化中的"家本位""安居乐业"等观念更是赋予了中国家庭投资或购买房产的独特意义。住房也是中国传统家庭资产中的重要组成部分。1994 年，国务院下发的《关于深化城镇住房制度改革的决定》确定了房改的根本目标：建立与社会主义市场经济体制相适应的新的城镇住房制度，实现住房商品化、社会化；加快住房建设，改善居住条件，满足城镇居民不断增长的住房需求。

房地产由于产业关联度高、带动力强已经逐渐成为国民经济的支柱产业，商品房消费信贷的出现，为消费者在更长时间内合理分配收入、最大限度满足消费需求创造了条件，也为改善居住质量，满足人民群众物质文化生活需要的基本要求，促进消费、扩大内需，拉动经济发挥巨大作用。表 3 - 6 数据显示，城乡居民住宅投资从 1995 年的 4736.7 亿元，增加到 2014 年的 80615.1 亿元，2014 城镇和农村家庭住房投资额也分别高达 72888.4 亿元和 7726.7 亿元。

表 3 - 6　　　　　　　　1995 ~ 2014 年中国居民住宅投资

年份	城乡住房总计（亿元）	城镇住房投资（亿元）	农户住房投资（亿元）	城镇人均住房投资（元）	农户人均住房投资（元）
1995	4736.7	3278.2	1458.5	932.0	169.7
2000	7594.1	5435.3	2158.8	1184.0	267.1
2005	15427.2	12825.8	2601.4	2281.7	349.0
2010	45027.0	39763.0	5264.0	5936.7	784.3
2014	80615.1	72888.4	7726.7	9729.4	1248.9

资料来源：历年《中国金融年鉴》。

保险金融业的发展和保险商业市场化的发展为家庭多元化投资提供了客观条件。保险具有独特的保障功能，越来越多地受到现代家庭的关注，成为家庭应对各种风险的金融工具。由表 3 - 7 可以发现，2014 年中国家庭保费支出达到 20235.1 亿元，保险深度从 2000 年的 1.79%升高到

2014 年的 3.18% , 保险密度也达到了 1518.21 元。

表 3 – 7   2000 ~ 2014 年中国居民保险深度和保险密度

年份	保费支出(亿元)	保险深度(%)	保险密度(元)
2000	1609.0	1.79	126.21
2005	4930.2	2.70	375.64
2010	14528.3	3.70	972.33
2014	20235.1	3.18	1518.21

资料来源:历年《中国保险年鉴》。

可见,金融业的深化促进了金融产品的多元化,推动了家庭参与金融市场的积极性,家庭外部投资条件的不断成熟和家庭自身金融知识的积累、金融技能的形成以及金融资产需求的提升是城乡家庭资产积累和资产选择形成的重要原因。

3.2.3 人口结构与功能变迁为促进家庭金融发展提供社会基础

中国是一个农业大国和人口大国,呈现典型的城乡两极分化的二元经济结构。作为世界上最大的发展中国家,我国经济社会容纳了世界上最多的人口。城乡人口结构对于中国经济发展具有重要的影响。早在 1883 年法国学者瓦列塞尔就提出经济增长与人口密度之间的正相关理论,他认为生产力的发展使得人口分布趋向于密集集中,人口由传统部门向城市现代部门转移。虽然不同国家和地区的转移程度有所区别,但是人口规模增长的同时人口向城市集中无疑成为这个时代人口分布最大的特征。改革开放以前,农村产业结构单一,农村人口大量增加,但农村经济发展的速度赶不上人口增长的速度,而城市也不具备吸收农村剩余劳动力,加之国家对工农业的行政手段的干预,城乡之间泾渭分明,基本成为互相封闭的关系。从发展的线索看,改革开放之后,城乡二元结构矛盾得到了一定程度的缓解,加速了劳动力的流动,加快了城镇化的发展步伐。1993 年以后,中国经济进入了全面的转型时期,在转型期，1993～1996 年中国的两极分化在减缓，尽管减缓的程度不大，但减缓的趋势是明显的（李冰，2010）。1996 年以后，我国的城市化水平有了显著提高，1996 年，我国总人口 122389 万人，城镇人口 37304 万人，城镇化率为 30.5%，截至 2015 年，我国总人口增加到 137462 万人，城镇人口达到 77116 万人，城镇化率突破 50% 大关，达到了 56.1%（见图 3–1）。

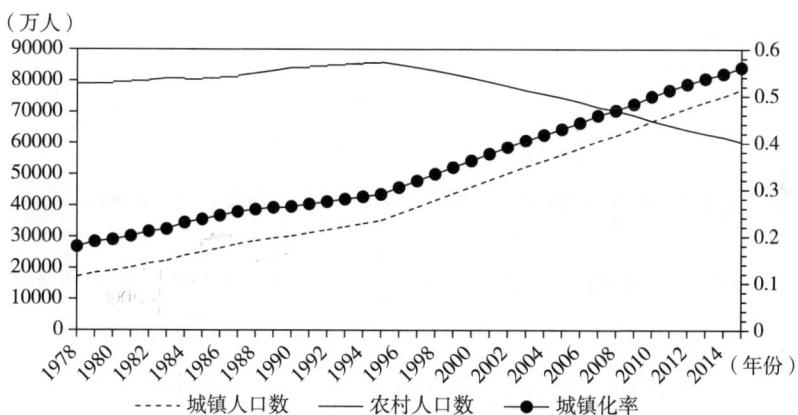

图 3–1　1978～2014 年城乡人口规模和城镇化率变化

　　城乡二元结构中人口规模的变化对经济发展产生了深远的影响，同时，人口结构的调整对于社会和家庭也将产生巨大的影响。我国在 20 世纪 70 年代推行了计划生育政策，少年儿童人口增加量长期减少，少年抚养比呈现不断下降的趋势。由图 3–2 可知，截至 2015 年，我国少儿抚养比从 1982 年的 54.6% 降低到 2015 年的 22.6%。与此同时，经济条件的改善和卫生医疗的提高使人均寿命得到了显著的提升，老年人口越来越多，使得老年人口比重越来越大，所以老年扶养比开始缓慢上升。1982 年老年扶养比为 8.0%，而 2015 年老年扶养比升高到了 14.3%。

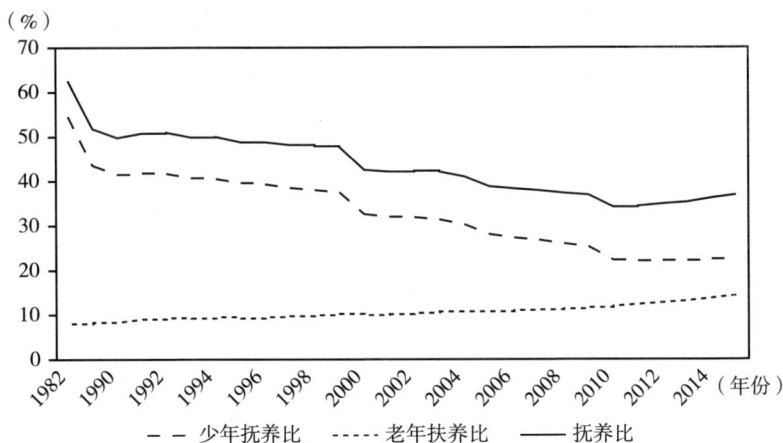

图 3 − 2　1982～2014 年我国抚养比、老年扶养比和少儿抚养比

　　总的来说，相对于老年扶养比的提高，我国少儿抚养比下降更加明显，造成我国总的人口抚养比从整体上呈下降趋势。中国家庭经历了一个从传统家庭向核心家庭转换的发展过程，家庭规模不断缩小，家庭结构趋于简单。儒家孝化中倡导"养儿防老、多子多福"等，这对家庭成员来说，婚姻和血缘的家庭关系是一种安全资产。随着家庭人口结构的变化，家庭逐渐开始向血缘外关系扩展，开始广泛参与退休养老金、医疗保险、储蓄和资本市场投资，并将这些金融资产视作一种替代品。人们已经逐渐认识到利用家庭资产配置技术为未来的生活提供保障。在经济转型时期，居民家庭进入金融市场已经形成了一定规模。中国毕竟仍是一个城乡二元结构的国家，占总人口 50% 的农户在保持受到传统文化因素影响的同时，也已经逐渐的释放了参与金融市场投资的潜力，活跃的城乡居民家庭参与金融市场活动必将会成为推动我国金融深化的重要力量。

3.3　家庭金融对社会经济的作用

3.3.1　家庭金融对消费者的经济效果

20 世纪 80 年代中期，我国商业银行消费信贷开始发展，但是由于当时经济发展水平较低、市场化机制较弱以及居民家庭消费观念不强等多方面因素的限制，家庭金融进程发展缓慢。直到 1996 年，中国人民银行允许国有商业银行开展个人住房贷款业务，并允许开办小额存单质押贷款，家庭金融进入了以银行为主导的"普惠"家庭金融发展阶段。家庭金融的兴起突破了传统居民先储蓄后消费的消费模式，打破了原有信贷约束，增加了居民现期消费的意愿和能力。截至 2015 年，我国家庭金融行业贷款余额达到 573.74 亿元，累积为大约 670 万消费者提供了家庭金融服务。

家庭金融极大地激发了消费者的消费需求。具体而言，消费者通过消费信贷或者其他金融产品和服务，降低了家庭的交易成本和信息成本，获得了更好的消费和投资平台，这有利于消费者获得更高效用的生活。另外，非银行机构信贷技术的记录和信用评级机构完善，使得越来越多的中低收入家庭能够进入家庭金融市场，获得家庭金融服务，例如阿里小贷、花呗等新兴家庭金融业态服务，进一步扩大了居民家庭当期消费。

由于家庭金融市场的培育和推动，家庭金融知识的不断积累，金融意识的不断加强，这一定程度上促进了近些年我国居民在住房、汽车、旅游等消费升级的需求提升，相应的居民居住条件得到了很大改善，拥有私家车的家庭越来越多。借助金融手段解决消费的需求使得家庭收支结构发生变化，并且消费习惯也表现一定的超前性，使得家庭在新形势下不断产生新的消费热点，消费水平不断提高，这种超前性对东部和西部地区、城镇和农村的家庭的影响表现差异。

3.3.2 家庭金融对金融服务供给机构的经济效果

家庭金融具有途径分散、信贷额度较小、覆盖面广的特点，随着个人征信系统的完善，家庭金融的风险会保持在一个相对较低的水平。早期家庭金融服务主要是以住房按揭贷款等中长期贷款为主，随后信用卡透支业务也进一步丰富了家庭金融服务范围。另外，随着家庭对汽车需求的增加，汽车贷款规模逐渐扩大，家庭金融市场机会增多，家庭金融产品也得到了多元化发展机会，这将有利于资产结构优化。

家庭金融服务为金融机构带来利差收入，大力发展家庭金融，能够有效提高商业银行机构的利润水平，增加其竞争力。同时，新的家庭金融服务方式，例如消费金融公司、网贷公司的设立为商业银行无法惠及的个人客户提供了新的可选择的金融服务路径，有利于满足不同群体消费者不同层次的需求，有助于完善金融服务体系。

3.3.3 家庭金融对宏观经济的效果

改革开放以来，我国经济增长主要依靠投资和出口"两驾马车"拉动。为扭转我国经济增长过度依赖外需的局面，中国经济迫切需要实现向"消费主导型"经济增长方式的转变。虽然政府已出台了多项鼓励消费的政策，但效果都不理想。消费一直是中国经济发展的"短板"，尤其在农村地区，居民消费观念保守，消费率长期远低于国际平均水平。总的来说，中国经济存在严重的消费不足的问题，而造成这种现象的主要原因是农村居民消费不足（李金昌和窦雪霞，2007）。近年的"中央一号文件"都聚焦"三农"问题，将农村金融体系建设摆在极其重要的位置。目前，我国农村消费结构升级已初现端倪，创新性的消费需求方式自然成为农村金融体系内生发展的基本推动力。金融原本是内生于经济发展战略的，农村金融的存在是为了有效地动员"三农"的经济资源和经济剩余（林毅夫，2003）。未来一个时期，按照党的十八大和中央经济工作会议提出的要求，中国发展家庭金融对于充分发挥金融市场机制创新、建立一个多层次的金融系统来推动居民消费、塑造积极的消费文化、扩大内需、保持经济稳定增长具有重要的意义。同时，家庭金融在资金上的引导作用，可以通过优惠的消费政策和消费补贴等方式，推动产业结构的调整和升级，而城乡居民消费的增长和消费结构的升级对促进供给侧改革也有积极的作用。

增加家庭资产配置的多元化发展，可以增加居民家庭除工资性收入和农业劳动收入外其他的资产性收入，让更多的居民拥有资产性收入，不仅可以增加居民的收入，更重要的是推动资本要素市场的发展，实现社会资本在金融资本市场形成二次分配，实现财产收益"向下流淌"的社会再分配机制。居民家庭通过家庭金融手段，家庭可以从房产收入、股息和红利收入、保障性收入等渠道，拓展家庭收入来源，实现家庭收入的增加。

家庭金融的发展过程中的异质性和资产结构优化的渐进发展方式，对资产分割的合理性和适合"家庭主体"的金融工具创新指明了发展方向，有利于我国进一步深化金融市场改革和完善金融体系。此外，家庭金融意识的增强、参与者规模的不断扩大有助于改善社会信用环境，居民信用管理将显著加强，社会诚信体系将进一步巩固。

3.4　农户家庭资产选择分析

3.4.1　微观调查数据的选择

3.4.1.1　中国家庭金融调查数据简介

首先需要说明，本研究以下各个章节使用的数据均来自西南财经大学家庭金融调查研究中心 2013 年在全国范围开展的第二轮调查所获得的中国家庭金融调查（China Household Finance Survey，CHFS）微观数据。CHFS2013 微观数据的优势在于其着眼于家庭资产配置和消费等目的，且样本抽样设计力求满足以下四个方面的要求：一是经济富裕地区的样本比重相对较大；二是城镇地区受访家庭样本比重较大；三是样本的地理分布比较均匀；四是尽可能节约成本。

3.4.1.2 中国家庭金融调查数据抽样设计

CHFS2013 的调查对象为中国 29 个省、自治区、直辖市（不含香港、澳门、台湾、新疆和西藏）的居民家庭和样本居民家庭中的所有家庭成员。CHFS2013 受访家庭样本覆盖的人口总量约占全国人口的 97.6%。CHFS2013 采取分层、三阶段和人口规模成比例（PPS）的抽样调查方法，第 1 阶段抽样单元包括 29 个省、自治区、直辖市的 262 个县市；第 2 阶段抽样单元直接从县市中抽取 1048 个社区居委会、村委会；第 3 阶段将从社区居委会、村委会所在辖区中抽取的 28000 余户家庭住户作为受访对象。每个阶段都采用 PPS 抽样方法，其权重为抽样社区单位的家庭户数。

CHFS2013 微观调查问卷包括人口统计学特征、资产和负债、保险与社会保障、家庭收支等方面的信息。CHFS2013 微观调查数据所获得的样本规模为 28000 余户。其中，城镇受访家庭占比 53.7%，农村受访家庭占比 46.3%。此外，由表 3 - 8 可知，CHFS2013 的调查数据与国家统计局的 1% 人口抽样数据在人口年龄结构、城乡人口结构、性别结构等多个方面基本一致，这说明 CHFS2013 的家庭金融微观调查数据具有全国代表性，可以作为本研究的数据基础。

表 3 - 8　　　CHFS2013 和国家统计局人口结构统计数据的比较

指标		CHFS2013	国家统计局
各年龄段人口比重	0 ~ 14 岁	16.4%	15.0%
	15 ~ 64 岁	73.9%	72.9%
	65 岁及以上	9.7%	12.1%
城乡人口比重	城镇	53.7%	52.5%
	农村	46.3%	47.5%
性别比例	男性	51.2%	51.0%
	女性	48.8%	49.0%

资料来源：《中国家庭金融调查报告（2014）》。

3.4.2　农户家庭资产选择特征

CHFS2013 提供了受访者的消费支出、房产、储蓄、股票和商业保险 4 种不同家庭资产的数据，以居民户籍属性作为判断依据，同时考虑到本研究所选择被解释变量和解释变量的可得性，剔除了存在缺失值的样本，最终筛选出 13634 户农户家庭样本用于本研究检验分析。按照家庭所在地区划分，农户家庭样本中东部地区家庭样本数量为 4202 户，而中西部地区家庭样本量为 9432 户；按照户主性别划分，农户家庭仍以男性户主为主，其中男性户主家庭为 10658 户，女性户主家庭为 2796 户；按照居住地的城乡属性来看，居住地为城镇的有 5785 户，居住地为农村的有 7849 户。

3.4.2.1　农户家庭资产负债表

随着经济的不断发展，农户家庭资产组成内容越来越接近城镇居民家庭资产组成内容，二者的差异主要是表现在家庭资产配置的比重，而并非组成的资产种类。表 3 - 9 描述了农户家庭的资产和负债组成。农户家庭的实物资产主要包括大件耐用品、住房和商铺、私营生意、农用机械设备和农产品剩余。随着农村金融深化，农户家庭除了配置传统的现金和储蓄存款之外，也逐渐地参与投资债券、股票、基金以及期货等金融衍生品。对于农户家庭负债而言，按照期限结构可以分为短期负债、中期负债和长期负债。

表 3 - 9　　　　　　　　　农户家庭资产和负债组成

资产		负债		
实物资产	金融资产	短期负债	中期负债	长期负债
大件耐用品	现金	短期消费贷款	汽车贷款	住房贷款
住房和商铺	储蓄存款	其他短期贷款	其他中期贷款	其他长期贷款
私营生意	债券			

续表

资产		负债		
实物资产	金融资产	短期负债	中期负债	长期负债
生产性固定资产 农产品剩余	股票和基金 金融衍生品 其他金融资产			

资料来源：参照王江等（2010）研究数据编制。

3.4.2.2 农户家庭资产选择的设定

为了研究家庭资产配置对消费支出的影响，本研究选择了农户家庭资产配置中具有代表性的 4 种资产：商品房（Housing）、储蓄（Saving）、股票（Stock）和商业保险（Insurance）。对这 4 种家庭资产选择的考量主要分为两个方面：一方面是农户家庭分别参与商品房、储蓄、股票或商业保险的概率，另一方面是商品房、储蓄、股票或商业保险在农户家庭总资产中的持有比重。

首先，本研究定义农户家庭总资产分为金融资产和实物资产两大类。实物资产包括：（1）农业、工商业等生产经营资产；（2）宅基地住房、商品房、商业用房、厂房等房产的价值；（3）车辆资产；（4）古玩、字画、珠宝等实物资产。金融资产包括：（1）现金；（2）活期以及定期储蓄；（3）股票账户中的现金余额；（4）政府债券、金融债券及企业债券；（5）股票；（6）基金；（7）金融衍生品；（8）金融理财产品；（9）非人民币资产；（10）黄金；（11）商业保险；（12）借贷余额，等等。

接下来，本研究界定了农户家庭选择的 4 种家庭资产的计量：（1）商品房的界定。对农户家庭而言，我国立法设计就提出"保障农村人口居住权，实现居者有其屋"的农村宅基地使用权制度的价值目标，因此，农村户籍的成年男性和女性，只要在不变更户籍的情况下，均可按照"人头数"获得一定面积的宅基地用于居住用途。换言之，农村家庭是否取得宅基地的使用权并非其主动的投资行为。鉴于此，本研究计量农户家庭参与房产投资时，并不考虑宅基地的价值，而是选择考察宅基地用房之外的第二套或更多套商品房（包括小产权房）的投资价值。本研究采用家庭参与的宅基地之外的商品房的总价值与总资产的比值，其中商品房价值包括商品住房、商铺和厂房的总价值。（2）储蓄的界定。对农户家庭而言，本研究界定农户家庭中配置的活期储蓄和定期储蓄的总额为储蓄额。（3）股票的界定。对农户家庭而言，本研究界定农户家庭股票包括其在家庭配置的 A 股、B 股、H 股的股票的市值总额。（4）商业保险的界定。对农户家庭而言，本研究界定农户家庭商业保险为 2013 年农户家庭配置的商业人寿保险、商业健康保险、商业养老保险、商业财产保险和其他商业保险的总和。

3.4.2.3 农户家庭资产选择异质性特征分析

接下来，本章从户籍、性别、受教育程度等几个重要的人口统计特征角度分析了 CHFS2013 样本中农户家庭配置储蓄、股票、商品房和商业保险的异质性特征。表 3－10 为按照户主年龄分组的对比结果。结果显示，青年和中年农户家庭参与储蓄的概率高且持有比重较高；中年农户家庭参与股票的概率高且持有比重较高；老年农户家庭参与商品房概率较低，而青年和中年之间存在一定的差异，但差别不大，中年农户家庭持有商品房的比重最大；中年农户家庭参与商业保险概率最大且持有比重最高。总的来说，户主年龄不同的农户家庭在资产选择上存在一定的异质性。

表 3－10 按照年龄组划分的农户家庭资产选择对比

项目	统计	≤20 岁	21~30 岁	31~40 岁	41~50 岁	51~60 岁	≥61 岁
储蓄参与	Mean	0.7167	0.7313	0.6290	0.5232	0.4578	0.4021
	S. D.	0.4544	0.4435	0.4831	0.4995	0.4962	0.4903
股票参与	Mean	0.0167	0.0198	0.0424	0.0144	0.0059	0.0039
	S. D.	0.1291	0.1394	0.2017	0.1192	0.0772	0.0629
商品房参与	Mean	0.1167	0.0875	0.0833	0.0957	0.1076	0.0662
	S. D.	0.3237	0.2327	0.2764	0.2942	0.3100	0.2487

续表

项目	统计	≤20 岁	21~30 岁	31~40 岁	41~50 岁	51~60 岁	≥61 岁
商业保险参与	Mean	0.2333	0.1181	0.1910	0.1350	0.0886	0.0482
	S. D.	0.4265	0.3228	0.3932	0.3418	0.28434	0.2143
储蓄占比	Mean	0.1849	0.1802	0.1575	0.1289	0.1165	0.1169
	S. D.	0.2424	0.2707	0.2813	0.2438	0.2371	0.2437
股票占比	Mean	0.0005	0.0033	0.0042	0.0027	0.0007	0.0040
	S. D.	0.0038	0.0392	0.0353	0.0347	0.0154	0.0424
商品房占比	Mean	0.0094	0.0184	0.0283	0.026	0.0247	0.0168
	S. D.	0.0515	0.0966	0.1353	0.1267	0.1281	0.1143
商业保险占比	Mean	0.0054	0.0072	0.0107	0.0078	0.0057	0.0038
	S. D.	0.0206	0.0492	0.0549	0.0489	0.0432	0.0401
	样本量	60.0000	960.0000	1860.0000	3513.0000	3167.0000	3775.0000

表 3 - 11 为按照户主性别划分的农户家庭资产选择对比结果。结果显示,男性户主参与储蓄的概率为 51.0% 略高于女性户主的 48.5%,且男性户主持有股票占比为 13.3% 略高于女性的 12.5%;女性户主家庭参与股票的概率为 1.5% 略高于男性户主的 1.3%,而男性和女性户主持有股票比重均较低,但男性户主持有比重略高;男性户主参与商品房的概率为 9.2%,略高于女性户主,且男性户主持有商品房比重 2.4% 高于女性户主的 2.0%;此外,男性户主和女性参与商业保险的概率和配置商业保险的比重无显著差异。

表 3 - 11　　　　按照户主性别划分的农户家庭资产选择对比

项目	统计指标	女性	男性	项目	统计指标	女性	男性
储蓄参与	Mean	0.4845	0.5100	储蓄占比	Mean	0.1250	0.1328
	S. D.	0.4998	0.4992		S. D.	0.2508	0.2476
股票参与	Mean	0.0154	0.0133	股票占比	Mean	0.004	0.0024
	S. D.	0.1233	0.1146		S. D.	0.0411	0.032

项目	统计指标	女性	男性	项目	统计指标	女性	男性
商品房参与	Mean	0.0749	0.0918	商品房占比	Mean	0.0195	0.0244
	S. D.	0.2633	0.2888		S. D.	0.1117	0.1265
商业保险参与	Mean	0.1073	0.1070	商业保险占比	Mean	0.0068	0.0065
	S. D.	0.3095	0.3091		S. D.	0.0515	0.0446
	样本量	2976.0000	10658.0000		样本量	2976.0000	10658.0000

表 3-12 中，按照教育程度将农户家庭户主教育程度分为 5 个层次，依次为（半）文盲、小学、初中、高中及中专和大专及以上。描述性结果发现，受教育程度为大专及以上的农户家庭参与储蓄的概率和持有比重均高于相对受教育程度较低的农户家庭；受教育程度为大专及以上的农户家庭参与股票投资的概率和持有比重也高于相对受教育程度较低的农户家庭；受教育程度为小学和初中的农户家庭参与商品房投资的概率最高，而受教育程度为初中和高中的农户家庭持有商品房的比重最高；受教育程度越高的家庭参与商业保险的概率越高，商业保险持有比重也相对较高。

表 3-12　　　　　　按照受教育程度划分的农户家庭资产选择

项目	统计指标	（半）文盲	小学	初中	高中及中专	大专及以上
储蓄参与	Mean	0.2519	0.4294	0.5724	0.6579	0.8441
	S. D.	0.4342	0.4950	0.4948	0.4745	0.3631
股票参与	Mean	0.0012	0.0030	0.0160	0.0303	0.0837
	S. D.	0.0345	0.0548	0.1256	0.1716	0.2773
商品房参与	Mean	0.0431	0.0710	0.1018	0.0329	0.0164
	S. D.	0.2033	0.2588	0.3024	0.1455	0.0945
商业保险参与	Mean	0.0420	0.0670	0.1350	0.1642	0.2005
	S. D.	0.2007	0.2535	0.3418	0.3705	0.4008
储蓄占比	Mean	0.0709	0.1139	0.1497	0.1560	0.2041
	S. D.	0.2037	0.2415	0.2581	0.2540	0.2783

项目	统计指标	(半)文盲	小学	初中	高中及中专	大专及以上
股票占比	Mean	0.0067	0.0013	0.0019	0.0040	0.0096
	S. D.	0.0565	0.0236	0.0256	0.0419	0.0591
商品房占比	Mean	0.0166	0.0192	0.0267	0.0329	0.0164
	S. D.	0.1114	0.1137	0.1291	0.1455	0.0945
商业保险占比	Mean	0.0045	0.0052	0.0078	0.0086	0.0058
	S. D.	0.0410	0.0449	0.0498	0.0463	0.0312
	样本量	1668.0000	4634.0000	5117.0000	1780.0000	430.0000

表3-13为按照民族特征划分的家庭资产选择结果。结果显示，汉族农户家庭参与储蓄和持有储蓄比重均高于少数民族家庭；汉族农户家庭参与股票投资的概率略高于少数民族家庭，但是前者的持股比重却略低；汉族农户家庭参与商品房投资的概率与少数民族家庭基本一致，但汉族家庭持有商品房比重略高一些；此外，汉族农户家庭参与商业保险的概率略高，且汉族家庭配置商业保险的比重高于少数民族家庭。

表3-13　　　　　　按照民族特征划分的农户家庭资产选择

项目	统计指标	少数民族	汉族	项目	统计指标	少数民族	汉族
储蓄参与	Mean	0.405	0.5128	储蓄占比	Mean	0.0784	0.1348
	S. D.	0.4911	0.4999		S. D.	0.1876	0.2524
股票参与	Mean	0.0093	0.0149	股票占比	Mean	0.0032	0.0028
	S. D.	0.0386	0.1211		S. D.	0.0395	0.0337
商品房参与	Mean	0.0874	0.0882	商品房占比	Mean	0.0108	0.0244
	S. D.	0.2826	0.2836		S. D.	0.0779	0.1265
商业保险参与	Mean	0.0649	0.1106	商业保险占比	Mean	0.0041	0.0067
	S. D.	0.2467	0.3136		S. D.	0.0424	0.0465
	样本量	1064.0000	12570.0000		样本量	1064.0000	12570.0000

表 3 - 14 为按照居住地划分的农户家庭的家庭资产选择结果。结果显示，居住地为城镇的农户家庭参与储蓄的概率和持有比重均较高；居住地为城镇的农户家庭参与股票投资的概率和持有股票的比重更高；此外，居住地为城镇的农户家庭参与商品房投资、商业保险的概率和持有比重也更高。总体来说，居住在城镇的农户家庭参与家庭资产选择更加积极且参与深度更大。

表 3 - 14 　　　　　　　　　　**按照居住地划分的农户家庭资产选择**

项目	统计指标	农村	城镇	项目	统计指标	农村	城镇
储蓄参与	Mean	0.4339	0.6001	储蓄占比	Mean	0.1120	0.1556
	S. D.	0.4956	0.4899		S. D.	0.2323	0.2667
股票参与	Mean	0.0025	0.0290	股票占比	Mean	0.0021	0.0038
	S. D.	0.0504	0.1679		S. D.	0.031	0.0381
商品房参与	Mean	0.0185	0.0942	商品房占比	Mean	0.0185	0.0300
	S. D.	0.1108	0.2921		S. D.	0.1108	0.1386
商业保险参与	Mean	0.0833	0.1394	商业保险占比	Mean	0.0049	0.0087
	S. D.	0.2763	0.3464		S. D.	0.0381	0.0553
	样本量	7849.0000	5785.0000		样本量	7849.0000	5785.0000

表 3 - 15 中，按照户主风险偏好程度将农户家庭划分为风险厌恶和风险偏好两类。结果显示，风险厌恶和风险偏好的农户家庭参与储蓄和持有储蓄占比差异不显著；风险偏好的农户参与股票投资的概率和持有比重高于风险厌恶的农户家庭，这样与传统观念基本一致；风险偏好的农户家庭参与商品房投资的概率较高，但其持有比重相对较低；此外，风险偏好的农户家庭参与商业保险的概率和持有比重较风险厌恶家庭均高一些。

表 3 – 15　　　　按照是否偏好风险划分的农户家庭资产选择

项目	统计指标	风险厌恶	风险偏好	项目	统计指标	风险厌恶	风险偏好
储蓄参与	Mean	0.5036	0.5090	储蓄占比	Mean	0.1299	0.1351
	S. D.	0.5000	0.5001		S. D.	0.2477	0.2540
股票参与	Mean	0.0114	0.0318	股票占比	Mean	0.0023	0.0070
	S. D.	0.1061	0.1756		S. D.	0.0304	0.0549
商品房参与	Mean	0.0375	0.0929	商品房占比	Mean	0.0239	0.0198
	S. D.	0.2825	0.2934		S. D.	0.1249	0.1121
商业保险参与	Mean	0.1059	0.1157	商业保险占比	Mean	0.0064	0.0072
	S. D.	0.3077	0.3199		S. D.	0.0453	0.0537
	样本量	12032.0000	1602.0000		样本量	12032.0000	1602.0000

表 3 – 16 为按照家庭成员是否从事自营工商业划分的家庭资产选择的情况。结果显示,从事自营工商业的家庭参与储蓄的概率和持有比重较非自营工商业家庭更高;且前者家庭参与股票、商品房和商业保险投资的概率和持有比重更高。

表 3 – 16　　　　按照是否拥有自营工商业划分的农户家庭资产选择

项目	统计指标	非自营工商业	自营工商业	项目	统计指标	非自营工商业	自营工商业
储蓄参与	Mean	0.4751	0.6673	储蓄占比	Mean	0.1257	0.1602
	S. D.	0.4994	0.4713		S. D.	0.2464	0.2575
股票参与	Mean	0.0100	0.0351	股票占比	Mean	0.0026	0.0039
	S. D.	0.0993	0.1841		S. D.	0.0341	0.0349
商品房参与	Mean	0.0759	0.1557	商品房占比	Mean	0.0151	0.0697
	S. D.	0.2649	0.3627		S. D.	0.1036	0.1945
商业保险参与	Mean	0.0085	0.2107	商业保险占比	Mean	0.0591	0.0101
	S. D.	0.2839	0.4079		S. D.	0.0447	0.0539
	样本量	11554.0000	2080.0000		样本量	11554.0000	2080.0000

表 3 – 17 中，按照户主的健康程度将农户家庭划分为"非常不健康""不健康""一般""健康""非常健康"5 个层次。描述性统计结果发现，相对更加健康的农户家庭参与储蓄、股票投资、商品房投资和商业保险的概率均更高，同时，相对于更加健康的农户家庭在家庭资产中配置储蓄、股票、商品房和商业保险的比重也相应更高。

表 3 – 17　　　　　按照健康程度划分的农户家庭资产选择

项目	统计指标	非常不健康	不健康	一般	健康	非常健康
储蓄参与	Mean	0.3571	0.5021	0.5643	0.599	0.5231
	S. D.	0.4728	0.5	0.4959	0.4902	0.4844
股票参与	Mean	0.0034	0.0118	0.0187	0.0237	0.0166
	S. D.	0.0585	0.1062	0.1356	0.1523	0.1281
商品房参与	Mean	0.061	0.0849	0.0872	0.1193	0.1659
	S. D.	0.2932	0.2788	0.2822	0.3241	0.3079
商业保险参与	Mean	0.0596	0.1005	0.1231	0.1396	0.1567
	S. D.	0.2368	0.3007	0.3289	0.3467	0.3636
储蓄占比	Mean	0.0863	0.1305	0.1363	0.1566	0.1738
	S. D.	0.2174	0.2503	0.2457	0.2606	0.2775
股票占比	Mean	0.0032	0.0019	0.0033	0.0037	0.0027
	S. D.	0.0382	0.0027	0.0358	0.0319	0.035
商品房占比	Mean	0.0141	0.0234	0.0254	0.0282	0.0331
	S. D.	0.0987	0.125	0.1264	0.1342	0.1418
商业保险占比	Mean	0.0051	0.0057	0.0077	0.0080	0.0087
	S. D.	0.0419	0.0432	0.0510	0.0516	0.0464
	样本量	2904.0000	4895.0000	2293.0000	2524.0000	1019.0000

3.5　本章小结

随着我国经济结构不断调整，金融改革不断深化，农村金融得到了快速的发展，农户家庭金融资产不断丰富，家庭资产配置多元化发展趋势显著。我国农户家庭资产呈现以储蓄为主，多种家庭资产参与的异质性特征，具体表现为：一是农户家庭参与金融市场的概率越来越高，但是总的来说，家庭资产中风险资产的比重依然非常低，且家庭金融化程度有待提高；二是农户家庭初现资产风险化发展趋势，在家庭资产中，风险资产配置比重越来越高，但相对于发达国家和城镇地区而言，风险资产占比依然较低，风险化程度也较低；三是储蓄仍是农户家庭资产选择的主要方式，农户家庭参与股票投资概率和持有股票比重均较低。

第4章 农户家庭的财富效应及地区差异

4.1 引言

自改革开放以来，中国经济发展迅速，创造了世界瞩目的"中国奇迹"。早期的经济发展历程中，经济增长的动力主要是投资和出口。然而步入 21 世纪以来，中国经济发展过程中出现了过度投资和出口的经济增长的"瓶颈"，伴随国外需求增速的大幅下降，中国经济增长趋势逐步放缓。加之最近全球经济下行、经济复苏尚需一段较长时间的情况下，扩大内需和产业升级成为中国经济持续平稳发展的必由之路。为扭转中国经济增长放缓的趋势，中国经济迫切需要从"出口依赖型"向"消费主导型"经济发展模式转变，充分发挥出口、投资、消费"三驾马车"拉动经济的作用，尤其是第"三驾马车"。为此，国家也出台了一系列的消费刺激政策，包括大力发展住房消费信贷、家电补贴、家电和汽车下乡、汽车免税等优惠政策，但中国城乡居民消费观念相对保守，此外由于消费力不足的限制，使得这些政策的作用收效甚微，也没有能够对中国"消费不足"的问题"对症下药"。

从国家层面来看，中国居民消费率不仅严重偏低，而且 1980 年到 2015 年中国居民消费率表现出持续下滑的趋势，由 1980 年的 48.5% 降至 2013 年的 36.2%。2015 年的统计结果显示，中国居民消费率略有提高，达到 38.7%，但仍低于美国居民消费率 8.4%。陈斌开等（2011）指出，中国自 1978 年以来，居民消费率远低于英国、德国等发达国家，同时较日本、韩国、印度等亚洲国家也低。进一步与城镇相比，农村居民消费不足的问题更加突出，农村居民消费对经济增长的影响更加重要（陈亮和朱琛，2010）。李明贤和文春晖（2006）曾指出，中国居民消费不足的重要根源在于农村消费不足。2015年中国居民家庭总消费支出额为26.4万亿元。其中，城镇居民家庭消费支出为19.4万亿元，农村居民家庭消费支出仅7.0万亿元，占26.4%。加之在中国城镇化进程推动下，中国城镇化率为56.1%，由此可见，农村居民消费不足的问题已经形成了一个令人担忧的形势。如何破解中国出口、投资和消费"三驾马车"之间结构日益失衡的矛盾，有效地扩大中国农村居民消费不足这一难题，对于充分发挥消费拉动经济增长的功能具有关键性作用。

针对中国居民消费不足的问题，国内外早期学者从不同角度进行了理论和实证研究，并提出了多种经济学解释。（1）莫迪利亚尼和曹（Modigliani and Cao，2004）、刘生龙等（2012）认为劳动力人口比例上升和预期寿命的延长提高了居民的储蓄率，然而这种解释与中国老年和青年的储蓄持有更高储蓄的现象存在矛盾（周绍杰等，2009）；（2）以流动性约束理论为基础，认为效率低下的金融系统成为限制消费的重要原因（万广华等，（2001）、阿齐兹和崔，Aziz and Cui，（2007））；（3）预防性储蓄理论解释居民高储蓄现象是由于预防性动机的驱使，这种观点逐步形成一个重要的消费理论（Jalan and Ravallion，2001；周绍杰，2010）；（4）一些学者从人口结构特征，包括文化、社会网络、风险偏好、幸福感等角度对居民消费—储蓄决策进行了解释，但是这些原因对社会消费率下降的事实的解释力十分有限；（5）国民收入分配不合理制约了消费，收入差距扩大是消费不足的重要原因（杨汝岱和朱诗娥，2007；陈斌开，2012）；（6）政府支出对居民消费产生了一定的挤出效应（张治觉和吴定玉，2007）。虽然这些解释起到了丰富学术文献的重要作用，但是却忽视了家庭资产对于消费影响（李涛和陈斌开，2014）。

家庭金融是促进消费增长的一个重要手段，也是理论和实证分析的一个重要手段（坎贝尔，2006）。给定一定的经济环境下，家庭可以利用掌握的资产来最大限度地满足各种消费需求。家庭资产可以分为金融资产和实物资产，不同类型资产具有不同的属性特征，其对于居民消费行为的影响可能存在明显的差异，因此，需要进行系统的分析。本研究在消费升级的背景下，研究农户家庭资产对于家庭消费影响的财富效应，并进一步分析不同资产对农户家庭消费影响的差异，具有十分重要的理论和现实意义。

本章的主要贡献主要体现在以下三个方面：一是本研究基于 2013 年家庭金融微观数据 CHFS，以农户家庭为研究对象，研究农户家庭配置储蓄、股票、商品房和商业保险的多少对消费行为影响，并检验农户家庭是否存在财富效应；二是本研究进一步检验了农户家庭资产对消费影响的财富效应的地区差异；三是本研究综合考虑了消费升级和教育水平对农户家庭财富效应的影响。

本章后续部分安排如下，第 2 节回顾家庭资产财富效应的实证分析文献，并提出研究假设；第 3 节为研究设计；第 4 节通过实证分析检验农户家庭资产和消费之间的财富效应，分析财富效应的地区差异；第 5 节为稳健性检验；第 6 节对本章研究结果进行小结。

4.2 文献回顾与研究假设

莫迪利亚尼和布朗伯格（Modigliani and Brumberg，1954）的生命周期理论为研究家庭资产选择与消费行为的关系提供了一个较好的研究框架。他们认为居民家庭在不同的生命周期阶段通过储蓄、投资、借贷等手段来平滑一生的消费需求，通过人力财富和资产财富的合理配置以期保持相对稳定的消费。不难理解，家庭资产的合理配置不仅是影响消费的一个全新角色，更对经济社会带动家庭通过现代金融手段增加消费、扩大内需产生重要的影响。王江等（2010）、肖经建（2011）指出中国居民家庭资产配置对中国国民经济发展具有重要的作用。现实生活中，随着中国金融发展不断深化和中国家庭新的财富观念的形成，中国家庭金融资产配置规模不断扩大，传统以储蓄为主的单一资产配置模式，正在被多元化资产组合配置理念所替代。肖和安德森（Xiao and Anderson，1997）发现了家庭资产配置的层次性特征，他们认为当家庭金融资产增加时，储蓄的占比会下降，而股票占比也会呈"J"型变化。国外大量文献实证分析了家庭在资产中配置储蓄、股票、房产、保险、固定资产、生产性固定资产等的差异对于家庭消费行为可能产生不同的影响，但是国内相关研究尚处于起步阶段。韩立岩和杜春越（2011）、李涛和陈斌开（2014）虽进行了一些实证研究，但是相关研究主要集中在城镇居民，而对于农户家庭的研究还十分有限。一方面，随着城镇化进程和农村金融不断深化，农户家庭资产配置也表现出强烈的多元化发展趋势，但目前农户家庭资产配置对消费的财富效应尚不清楚；另一方面，中国典型的"城乡二元"结构，农户家庭资产对消费的财富效应与城镇家庭可能存在一定的差异，政策制定不能简单地套用城镇居民的研究结论。鉴于此，学术界迫切需要大量实证研究分析农户家庭的财富效应及差异。

接下来本研究以储蓄、股票、房产和保险 4 种具有代表性的中国城乡家庭资产为切入口，综述国内外家庭资产与消费行为的关系。

4.2.1 储蓄与家庭消费的财富效应

广义的居民储蓄是指可支配收入减去消费和转移支付后的余额，包括实物性储蓄和金融性储蓄。经典的储蓄和消费关系的理论是"预防性储蓄理论"。该理论在吸收了理性预期的基础上，引入不确定性分析居民非跨期消费和储蓄决策，认为消费者通过储蓄以平滑未来不确定性影响下的消费。桑德姆（Sandmo，1970）利用两时期模型得出了未来收入不确定性增加，消费者会降低当期消费，而增加储蓄的结论。卡瓦列罗（Caballero，1990）用预防性储蓄理论可以解释消费的过度敏感性和过度平滑性。杭斌和申春兰（2002）认为，预防性储蓄是居民为了防范消费和收入风险而额外积累的财富，同时，预防性储蓄动机与居民消费显著负相关。王晓芳和王维华（2007）认为过度的储蓄就会引起投资和最终消费的总量不均衡。此外，宋铮（1999）、谢平（2000）、施建淮和朱海婷（2004）讨论了预防性储蓄与消费的关系。除了预防性储蓄动机，郭新强等（2013）还讨论了"刚性储蓄"对消费的影响，他们发现扩张性货币政策可能通过刚性储蓄家庭的流动性约束来抑制居民家庭的消费支出。然而，居民的消费习惯则是产生消费持续性的重要原因。吴文峰和王建琼（2012）发现农民工的边际储蓄倾向随着年龄的增加而增加，而边际消费倾向表现出随着年龄增加而减少的特点。鉴于农户家庭储蓄动机较城镇居民可能更强，本章提出研究假设1：

假设1a：储蓄对农户家庭消费的财富效应显著。

假设1b：储蓄对农户家庭消费的财富效应存在地区差异。

4.2.2　股票与家庭消费的财富效应

随着中国家庭收入不断增加，包括股票在内的金融产品成为越来越多中国家庭生活的必不可少的部分。国内外对股票财富效应的研究大多集中在实证分析。费恩伯格和波特巴（Feenberg and Poterba，2000）指出股票对消费的财富效应，但是股价上涨和下跌造成家庭财富变化对消费的影响存在不对称效应。贝塔特（Bertaut，2002）对股票的财富效应进行了跨国经验检验，其研究发现股票的财富效应普遍存在于工业化国家，但不同国家，财富效应的强度不尽相同。另外，国外文献针对股票的财富效应也存在一些争议。亚历山德里（Alessandri，2003）认为股票财富效应的不对称性并不明显。科司等（Case et al.，2005）利用14个国家和美国的数据发现，股票市场存在财富效应，但是该效应却不强。

国内对股票财富效应的研究尚处起步阶段，相关文献较少，对于农户家庭的研究更是十分滞后。早期研究大多认为中国股市不存在财富效应或财富效应较弱。陈强和叶阿忠（2009）、唐绍祥等（2008）、骆祚炎（2008）认为中国股市不存在正的财富效应。胡永刚和郭长林（2012）认为，股票对中国家庭同样存在正的财富效应，但是该效应表现出不对称性；此外，反映经济基本面变化的股价变动对中国居民消费具有长期影响，投机因素引起的股价变动对中国居民消费的影响甚微。鉴于前人研究，本章提出研究假设2：

假设2a：股票对农户家庭消费的财富效应显著。

假设2b：股票对农户家庭消费的财富效应存在地区差异。

4.2.3 房产与家庭消费的财富效应

住房是传统中国家庭财富的重要组成部分。当房价或股票价格上涨时，持有股票的家庭的财富价值上升，即使货币工资不变其消费支出也会上升。国外文献使用不同国家的数据进行分析，总体上认为房地产存在财富效应。梅赫拉（Mehra，2001）分析美国数据发现，住房与消费的财富效应存在短期和长期均衡关系。汤姆森和唐（Thomson and Tang，2004）、金（Kim，2004）、埃德尔斯坦和卢姆（Edelstein and Lum，2004）、陈（Chen，2006）以及卓（Cho，2011）分别利用澳大利亚、瑞典、新加坡、中国香港及韩国的数据也都发现了住房具有正的财富效应。但是坎贝尔和可可（Campbell and Cocco，2007）发现住房效应对年长者显著，但是对于年轻者不显著。国内围绕房价和消费的关系涌现了大量研究，但是由于数据差异所致的原因，研究结果出现了相互"掐架"的现象（周华东，2015）。梁琪等（2011）、王子龙等（2011）认为，我国存在显著的正向房地产市场财富效应，赵杨等（2011）利用不同时期数据也发现了房地产市场存在正向财富效应的实证证据。另外，也有一些学者认为住房对消费并没有正的财富效应。戴颖杰和周奎省（2012）对房价和居民消费行为之间的关系进行了实证研究发现，房价抑制了居民消费支出，没有体现出财富效应。陈峰等（2013）发现长期内中国整体并不存在住房财富效应，但短期内居民家庭存在抑制当前消费的调整行为。综上，目前对于农户家庭房产的财富效应的研究还十分有限。与城镇居民不同的是，农户家庭"生来有房"。农村地区"户"的概念就表明，有"户"就有房[①]，对于农户家庭住房的财富效应检验的一个切入口就是农户家庭持有的非宅基地的商品房，因此，检验商品房对家庭消费的影响具有十分重要的现实意义。鉴于此，本章提出研究假设3：

[①] 对农户家庭而言，我国立法设计就提出"保障农村人口居住权，实现居者有其屋"的农村宅基地使用权制度的价值目标，因此，农村户籍的成年男性和女性，只要在不变更户籍的情况下，均可按照"人头数"获得一定面积的宅基地用于居住用途，换言之，农村家庭是否取得宅基地的使用权并非其主动的投资行为。

假设3a：商品房对农户家庭消费的财富效应显著。

假设3b：商品房对农户家庭消费的财富效应存在地区差异。

4.2.4　保险与家庭消费的财富效应

近年越来越多的城乡家庭参与了保险投资，城镇和农村家庭的保险意识都越来越强，但中国居民保险参与程度仍处在一个较低水平，但这并不代表保险对经济的影响甚微。赵进文等（2010）指出，保险有利于优化消费信贷环境，扩大有效消费需求。韩立岩和杜春越（2010）认为社会保险对城乡家庭消费均有显著的作用，且表现出地区差异。方显仓和王昱坤（2013）研究发现，上海居民消费与社会保障支出存在长期稳定关系。肖忠意和李思明（2015）利用2002~2012年的中国省际面板数据发现，保险对消费有促进作用，但是作用大小及显著性存在地区差异。目前国内尚缺乏利用微观数据分析保险对农户家庭消费支出影响的研究结论，鉴于此，本章以商业保险为研究切入口，检验农户家庭持有商业保险对家庭消费的影响，提出研究假设4：

假设4a：商业保险对农户家庭消费的财富效应显著。

假设4b：商业保险对农户家庭消费的财富效应存在地区差异。

4.3　研究设计

4.3.1　理论模型设定

财富效应的研究主要集中在了解家庭消费和资产配置决策关系上，而莫迪利亚尼和布朗伯格（Modigliani and Brumberg，1954）提出的生命周期理论是建立在"理性人"基础上的关于家庭消费—资产配置理性决策的一个基本理论，虽然该理论受到了"非理性"特征的挑战，但是这并不影响本研究将该模型作为分析家庭财富效应问题的基础。莫迪利亚尼和布朗伯格（1954）认为家庭的消费行为受到生命周期的影响，该理论的核心思想认为理性消费者可以在生命周期中依据自己当前财富水平和未来预期来最优自己生命周期中的消费行为，以期达到总效用最大化，随后理论不断得到完善和补充（Merton，1969；Hall，1978）。

古瑞查斯和帕克尔（Gourinchas and Parker，2002）在前人理论研究的基础上，将该模型扩展到金融资产和负债领域的研究，使家庭资产配置决策和消费决策与生命周期理论得到有机结合，即家庭可以通过家庭资产配置的路径优化来实现资源的跨期分配，以满足不同生命周期消费的需求。本研究依据古瑞查斯和帕克尔（2002）提出的家庭消费—资产选择行为的理论模型，将家庭消费最大化效用使用如下数学语言来表示：

$$\max Exp\left\{ \sum_{t=0}^{T} \beta^{t} \cdot U(C_{t}) + \beta^{T+1} \cdot V(W_{T+1}) \right\} \tag{4.1}$$

其中，$U(C_t)$ 表示家庭当期消费的效用函数，$V(W_{T+1})$ 表示生命周期结束时遗留财富的效用函数，β 代表主观贴现率，C_t 表示家庭当期消费，W_{T+1} 表示家庭生命周期结束时遗留财富水平。

该模型的预算约束的数学表达式可以表示为：

$$W_{t+1} = R \cdot (W_t + Y_t - C_t) + R_b \cdot B_t, t = 1, 2, 3, \cdots, T \tag{4.2}$$

其中，W_t、Y_t 和 R 分别表示当期财富、当期收入和投资的总收益率，B_t 和 R_b 分别表示家庭当期的负债和期末归还的本息率。

上述模型指出，家庭资产中的实物资产主要用于满足当前的消费需求，而金融资产则更多的用于满足未来消费需求的节余，家庭资产财富的不断积累可以成为满足家庭消费增长的动力。

4.3.2　实证计量模型设定

为了检验假设 1~4，本研究采用实证模型检验家庭中资产配置对家庭消费的影响，选择储蓄、股票、商品房、商业保险 4 类家庭资产作为解释变量，设定基础模型如下：

$$Consumption_i = \beta_0 + \beta_1 Saving_i + \beta_2 Housing_i + \beta_3 Stock_i + \beta_4 Insurance_i$$
$$+ \beta_5 Control_i + \varepsilon_i \qquad (4.3)$$

其中，$Consumption$ 表示家庭年消费支出；$Saving$ 表示家庭储蓄额；$Housing$ 表示家庭房产的市值；$Stock$ 表示家庭持有股票的市值；$Insurance$ 表示家庭年商业保险支出额；$Control$ 表示地区控制变量，包括家庭居住地是否为城镇、家庭所在地区[①]；i 表示农户家庭；ε 表示随机扰动项。

接下来，为了将家庭消费结构升级和受教育程度两个因素考虑进来，本研究建立扩展回归模型，数学表达式如下所示：

$$Consumption_i = \beta_0 + \beta_1 Saving_i + \beta_2 Housing_i + \beta_3 Stock_i + \beta_4 Insurance_i$$
$$+ \beta_5 Edu_i + \beta_6 Upgrade_i + \beta_7 Edu_i \times Upgrade_i + \beta_8 Control_i + \varepsilon_i$$
$$\qquad (4.4)$$

其中，Edu_i 表示家庭户主受教育程度；$Upgrade_i$ 表示家庭消费升级。

4.3.3 主要变量设定

关于被解释变量农户家庭消费水平，本研究利用家庭金融调查问卷 CHFS2013 中关于居民家庭消费的项目进行测度。基于 CHFS2013 微观数据，本章采用家庭成员相关支出的总和衡量家庭消费支出（Consumption），相关支出包括：农户家庭（1）在外就餐的伙食费支出；（2）消费农产品折现；（3）水电燃料物管费支出；（4）日常用品支出；（5）家政服务支出；（6）交通费开支；（7）通信费开支；（8）文化娱乐费用；（9）家庭成员购买衣物总支出；（10）住房装修、维修或扩建费用；（11）暖气费；（12）家庭耐用品支出；（13）奢侈品支出；（14）教育培训支出；（15）旅游探亲支出；（16）医疗保健支出。

本研究的解释变量包括：家庭储蓄额（Saving），即农户家庭持有活期储蓄、定期储蓄及其他储蓄形式的总额的自然对数；商品房市值（Housing），即农户家庭所拥有的所有商品房和商铺市值和的自然对数；

---

① 依据经济实力和地域位置，本研究将涉及的 29 个省份划分为东部地区和中西部地区，其中东部地区包括北京、上海、天津、江苏、浙江、福建、广东、山东 8 个省（市）。

股票市值（Stock），即农户家庭持有所有股票市值总和的自然对数；商业保险支出额（Insurance），即农户家庭持有商业人寿保险、商业健康保险、商业养老保险、商业财产保险及其他商业保险总额的自然对数。其他控制变量（Control）还包括：家庭户主受教育程度（Edu），家庭消费升级（Upgrade），即农户家庭是否拥有汽车作为消费升级的代理变量。相关变量的具体描述见表4－1。

表4－1   扩展回归模型主要变量设定

变量名称	变量符号	变量定义
消费支出	*Consumption*	家庭年消费总支出的自然对数
储蓄额	*Saving*	家庭持有活期储蓄、定期储蓄及其他储蓄形式的总额的自然对数
股票市值	*Stock*	家庭持有所有股票市值总和的自然对数
商品房市值	*Housing*	家庭所拥有的所有商品房和商铺市值和的自然对数
商业保险支出额	*Insurance*	家庭持有商业人寿保险、商业健康保险、商业养老保险、商业财产保险及其他商业保险总额的自然对数
消费升级	*Upgrade*	家庭是否拥有汽车，家庭拥有自有汽车则赋值为1，否则赋值为0
教育程度	*Edu*	家庭户主受教育程度为文盲及半文盲则赋值为0，为小学则赋值为1，为初中则赋值为2，为高中则赋值为3，为大专及本科则赋值为4，为研究生及以上则赋值为5

4.3.4 数据来源

本研究所使用数据来自西南财经大学中国家庭金融中心2013年在全国范围开展的第二轮中国家庭金融调查数据（China Household Finance Survey，CHFS2013），该调查采用三阶段分层抽样的方法控制抽样误差和费抽样误差，数据代表性较好，样本覆盖全国29个省（市、区）、262个区（县级市）、1048个社区（村），共收集2.8万余个受访家庭的资产与负债、收入与支出、家庭人口特征等方面的详细信息的大型微观数据。CHFS2013提供了受访者的消费支出与房产（商品房）、储蓄、股票和商业保险4类不同家庭资产的数据，以居民户籍属性作为判断依据。同时考虑到本研究所选择被解释变量和解释变量的可得性，剔除了存在缺失值的样本，最终筛选出 13634 个农户家庭样本用于实证检验分析，其中东部地区农户家庭样本数量为 4202 个，而中西部地区农户家庭样本量为 9432 个。

4.4　实证分析结果

4.4.1　主要变量的描述性统计结果

表 4 - 2 给出了主要变量的描述性统计结果，从中可以发现，对家庭消费支出而言，全国农户家庭的年平均支出为 16801.74 元，介于东部地区农户家庭样本的年平均消费支出的 18498.17 元和中西部地区农户家庭样本的年平均消费支出的 16046.05 元之间。进一步的 T 检验发现在 1% 置信水平下，东部地区农户家庭的消费支出显著高于中西部地区农户家庭的消费支出。

表 4 - 2　　　　　　　　主要变量的描述性统计结果　　　　　　　单位：元

项目	统计指标	全国样本	东部地区样本	中西部地区样本	T检验
消费支出	Mean	16801.74	18498.17	16046.05	16.87***
	S.D	7916.63	8017.68	7753.02	
储蓄	Mean	18031.32	29306.30	13008.80	9.80***
	S.D	89932.10	128169.39	65515.96	
股票	Mean	1144.20	1993.91	765.69	1.44*
	S.D	45971.24	28471.26	51897.53	
房产	Mean	153696.20	233658.70	118076.30	16.18***
	S.D	389165.30	536775.60	294061.00	
商业保险	Mean	549.03	817.63	429.37	5.96***
	S.D	3517.66	4779.32	2768.82	
消费升级	Mean	0.10	0.12	0.08	6.84***
	S.D	0.29	0.33	0.28	
教育程度	Mean	1.61	1.74	1.55	10.73***
	S.D	0.97	1.00	0.95	

注：***、**、* 分别表示通过 1%、5%、10% 的显著性检验；T 检验结果报告的是东部地区和中西部地区样本的非配对 T 检验结果。

对家庭资产持有情况而言，描述性统计结果显示，全国家庭样本中储蓄、股票、房产和商业保险的年平均支出分别为 18031.32 元、1144.20 元、153696.20 元、549.03 元。可见，中国农户家庭资产按照持有金额的多少依次为：房产、储蓄、股票和商业保险。分地区的描述性统计结果显示，东部地区农户家庭持有储蓄、股票、房产和商业保险的平均值分别为 29306.30 元、1993.91 元、233658.70 元、817.63 元，而中西部地区农户家庭储蓄、股票、商品房和商业保险的平均值分别为 13008.80 元、765.69 元、118076.30 元、429.37 元。进一步的 T 检验结果显示，东部地区农户家庭和中西部地区农户家庭持有储蓄、房产和商业保险在 1% 置信水平下表现出显著差异，东部地区农户家庭和中西部地区农户家庭持有股票在 10% 置信水平下表现出显著差异。总的来说，东部地区和中西部地区农户家庭的消费支出和家庭资产配置表现出显著的差异。此外，描述性结果还发现，东部地区农户家庭户主受教育程度和家庭消费升级程度均显著高于中西部地区农户家庭。

4.4.2 基于基础模型的农户家庭财富效应检验

本研究的基本模型仅考察了储蓄、房产、股票、商业保险 4 种家庭资产配置对农户家庭消费行为的影响，分析结果如表 4-3 所示。表 4-3 第 1 列结果显示，就全国样本而言，家庭资产持有对于消费支出的增加具有显著的正向作用，且不同家庭资产对于消费的促进作用表现出一定的差异，家庭资产投资对消费的促进作用由大至小依次为：商业保险、储蓄、股票和商品房。

表 4-3　　　　　　　　　基于基础模型的财富效应检验结果

项目	全国样本	东部样本	中西部样本
	(1)	(2)	(3)
储蓄	0.0285 ***	0.0277 ***	0.0289 ***
	(0.000)	(0.000)	(0.000)

项目	全国样本	东部样本	中西部样本
	（1）	（2）	（3）
股票	0.0178 ***	0.0162 ***	0.0224 ***
	（0.000）	（0.000）	（0.000）
商品房	0.0157 ***	0.0123 ***	0.0176 ***
	（0.000）	（0.000）	（0.000）
商业保险	0.0343 ***	0.0301 ***	0.0373 ***
	（0.000）	（0.000）	（0.000）
居住地为城镇	0.2151 ***	0.2388 ***	0.2018 ***
	（0.000）	（0.000）	（0.000）
地区控制变量	Yes	No	No
F 值	422.9600 ***	163.4200 ***	288.6900 ***
调整的 R^2	0.1299	0.1397	0.1128

注：***、**、*分别表示通过1%、5%、10%的显著性检验；系数下括号内为聚类调整的稳健标准误（Cluster & Robust Standard Error）。

商业保险与农户家庭消费的回归系数为0.034，在1%置信水平下显著正相关，即农户家庭每增加1元钱的商业保险投资，会产生0.034元的消费支出。在中国农村，农户家庭普遍参保的意识比较薄弱，参与程度不高，但是随着国家农村保险政策的推广，商业保险对于家庭的保障作用不断凸显。商业保险为家庭提供的保障功能一定程度上削弱了家庭消费决策时的"后顾之忧"。因此，参与保险可能对于释放消费潜力表现出重要的作用。

对于农户家庭消费行为而言，表4-3第1列回归结果还显示，储蓄因素的回归系数为0.029，在1%置信水平下显著为正，即每增加1元钱的储蓄，会产生0.029元的消费支出。这结果表明农户家庭消费行为对储蓄有较大的依赖性，储蓄仍然表现出非常重要的作用。这可能是因为农户家庭可获得用于消费的金融资产十分有限，满足其家庭消费的主要途径仍是依赖储蓄。

股票投资与农户家庭的消费也呈显著正相关，回归系数为 0.018，在 1% 置信水平下显著正相关，即每增加 1 元钱的股票投入，会产生 0.018 元的消费支出。随着金融市场不断发展，越来越多的农户家庭参与到股票市场中，农户家庭更加积极地进行投资，参与家庭资产组合配置，这有助于增加家庭的消费能力，进而促进消费。但是，目前由于农户家庭股票投资经验不足的限制，股票投资对消费的促进作用还十分有限。

商品房资产与农户家庭消费的回归系数为 0.016，在 1% 置信水平显著正相关，即农户家庭每增加 1 元钱的房产投资，会产生 0.016 元的消费支出。由于农户获得首套住房的成本相对较低，农户家庭在城镇地区购买商品房是家庭财富积累的一个重要的正向信号，所以，农户家庭购买商品房不仅不会对消费行为产生抑制作用，反而更可能形成财富效应，促进农户家庭消费。

另外，表 4-3 第 2 列和第 3 列分别为东部地区样本和中西部地区样本基础模型分组回归的结果。回归结果表明，农户家庭持有越多的储蓄、股票、商品房和商业保险对于东部地区和中西部农户家庭的消费支出仍表现正向的促进作用。值得注意的是，中西部样本基础模型回归结果中，家庭资产对于农户家庭消费支出的影响较东部地区更强烈。例如，东部地区农户家庭每增加 1 元钱储蓄，会产生 0.028 元的消费支出，而中西部家庭每增加 1 元钱储蓄，会产生 0.029 元的消费支出，略高于东部样本和全国样本水平。此外，股票、房产、商业保险的回归结果得到了类似的结论。另外，结果还发现，在城镇居住的农户家庭的回归系数显著为正，这可能因为中国城镇地区较农村地区金融市场更加发达，加之城镇居民金融行为的"示范效应"，所以在城镇地区居住的农户家庭受到财富效应的影响也就更加强烈。

4.4.3 基于扩展模型的农户家庭财富效应检验

引入消费升级和受教育程度两个控制变量后的扩展模型比基础模型

更加完善，使得本研究可以从家庭资产配置、消费升级、教育程度等多个角度考察消费金融问题。表4-4汇报了基于扩展模型的财富效应检验结果。

表4-4　　　基于扩展模型的财富效应检验结果：全国样本

项目	(1)	(2)	(3)	(4)	(5)
储蓄	0.0224 ***				0.0203 ***
	(0.000)				(0.000)
股票		0.0167 ***			0.0074 ***
		(0.000)			(0.014)
商品房			0.0125 ***		0.0116 ***
			(0.000)		(0.000)
商业保险				0.0321 ***	0.0263 ***
				(0.000)	(0.000)
消费升级	0.3488 ***	0.3834 ***	0.3406 ***	0.3524 ***	0.2783 ***
	(0.000)	(0.000)	(0.000)	(0.000)	(0.000)
教育程度	0.1571 ***	0.1803 ***	0.1773 ***	0.1731 ***	0.1478 ***
	(0.000)	(0.000)	(0.000)	(0.000)	(0.000)
居住地为城镇	0.1651 ***	0.1854 ***	0.1859 ***	0.1764 ***	0.1548 ***
	(0.000)	(0.000)	(0.000)	(0.000)	(0.000)
地区控制变量	Yes	Yes	Yes	Yes	Yes
样本数	13634.0000	13634.0000	13634.0000	13634.0000	13634.0000
F 值	634.2800	596.3100	586.6100	645.0600	439.7300
调整的 R^2	0.1637	0.1442	0.1529	0.1552	0.1804

注：***、**、*分别表示通过1%、5%、10%的显著性检验；系数下括号内为聚类调整的稳健标准误（Cluster & Robust Standard Error）。

对全国样本而言，相较于基础模型回归结果，由表4-4第（5）列可知，扩展模型引入消费升级和教育程度因素后的回归结果基本一致，家庭资产对农户家庭消费的促进作用仍然显著为正，其作用大小依次为：商业保险、储蓄、股票、商品房，其中商业保险仍是影响消费作用最大的金融资产之一。结果还显示，消费升级因素对于消费有显著的促进作用，即具有更高消费要求的农户家庭将更加愿意增加消费支出，这与理论预期一致。此外，教育程度与农户家庭消费支出呈显著正相关，究其原因，可能是因为受教育程度更高的农户家庭具有更高的收入或社会地位，这对于促进消费的增加有正向的促进作用。另外，在城镇地区生活的农户家庭消费较农村地区生活的农户家庭而言，消费支出更高，这结果表明，随着我国城镇化的推进，更多的农户进入城镇生活，将有可能对拉动中国居民家庭消费支出起到正面的促进作用。

4.4.4 农户家庭财富效应的地区差异检验

接下来表4-5和表4-6为按照东部地区和中西部地区进行分组的回归检验结果。总体来看，结果显示在考虑消费升级和受教育程度影响后，储蓄、股票、商品房和商业保险对于农户家庭消费的作用方向和显著程度与基础模型结果一致，表明储蓄、股票、商品房和商业保险对各个地区农户家庭的财富效应的结论是稳健的。

表4-5 基于扩展模型的财富效应检验结果：按东部和中西部地区分组（I）

项目	(1) 东部	(2) 中西部	(3) 东部	(4) 中西部	(5) 东部	(6) 中西部
储蓄	0.0209 *** (0.000)	0.0232 *** (0.000)				
股票			0.0177 *** (0.000)	0.0151 *** (0.002)		
商品房					0.0090 *** (0.000)	0.0144 *** (0.000)
消费升级	0.3191 *** (0.000)	0.3676 *** (0.000)	0.3523 *** (0.000)	0.4025 *** (0.000)	0.3212 *** (0.000)	0.3547 *** (0.000)
教育程度	0.1631 *** (0.000)	0.1541 *** (0.000)	0.1852 *** (0.000)	0.1778 *** (0.000)	0.1837 *** (0.000)	0.1740 *** (0.000)

续表

项目	（1）	（2）	（3）	（4）	（5）	（6）
	东部	中西部	东部	中西部	东部	中西部
居住地为城镇	0.1774***	0.1588***	0.1947***	0.1808***	0.2035***	0.1756***
	(0.000)	(0.000)	(0.000)	(0.000)	(0.000)	(0.000)
地区控制变量	No	No	No	No	No	No
样本数	4202.0000	9432.0000	4202.0000	9432.0000	4202.0000	9432.0000
F 值	264.5300	468.9000	252.1300	435.5000	243.7800	443.9400
调整的 R^2	0.1906	0.1398	0.1704	0.1201	0.1747	0.1314

注：***、**、*分别表示通过1%、5%、10%的显著性检验；系数下括号内为聚类调整的稳健标准误（Cluster & Robust Standard Error）。

表4-6第（3）列和第（4）列结果显示，在控制了消费升级和受教育程度的影响下，中西部地区农户家庭消费对储蓄的依赖程度较东部地区更大。对其可能的经济学解释是，一方面是因为东部地区经济相对更加发达，农户家庭的消费能力更强；另一方面是因为中高档耐用消费品的价格往往较高，需要农户家庭一定时间的财富的积累才能够负担消费支出，加之中西部消费金融市场不甚发达，西部农户家庭更多地依靠储蓄行为作为实现消费目标的主要手段。因此，储蓄对中西部家庭消费行为的影响更大，这结果说明，现阶段仍不能忽视储蓄在促进农户家庭消费中的重要作用。

表4-6　基于扩展模型的财富效应检验结果：按东部和中西部地区分组（Ⅱ）

项目	（1）	（2）	（3）	（4）
	东部	中西部	东部	中西部
储蓄			0.0197***	0.0210***
			(0.000)	(0.000)
股票			0.0088*	0.0065**
			(0.055)	(0.027)

项目	(1)	(2)	(3)	(4)
	东部	中西部	东部	中西部
商品房			0.0078 **	0.0137 ***
			(0.015)	(0.000)
商业保险	0.0271 ***	0.0354 ***	0.0218 ***	0.0296 ***
	(0.000)	(0.000)	(0.000)	(0.000)
消费升级	0.3174 ***	0.3785 ***	0.2547 ***	0.2972 ***
	(0.000)	(0.000)	(0.000)	(0.000)
教育程度	0.1802 ***	0.1694 ***	0.1556 ***	0.1438 ***
	(0.000)	(0.000)	(0.000)	(0.000)
居住地为城镇	0.1858 ***	0.1717 ***	0.2547 ***	0.1448 ***
	(0.000)	(0.000)	(0.000)	(0.000)
地区控制变量	No	No	No	No
样本数	4202.0000	9432.0000	4202.0000	9432.0000
F 值	264.3500	492.5000	541.4900	193.4200
调整的 R^2	0.1803	0.1321	0.2039	0.1592

注：***、**、*分别表示通过1%、5%、10%的显著性检验；系数下括号内为聚类调整的稳健标准误（Cluster & Robust Standard Error）。

结果还显示，在考虑消费升级和教育程度的影响下，不论是东部还是中西部地区，股票对农户家庭消费的促进作用均是显著为正的。值得注意的是，股票对东部地区农户家庭的消费的促进作用较中西部地区更强烈，这可能与东部地区金融市场更加发达，且东部地区农户受教育程度更高，刺激他们更多地将股票市场作为投资途径以期获得更多收益用于消费。

此外，在考虑消费升级和教育程度的影响下，商品房和商业保险对于中西部地区农户家庭消费的促进作用较东部地区更大。这些结果表明，中西部农户家庭的消费相对更加谨慎，而持有商品房和商业保险所提供的家庭保障作用能够有效地降低居民对未来消费的担忧，而增加即期消费的作用，且这种作用可能对于中西部农户家庭影响更大。

扩展模型研究结果还发现，消费升级和受教育程度两个因素对东部和中西部地区居民消费升级也具有重要的作用。由实证结果可见，随着农户家庭消费结构的变迁，家庭金融的需求越来越大，其家庭的消费意愿也更加强烈。不同家庭资产单独与消费升级相互作用时，消费升级对于农户家庭消费的影响存在一定的差异，但当农户家庭同时配置四类家庭资产时，表4-6第（3）列和第（4）列回归结果显示消费升级对农户家庭消费的影响的地区差异降低，这一结果表明了消费升级对于平稳推进各地区消费增长具有重要的意义。另外，消费升级对于中西部地区农户家庭消费的促进作用更大，可能是因为中西部地区的农村金融相对滞后，而需求旺盛。这说明丰富家庭金融资产的种类对于扩大消费也可能存在重要的作用，因此，应该将消费金融的资产配置需求和家庭的消费升级需求有机地结合起来，充分发挥"家电下乡""汽车下乡"等政策的刺激作用，促进消费升级在拉动消费上的促进作用。

教育程度对于东部和中西部地区农户家庭消费的促进作用存在一定差异，相较于中西部地区，受教育程度对东部地区农户家庭消费的促进作用更大。这可能是因为东部地区农户的平均受教育水平较高，投资和消费意识形成较为成熟，较早意识到"提早消费"的效用比推迟消费的效用大。因此，受教育程度因素虽然对东部和中西部农户家庭消费均表现出促进作用，但却存在一定的差异。

4.5　稳健性检验

为了保证研究结论的可靠性，本研究从以下两个角度对本章的回归模型进行了稳健性检验：

首先，比较了基础模型和扩展模型，在添加了受教育程度和消费升级变量后，回归估计结果基本一致，表明储蓄、股票、商品房和商业保险对农户家庭消费的影响是稳健的。

其次，北京、上海、天津3个直辖市属于东部地区，重庆属于中西部地区，从以往的研究来看，4 个直辖市的经济水平相对较高，而其消费水平在区域中也处于较高水平。因此，本研究剔除了 4 个直辖市的样本，然后仍按照全国样本、东部地区、中西部地区样本分别进行回归。结果如表 4 - 7 所示，剔除 4 个直辖市后回归结果中各个变量的正负性和显著性与前文基本一致，表明本章的结论具有较好的稳健性。

表 4 - 7 　　　　　　　　剔除四个直辖市的稳健性回归结果

项目	全国样本		东部地区		中西部地区	
	(1)	(2)	(3)	(4)	(5)	(6)
储蓄	0.0289 ***	0.0206 ***	0.0283 ***	0.0193 ***	0.0292 ***	0.0212 ***
	(0.000)	(0.000)	(0.000)	(0.001)	(0.000)	(0.000)
股票	0.0206 ***	0.0089 ***	0.0197 ***	0.0108 ***	0.0221 ***	0.0068 ***
	(0.000)	(0.022)	(0.019)	(0.092)	(0.000)	(0.043)
商品房	0.0164 ***	0.0122 ***	0.0138 ***	0.0091 ***	0.0176 ***	0.0136 ***
	(0.000)	(0.000)	(0.008)	(0.025)	(0.000)	(0.000)
商业保险	0.0353 ***	0.0274 ***	0.0317 ***	0.0230 ***	0.0373 ***	0.0299 ***
	(0.000)	(0.000)	(0.000)	(0.001)	(0.000)	(0.000)
消费升级		0.2881 ***		0.2639 ***		0.3014 ***
		(0.000)		(0.000)		(0.000)
教育程度		0.1502 ***		0.1708 ***		0.1412 ***
		(0.000)		(0.000)		(0.000)
居住地为城镇	0.2103 ***	0.1484 ***	0.2282 ***	0.1551 ***	0.2011 ***	0.1436 ***
	(0.000)	(0.000)	(0.000)	(0.002)	(0.000)	(0.000)
地区变量	Yes	Yes	No	No	No	No
样本数	12543.0000	12543.0000	3589.0000	3589.0000	8954.0000	8954.0000
F 值	161.4100	228.7900	184.5300	207.8000	127.6000	169.5500
调整的 R²	0.1230	0.1732	0.1279	0.1952	0.1121	0.1571

注：*** 、** 、* 分别表示通过 1%、5%、10% 的显著性检验；系数下括号内为聚类调整的稳健标准误（Cluster & Robust Standard Error）。

4.6 本章小结

综合本章的实证结果，本章得出家庭资产对于农户家庭消费具有重要的作用存在财富效应，储蓄、股票、商品房和商业保险等不同类型家庭资产对于农户家庭消费的财富效应存在一定的差异，且本章还发现，财富效应的地区差异是普遍存在的。本章主要结论概括如下：

第一，对全国样本进行分析，结果发现，农户家庭在家庭资产中配置了一定数量的储蓄、股票、商品房和商业保险，但四类资产配置的比例存在差异，储蓄仍然是农户家庭中最主要的金融资产。此外，储蓄、股票、商品房和商业保险四类家庭资产对于农户家庭消费支出具有显著的促进作用，且这些家庭资产对农户家庭消费的促进作用表现出一定的差异。对于农户家庭而言，虽然商业保险的占比较其他三项家庭资产占比最小，但是计量分析发现，商业保险对消费的促进作用最大。

第二，按照居民所在地区分组回归结果发现，无论东部地区还是中西部地区，农户在家庭资产中配置储蓄、股票、商品房和商业保险对其家庭消费支出均具有显著的促进作用，但各种资产对消费的影响作用表现不同。研究结果还发现，家庭资产对东部地区和中西部地区农户家庭消费的财富效应表现地区差异。同时，商业保险对东部地区农户家庭的促进作用最大，中西部农户家庭也得到了类似的结论。

第三，农户家庭户主的受教育程度对家庭消费支出有显著的促进作用，且表现出地区差异。家庭户主受教育程度对于东部农户家庭的促进作用较中西部农户家庭更大。此外，从多个模型估计结果来看，消费升级也是一个影响农户家庭消费的重要因素，而且消费升级对中西部农户家庭消费的促进作用较东部地区农户家庭而言更加强烈。

第5章 家庭人口结构与农户家庭资产选择

5.1 引言

家庭是一种以血缘、姻缘以及收养关系为纽带的成员的生活场所或生活单位。从本质上讲，家庭成员关系主要是以血缘关系和姻缘关系两种情况为主；收养关系是超出血缘关系的一种补充形式，它也被称为拟制血缘亲属关系；而从血缘关系来看，家庭成员不仅具有性别的差异，而且也具有代际的差异；再从姻缘关系来看，家庭成员还有夫妻之别。由于姻缘和代际两种关系的差异，家庭成员之间形成了各种各样的关系类型。家庭人口结构就是一种家庭关系的重要表现。家庭人口结构是指家庭成员具有血缘、姻缘及收养关系的成员共同生活在一起所形成的家庭类型，是家庭成员关系、生存方式和家庭功能的直接体现，可以显示民众生活的偏好和趋向（王跃生，2008）。家庭人口结构中家庭成员是抚育、赡养责任和义务的直接承担者，其经济行为的选择具有多方面的经济学意义。家庭人口结构的内容可以包括"户"的概念下的家庭成员的婚姻、血缘、子女代际关系以及家庭成员的数量和比例。社会学研究将家庭成员组成的各种类型家庭划分为：核心家庭（即夫妇及未婚子女组成的家庭）、直系家庭（即父母同一个已婚儿子及儿媳、孙子子女组成的家庭）、复合家庭（即父母和两个及两个以上已婚儿子及儿媳、孙女组成的家庭）、单人家庭、残缺家庭和其他家庭。家庭类型及其构成比例的变动都将引起家庭人口结构的变迁。

过去几十年，中国家庭从人口结构层面来看一直在经历非常大的结构性变化，尤其是在经历了数次生育政策调整后①，当前中国进入低生育率、少子化、老龄化以及家庭规模小型化并存的人口结构新常态。"少生""优生"等生育政策的影响，加之家庭生育观念的转变，中国新生儿出生率在 2013 年已经降至 12.8‰，到 2015 年我国登记的新出生人口为 1655 万人，比前一年少了 32 万人。实际上，2001 年中国 65 岁及以上老年人口占总人口比例已经达到 7.1%，高于联合国《人口老龄化及其社会经济后果》提出的 7% 老龄化标准。随后几年，我国老龄化人口问题逐渐加重，老年人口构成和群体进一步扩大，到了 2013 年，我国老年人口数量将突破 2 亿人大关，达到 2.02 亿人，老龄化水平达到 14.8%，我国老龄化形势日趋严峻。2015 年我国老龄化人口在总人口中的占比已增加到 15.5%。可见，中国人口老龄化表现为高速、老人数量大、老年扶养比高等特征。中国老龄化人口不断增加，而家庭生育子女数量却在不断下降，相应的平均家庭成员数则在不断减少，家庭规模不断缩小。

在当代，中国处于深刻的社会转型和结构变化过程中，家庭面对外部世界较以往更为复杂多样的变化，家庭人口结构变迁给家庭经济行为带来新的变动和影响。究其原因，家庭是社会生活的基本单元，承载着家庭成员发展、子女抚养、老人赡养等多方面的功能。家庭人口结构的变化会较大程度地影响家庭消费和资源配置等方面的经济决策，也会影响家庭风险抵抗能力。家庭有劳动力的成员越多，意味着家庭有较为多元的经济来源，家庭收入水平也可能更高；家庭有较大的需要抚养或者赡养成员的规模时，家庭经济负担相对更加严重，更加需要保障性支持的帮助。因此，家庭人口结构的变化势必会影响到家庭经济行为。

美国经济学家莫迪利安尼提出的"生命周期假说"指出居民家庭的

---

① 自 1949 年以来我国经历了数次人口生育政策的调整：20 世纪 60 年代后期随着国民经济的好转，人口出生率大幅提升，我国开始酝酿计划生育政策；70 年代逐步推行了计划生育政策，提倡家庭子女数量最好为 2 个；80 年代起国家鼓励"一对夫妇只生育一个孩子"，但 80 年代中后期国家对部分地区实行了"开口子"生育政策，例如在农村施行"一孩半"与"双独二孩"政策；2013 年我国在全国范围启动了"单独二孩"政策；接着在 2016 年初我国全面"二孩"生育政策正式启动。

消费受制于其整个生命周期内所获得的总收入（总资产），每个人都是根据其一生的收入来合理安排消费和投资，处于不同生命周期阶段的家庭，其资产组合配置的方式不同，所导致的家庭总资产的结构也不同。家庭资产配置一直是家庭决策行为的一个重要方面。那么，根据生命周期理论可以预见，家庭人口结构是影响家庭资产配置决策的一个重要解释因素，这已经引起了国内外学术界的广泛关注，但是目前家庭人口结构对于农户家庭资产配置的影响的研究还不多。因此，考察家庭人口结构特征对农户家庭资产选择决策的影响，对于我国农村金融发展和和谐社会的构建具有极其重要的意义。

鉴于家庭人口结构中老年扶养比、少儿抚养比、家庭规模和家庭代际数4个特征的重要性，本研究重点从这4个特征角度分析家庭人口结构对农户家庭资产选择的影响。本章的学术贡献主要体现在以下三个方面：首先，本章基于农户家庭微观调查数据前沿性，考察家庭人口结构对家庭储蓄、股票、商品房和商业保险4种家庭资产选择的影响；其次，本章以农户家庭为研究对象，这对于丰富相关文献，利用中国农户家庭的实证结果为家庭资产选择理论做有益的补充；最后，本章研究有助于从农村家庭资产配置决策来窥视中国农村金融市场当前面临的急待解决的经济、社会问题，从而有助于政府推动和改进农村金融市场的发展。

本章其余部分安排如下：第2节回顾相关文献并提出研究假设；第3节提出研究设计和数据来源；第4节对研究样本进行描述性统计分析；第5节进行实证分析；第6节是稳健性检验，第7节是本章小结。

5.2 文献回顾及研究假设

5.2.1 家庭人口结构与储蓄选择

相关研究关注了家庭人口结构与居民储蓄的关系，国内外学术界进行了大量研究。在宏观层面，莱夫（Leff，1969）较早利用跨国截面数据，检验了生命周期理论提出的负担假说，发现老年扶养负担的上升会对国民储蓄率产生显著的负向影响。布鲁克斯（Brooks，2003）认为，欧美第二次世界大战后"婴儿潮"一代的老龄化将使储蓄相对于投资增长更快，其还预测在2020年后，这些退休的"婴儿潮"一代将不再储蓄，这将对宏观经济造成影响。而亨里克森（Henriksen，2002）认为，相对于美国而言，日本出生率、死亡率以及移民率都低，低的出生率和移民率导致较少年轻劳动力进入劳动力市场，从而日本的储蓄将不断上升。国内学者王德文等（2004）、汪伟等（2009）以中国为研究对象发现人口结构是储蓄率的主要影响因素，莫迪利亚尼和曹（Modigliani and Cao，2004）认为人口结构的变动是中国高储蓄率的重要原因。董丽霞和赵文哲（2011）发现，少儿人口和老年人口抚养比均与储蓄率有负相关关系。汪伟和艾春荣（2015）还发现，由寿命延长带来的未雨绸缪的储蓄动机既能解释中国储蓄率在时间上的上升趋势也能解释区域间的梯度差异，而老龄人口负担上升并没有对储蓄率产生明显的负效应，也对储蓄率在时间和区域间的变化均没有解释力。

1958年，萨缪尔森提出"家庭储蓄需求模型"以解释家庭人口结构变化对家庭微观消费行为变化的影响机制，该模型把"子女"和"储蓄"看作两种具有相同经济功能并且可以相互替代的养老工具，当一个家庭的子女数量较多时，家庭就会选择减少用于养老保证的储蓄，增加消费；相反，当一个家庭的子女数量较少时，家庭可能不得不增加储蓄同时减少消费支出。目前学术界在微观实证方面取得了不少研究证据，但是尚缺乏一致性。翁媛媛等（2010）发现老年扶养比与居民储蓄负相关，少儿抚养比与居民储蓄正相关。徐升艳和刘培松（2013）实证研究发现，家庭少儿抚养比下降会提高居民家庭储蓄；此外，老年扶养比上升会降低居民储蓄，并且其研究还发现少儿抚养比的影响较老年扶养比高。李雪增和朱崇实（2011）认为人口结构对家庭储蓄率的影响是有限的。而范叙春和朱保华（2012）发现，老年人口抚养负担对储蓄率的影响依赖于时间效应。此外，Albis（2007）研究发现，在连续时代交叠模型中如果考虑代际数的影响，家庭储蓄决策会变得更加复杂。鉴于文献基础，本章提出研究假设：

假设1a：家庭人口结构与农户家庭储蓄参与概率显著相关。

假设1b：家庭人口结构与农户家庭储蓄持有比重显著相关。

5.2.2 家庭人口结构与股票选择

随着我国金融市场在20世纪90年代建立，家庭参与股票投资越来越广泛，家庭的投资种类越来越丰富，家庭人口结构对居民家庭投资行为的影响也越来越大（郭琳，2013）。唐珺和朱启贵（2008）认为，家庭在不同时期会有不同的储蓄需求，青年阶段家庭财富少，储蓄和风险资产持有均较少，中年阶段财富积累达到一定规模，随着子女抚养和老年赡养支出的增加，家庭在储蓄的同时会增加风险持有比例，进入老年后家庭会增加储蓄，降低风险资产。梁运文等（2010）认为家庭参与风险资产市场的比例随年龄增加而加大，家庭财产在生命周期中呈"U"型特征，通常在50～60岁达到峰值，随后下降，而阿米克斯和查德斯（Amerkis and Zeldes，2004）认为股票持有比重在生命周期中持有相对平缓。此外，卡尔维和索迪尼（Calvet and Sodini，2010）发现，家庭成员数目与风险投资成反比，郭琳（2013）也发现家庭规模越大，家庭持有风险资产的可能性越低。与之不同，朱光伟等（2014）发现，当家庭成员数在4人以内，家庭规模越大，则家庭参与股票投资的概率越大，而当家庭成员数超出4人时，家庭规模越大，则家庭参与股票选择的概率越小。吴卫星等（2016）独代居住的家庭比起多代同住的家庭有更多的储蓄，并投资于更多的风险资产；在多代同住的家庭中，三代同堂的家庭比起与子女同住的家庭有更少的储蓄和风险资产投资；此外，对于与子女同住家庭而言，有未婚子女的家庭更倾向投资于风险资产。鉴于上述文献基础，本章提出研究假设：

假设2a：家庭人口结构特征与农户家庭参与股票概率显著相关。

假设2b：家庭人口结构特征与农户家庭股票持有比重显著相关。

5.2.3 家庭人口结构与房产选择

人口因素对房产市场供需的影响不可忽视，一是因为较高的人口红利将推高中国的储蓄率，从而导致社会可贷资金增加、利率降低，促进住宅市场兴旺；二是因为人口尤其是处于工作年龄段的人口构成了住宅市场中住房产品最主要的供给者与需求者。在人的生命周期中，随着收入水平与偏好结构的变化，其住房需求也将发生变化（李祥和高波，2011）。曼昆和威尔（Mankiw and Weil, 1989）研究发现，20 岁以下的人几乎对住宅需求没有影响，20~30 岁人群对住宅需求有跳跃性的提高，40 岁以后，人们对住宅的需求则以大约每年 1% 的速度下降；此外，第二次世界大战后"婴儿潮"一代进入成年阶段增加了住宅市场的需求。埃米希和弗朗西斯科（Ermisch and Francesconi, 2003）利用英国的微观数据研究了人口年龄结构对住宅需求的影响，他发现人口年龄结构对住宅需求具有很强的影响，各不同年龄人口的分布状况对于决定住宅需求增长率很重要，而老龄化的人口结构将降低住宅需求增长率。国内学者陈斌开等（2012）的计算结果表明，人口老龄化将使中国住房需求在 2013 年以后呈现负增长。茅于轼认为，随着人口老龄化的加剧，计划生育造成的"4—2—1"型家庭结构将使每个年轻家庭在未来继承 4 套住房，20 年后中国的住房会大量剩余。与此不同，陈彦斌和陈小亮（2013）认为，家庭规模小型化将在未来 20~30 年助推中国城镇住房需求持续增加，这将使得人口老龄化对城镇住房需求的负面冲击直到 2045 年以后才能逐渐显现出来。与城镇家庭不同，农户家庭如果持有商品房一般为家庭拥有的二套房，在中国城乡二元结构背景下，越来越多的农户家庭流动到城镇地区务工或者生活，因此，对于农户家庭选择商品房的研究具有重要的现实意义。但目前尚未见到家庭人口结构对农户家庭参与商品房购买关系的研究。鉴于前人研究，本章提出相关研究假设：

假设 3a：家庭人口结构与农户家庭商品房参与概率显著相关。

假设 3b：家庭人口结构与农户家庭商品房持有比重显著相关。

5.2.4 家庭人口结构与商业保险选择

随着家庭被抚养和被赡养的人数增加，家庭的保障功能可能被弱化，而商业保险和社会保障是家庭保障的重要补充，可以将家庭面临的风险从家庭内部转移到外部金融机构，购买保险产品可以为被抚养者留下足够的资产来维持生活，从而避免被抚养者生活陷入贫困，所以，家庭人口结构的变化将会影响到家庭对保险的需求（樊纲治和王宏扬，2015）。翟特思（Zietz，2003）分析发现，家庭规模是影响家庭人寿保险需求的重要因素。

从人口老龄化现状来看，张连增和尚颖（2011）分析 1997 年到 2008 年的省际面板数据发现，人口老龄化对中国人身保险市场的发展也有重要的影响。郭金龙和张昊（2005）从人口的因素分析了中国保险业的发展，研究认为，老年扶养比提高会增加对保险产品的总体需求。黄珊和曹伟丽（2008）结合对我国人口因素的分析，发现人口绝对数量的增加、老年人口抚养比的上升都会刺激我国人身保险的需求。张冲（2013）人口年龄结构中的少儿抚养比对人身保险市场发展有显著的正向影响，但是老年扶养系数对其影响不显著。樊纲治和王宏扬（2015）着重研究了家庭人口结构对商业人身保险需求的影响，发现家庭老年人口占比与家庭人身保险需求负相关，家庭少儿人口占比与家庭人身保险需求则呈正相关，且缩小的家庭规模有助于增加对人身保险产品的需求，换言之，老年扶养比和少儿抚养比对家庭人身保险需求可能起到相反方向的作用。目前，家庭人口结构对于农户家庭商业保险的研究还十分有限，为对相关文献进行补充，本章提出研究假设：

假设 4a：家庭人口结构对农户家庭商业保险参与概率显著相关。

假设 4b：家庭人口结构对农户家庭商业保险持有比重显著相关。

5.3　实证计量模型设定与变量选择

5.3.1　实证计量模型设定

为了考察农户家庭人口结构对家庭资产选择行为的影响，本研究利用 CHFS2013 微观数据进行实证检验。本研究选择的被解释变量分别为农户家庭资产的参与概率和农户家庭资产持有的比重。

首先，利用 Probit 模型实证分析农户家庭人口结构对于农户家庭资产参与概率的影响，实证模型设定如下：

$$Prob\ (Allocation_i = 1)\ = \beta_0 + \beta_1 Old_i + \beta_2 Child_i + \beta_3 Generation_i$$
$$+ \beta_4 Familysize_i + \gamma Control_i + \varepsilon_i \qquad (5.1)$$

其中，被解释变量 Prob（Allocation$_i$ = 1）表示受访农户家庭储蓄参与（ParSave）、股票参与（ParStock）、商品房参与（ParHouse）和商业保险参与（ParInsur）的概率；解释变量包括老年扶养比（Old）、少儿抚养比（Child）、家庭规模（Familysize）、家庭代际数（Generation），其他控制变量（Control）还包括，家庭收入（Income）、性别（Gender）、年龄（Age）、受教育程度（Edu）、政治面貌（Party）、婚姻状态（Marriage）、当前健康状况（Health）、工作性质（Job）及家庭所在地区（Region）；i 表示受访农户家庭；ε 表示随机扰动项。

接下来，利用 Tobit 模型实证分析家庭人口结构对于农户家庭持有资产比重的影响，实证模型设定如下：

$$Allocation_i = \beta_0 + \beta_1 Old_i + \beta_2 Child_i + \beta_3 Generation_i + \beta_4 Familysize_i$$
$$+ \gamma Control_i + \varepsilon_i \qquad (5.2)$$

其中，Allocation 分别包括储蓄占比（WtSave）、股票占比（WtStock）、商品房占比（WtHouse）和商业保险占比（WtInsur），分别表示相应资产占家庭整个资产的比重；i 表示受访家庭农户家庭；ε 表示随机扰动项。

5.3.2　农户家庭资产选择变量设定

本研究家庭资产选择包括储蓄、股票、商品房和商业保险 4 种资产：（1）储蓄选择。在计量分析农户家庭参与储蓄的概率时，如果农户家庭参与了活期储蓄、定期储蓄或二者兼有，则储蓄参与赋值为 1，反之赋值为 0；在计量分析农户家庭持有储蓄的比重时，采用农户家庭资产中活期储蓄和定期储蓄的总额与家庭总资产的比值。（2）股票选择。在计量分析农户家庭参与股票投资的概率时，如果农户家庭参与了 A 股、B 股、H 股或三者兼有的股票投资时，则股票参与赋值为 1，反之赋值为 0；在计量分析农户家庭持有股票的比重时，采用农户家庭持有的所有股票的总市值与家庭总资产的比值。（3）商品房选择。在计量农户家庭参与房产投资时，并不考虑宅基地的价值，而是选择考察宅基地用房之外的第二套或更多套商品房（包括小产权房）的投资价值。在计量分析农户家庭参与商品房投资概率时，如果农户家庭资产配置中参与了商品房投资行为，则商品房参与赋值为 1，反之赋值为 0；在计量分析农户家庭持有商品房投资比重时，采用家庭参与的宅基地之外的商品房的总价值与总资产的比值，其中商品房价值包括：商品住房、商铺和厂房等所有商品房价值的总和。（4）商业保险选择。在计量分析农户家庭参与商业保险的概率时，如果农户家庭参与了商业人寿保险、商业健康保险、商业养老保险、商业财产保险或其他商业保险中任意一项，则商业保险参与赋值为 1，反之赋值为 0；在计量分析农户家庭持有保险的比重时，采用家庭资产中 2013 年支出的包括商业人寿保险、商业健康保险、商业养老保险、商业财产保险和其他商业保险的总额占家庭总资产的比值。

5.3.3　数据来源

本章所使用数据来自西南财经大学中国家庭金融中心 2013 年在全国范围开展的第二轮中国家庭金融调查数据（China Household Finance Survey，CHFS2013），该调查采用三阶段分层抽样的方法控制抽样误差和费抽样误差，数据代表性较好，样本覆盖全国29个省（市、区）、262个区（县级市）、1048个社区（村），共收集28000余个受访家庭的资产与负债、收入与支出、家庭人口结构等方面的详细信息的大型微观数据。CHFS2013提供了受访者是否参与商品房、储蓄、股票和保险4种不同家庭资产及相应持有比重的数据，以居民户籍属性作为判断依据，筛选出农户家庭。同时，考虑到所选择被解释变量和解释变量的可得性，剔除了存在缺失值的样本，最终筛选出13634个农户家庭样本用于实证检验分析。表5-1和表5-2分别给出了被解释变量和主要解释变量的描述性统计结果。

表5-1　　　　　　　　被解释变量的设定和描述性统计结果

变量	变量符号	变量描述	Mean	S. D.
储蓄参与	ParSave	如果农户家庭参与活期储蓄或定期储蓄，则赋值为1,否则赋值为0	0.5045	0.4999
股票参与	ParStock	如果农户家庭参与A股、B股或H股的股票投资,赋值为1,否则赋值为0	0.0138	0.1164
商品房参与	ParHouse	如果农户家庭拥有宅基地住房之外,还拥有商品住房(包括小产权房)或商铺的,则赋值为1,否则赋值为0	0.0884	0.2839
商业保险参与	ParInsur	如果农户家庭参加商业人寿保险、商业健康保险、商业养老保险、商业财产保险和其他商业保险中的一种或几种,则赋值为1,否则赋值为0	0.1071	0.3091
储蓄占比	WtSave	农户家庭中配置的活期储蓄和定期储蓄的总额占资产总额的比重	0.1305	0.2485
股票占比	WtStock	农户家庭股票包括其在家庭配置的A股、B股、H股的股票的市值总额占资产总额的比重	0.0028	0.0342
商品房占比	WtHouse	农户家庭宅基地用房之外的第二套或更多套商品房(包括小产权房)的投资价值占资产总额的比重	0.0235	0.1236

续表

变量	变量符号	变量描述	Mean	S. D.
商业保险占比	*WtInsur*	农户家庭购买2013年农户家庭配置的商业人寿保险、商业健康保险、商业养老保险、商业财产保险和其他商业保险的总和占资产总额的比重	0.0065	0.0462

表5-2　　　　主要解释变量的设定和描述性统计结果

变量	变量符号	变量描述	Mean	S. D.
少年抚养比	*Child*	家庭中16岁以下未成年成员占家庭总人数的比重	0.1324	0.1686
老年扶养比	*Old*	家庭中65岁以上老人数量占家庭总人口的比重	0.2193	0.3339
家庭代际数	*Generation*	家庭总代际数	2.0893	0.7567
家庭规模	*Familysize*	家庭总人口数	3.8241	1.7807
教育程度	*Education*	户主的教育程度:文盲及小学以下赋值为0,小学赋值为1;初中赋值为2,中专、高职及高中赋值为3,大专及本科赋值为4,研究生及以上赋值为5	1.6104	0.9686
性别	*Gender*	户主的性别为男性,则赋值为1;户主性别为女性,则赋值为0	0.7817	0.4131
民族	*Han*	户主的民族为汉族,则赋值为1;其他民族则赋值为0	0.9220	0.2683
政治身份	*Party*	户主的政治身份为中共党员,则赋值为1;其他民主党派、无党派及群众,则赋值为0	0.0901	0.2864
健康状态	*Health*	户主的自评自己身体健康程度为"很不健康",则赋值为1;"不健康",则赋值为2;"一般",则赋值为3;"比较健康",则赋值为4;"非常健康",则赋值为5	2.5496	1.2216
婚姻状态	*Marriage*	户主的婚姻状态为已婚和同居,则赋值为1;未婚、离异、丧偶,则赋值为0	0.8784	0.3267

变量	变量符号	变量描述	Mean	S. D.
年龄	Age	户主年龄的自然对数	3. 9023	0. 2905
家庭收入	Income	家庭成员总收入的自然对数	5. 8467	4. 4267
家庭土地面积	Landsize	家庭在农村拥有土地面积的自然对数	1. 2118	1. 0590
居住地	Urban	家庭的常住地址属于城镇的,则赋值为1;否则赋值为0	0. 4243	0. 4943
自营工商业	Business	户主或其配偶至少一方"从事个体经营或工商业经营项目",如果回答结果为"是",则视为有创业行为,并赋值1;否则,赋值为0	0. 1525	0. 3596
风险偏好	Risklover	农户家庭户主对风险资产投资比较偏好的,赋值为1;否则赋值为0	0. 1176	0. 3221

5.4　主要变量的描述性统计结果

首先,从家庭资产选择的参与概率来看,从样本的描述性统计结果可以发现,农户家庭储蓄参与率平均为50.45%,股票参与率平均为1.38%,商品房参与率平均为8.84%,商业保险的参与率平均为10.71%。这4种资产参与率由高到低依次为:储蓄、商业保险、商品房和股票,可见储蓄仍然是农户家庭选择最重要的资产配置选择方式。同时,虽然股票的参与率最低,但是从样本分析仍可以发现不少农户家庭已参与到现代金融市场之中。此外,农户家庭参与商品房的概率已经达到了10.71%,处于一个相对较高的水平。这些现象与中国近10年金融市场的快速发展、城镇化进程的推进、家庭更多参与金融市场的趋势密不可分。

此外,从家庭资产选择参与比重来看,农户家庭持有储蓄的比重平均为13.05%,其次在家庭资产中占比较大的是商品房,占比为2.35%。农户家庭中股票和商业保险的占比仅分别为0.65%和0.28%,在农户家庭资产中的占比仍十分有限。

表5-2为样本主要解释变量的描述性统计结果。样本的描述性统计

分析结果显示，农户家庭户主为男性的占比平均为 78.17%，汉族农户家庭的样本占比 92.20%，样本农户家庭中有 42.43% 居住在城镇地区。对农户家庭而言，样本中 87.84% 的家庭为已婚家庭，其户主平均受教育程度仅为 1.61，表示大多数农户家庭的教育程度介于小学和初中之间，仍处于一个较低的水平。农户家庭的同住成员一般在 3.8 人左右，一般是 2~3 代同堂，样本中 4 代家庭有 255 户，占比约 1.9%。农户家庭中少儿抚养比为 13.24%，而老年扶养比为 21.93%，老年扶养比和少儿抚养比合计约为 35.17%，表明家庭中抚养比较高，家庭面临比较沉重的家庭负担。此外，表 5-2 结果还显示，9.01% 的农户家庭具有一定的中共党员或民主党派的政治身份，且样本中的农户家庭有 15.25% 参与了自营工商业的活动，其中 11.76% 的样本家庭具有较高的风险偏好。

下文中，本研究将就家庭人口结构的异质性进行进一步分析，探讨不同农户家庭人口结构对家庭资产选择参与概率和持有比重影响的差异。

5.5　实证分析结果

5.5.1　家庭人口结构与资产选择的异质性统计分析

5.5.1.1　少儿抚养比与家庭资产选择

从表 5-3 可知，家庭中 16 岁以下未成年成员占家庭总人数的比重（以下简称"少儿抚养比"）大的家庭更愿意参与储蓄、股票、商品房和商业保险等资产选择活动，比重由大到小分别为：储蓄、商业保险、商品房和股票，其中储蓄比重具有绝对优势。少儿抚养比高的家庭参与储蓄的比例为 52.78%，比少儿抚养比低的家庭高出 4.15%；少儿抚养比高的家庭参与股票投资的比例为 1.9%，比少儿抚养比低的家庭高出 0.9%；少儿抚养比高的家庭购买商品房的比例为 10.26%，比少儿抚养比低的家庭高出 2.56%；少儿抚养比高的家庭购买商业保险的比例为 13.91%，比少儿抚养比低的家庭高出 5.32%。这可能是因为少儿抚养比高的家庭，为了子女将来的教育、医疗等支出打算，需要积累更多资产，因此更愿意参与资产选择活动。这两种家庭资产选择支出占比由大到小均为储蓄、商品房、商业保险和股票，但在支出占比大小上各有不同。少儿抚养比低的家庭储蓄的总额占资产总额的比重为13.34%，高于少儿抚养比高的家庭0.67%；两种家庭购买股票的支出比重相差无几；少儿抚养比低的家庭购买商品房和商业保险的比重均低于少儿抚养比高的家庭0.5%。这可能是因为少儿抚养比低的家庭对住房和商业保险等保障性的资产需求相对较小。

表5－3　　　　　　　　　少儿抚养比与农户家庭资产选择

项目	统计指标	低少儿抚养比	高少儿抚养比	项目	统计指标	低少儿抚养比	高少儿抚养比
储蓄参与	Mean	0.4863	0.5278	储蓄占比	Mean	0.1334	0.1267
	S.D.	0.4998	0.4993		S.D.	0.2544	0.2405
股票参与	Mean	0.0098	0.0190	股票占比	Mean	0.003	0.0026
	S.D.	0.0983	0.1365		S.D.	0.0375	0.0295
商品房参与	Mean	0.0770	0.1026	商品房占比	Mean	0.0212	0.0262
	S.D.	0.2665	0.3034		S.D.	0.1169	0.1314
商业保险参与	Mean	0.0859	0.1391	商品保险占比	Mean	0.0043	0.0095
	S.D.	0.2803	0.3460		S.D.	0.0375	0.0553
	样本量	7689.0000	5946.0000		样本量	7689.0000	5946.0000

5.5.1.2　老年扶养比与家庭资产选择

从表5－4可知，与少儿抚养比正好相反，家庭中65岁以上老人数量占家庭总人口的比重（以下简称"老年扶养比"）小的家庭更愿意参与储蓄、股票、商品房和商业保险等资产选择活动。老年扶养比低的家庭投资偏好由大到小为储蓄、商业保险、商品房和股票，占比分别为54.62%、12.91%、9.37%和1.80%，分别比老年扶养比高的家庭高出9.96%、5.02%、1.32%和0.94%。这可能是因为老年扶养比低的家庭，家庭负担相对较轻，有更多资金用于资产选择活动。

表5-4 老年扶养比与农户家庭资产选择

项目	统计指标	低老年扶养比	高老年扶养比	项目	统计指标	低老年扶养比	高老年扶养比
储蓄参与	Mean	0.5462	0.4466	储蓄占比	Mean	0.1389	0.1189
	S. D.	0.4979	0.4917		S. D.	0.2516	0.2434
股票参与	Mean	0.0180	0.0080	股票占比	Mean	0.0023	0.0036
	S. D.	0.1327	0.0893		S. D.	0.0289	0.0405
商品房参与	Mean	0.0937	0.0805	商品房占比	Mean	0.0254	0.0207
	S. D.	0.29014	0.2721		S. D.	0.1267	0.1188
商业保险参与	Mean	0.1291	0.0789	商业保险占比	Mean	0.0075	0.0052
	S. D.	0.3374	0.2696		S. D.	0.0483	0.0431
	样本量	7910	5724		样本量	7910	5725

两种家庭资产选择支出占比由大到小均为储蓄、商品房、商业保险和股票，但在支出占比上各有不同。老年扶养比低的家庭储蓄、购买商品房、购买商业保险的总额占资产总额的比重为13.89%、2.54%、0.75%，分别高于老年扶养比高的家庭2、0.47、0.23个百分点；老年扶养比高的家庭更愿意参与股票投资，支出占比为0.36%，高于老年扶养比低的家庭0.13个百分点。

5.5.1.3 家庭规模与家庭资产选择

按照家庭规模（家庭总人口数）的不同，可以将农户家庭从1到8划分为8个类别。由表5-5可知，储蓄、购买股票和购买商业保险3种资产选择表现出相同的规律，即随着家庭总人数的增加，参与这3种资产活动的比例先增大后减小，呈现"U"型曲线变化，且都是在家庭总人数为3人时达到最大值。同时，这3种资产的支出占比也基本上是随着家庭总人数的增加呈现先增大后减小的规律，且峰值也基本是在家庭总人数为3人时出现。由此可见，家庭总人数为3时，农户家庭参与储蓄、购买股票和购买商业保险这 3 种资产选择活动的概率和参与深度都达到一个峰值。这可能是因为家庭总人数较少时，家庭资产总量难以达到一定规模，抑制了家庭资产选择活动；而当人数达到一定数量时，可能存在老年扶养比或少儿抚养比相对较大的情况，使得家庭负担相对较重，参与资产选择活动受限于资金总量。与此不同，购买商品房的家庭比例和其支出占比，都随着家庭总人数的增加而增加，两项调查数据和家庭人数呈现正相关关系。这一现象可能是因为家庭人数越多，对房子的需求越大，随着人数的增加，原有宅基地无法满足居住需求，需要额外购买商品房。

表 5 – 5　　　　　　　　　家庭规模与农户家庭资产选择

项目	统计指标	1 人	2 人	3 人	4 人	5 人	6 人	7 人	8 人及以上
储蓄参与	Mean	0.4516	0.4625	0.556	0.5251	0.5282	0.4836	0.4069	0.4432
	S. D.	0.4956	0.4988	0.4963	0.4994	0.4904	0.4992	0.4922	0.4978
股票参与	Mean	0.0158	0.0071	0.0224	0.0153	0.0126	0.0085	0.0067	0.0078
	S. D.	0.1248	0.0638	0.1483	0.1228	0.1118	0.0923	0.0814	0.0877
商品房参与	Mean	0.0353	0.0510	0.0854	0.1012	0.1080	0.1234	0.1033	0.1160
	S. D.	0.1845	0.2201	0.2795	0.3017	0.3004	0.3291	0.3047	0.3206
商业保险参与	Mean	0.0318	0.0711	0.1331	0.1303	0.1258	0.1109	0.1036	0.0724
	S. D.	0.1815	0.2569	0.3398	0.3367	0.3317	0.3141	0.0351	0.2594
储蓄占比	Mean	0.1476	0.1344	0.1512	0.1325	0.1237	0.1036	0.0859	0.0722
	S. D.	0.2759	0.2801	0.2831	0.2475	0.2401	0.2119	0.2061	0.1702
股票占比	Mean	0.0129	0.0024	0.0280	0.0025	0.0012	0.0013	0.0010	0.0032
	S. D.	0.0775	0.0350	0.0319	0.0308	0.019	0.0231	0.0017	0.0348
商品房占比	Mean	0.0083	0.0151	0.0232	0.0257	0.0285	0.0300	0.0307	0.0329
	S. D.	0.0714	0.0958	0.1227	0.1299	0.1379	0.1374	0.1447	0.1572
商品保险占比	Mean	0.0015	0.0034	0.0074	0.0072	0.0101	0.0072	0.0647	0.0063
	S. D.	0.0213	0.0361	0.0417	0.0443	0.0598	0.0497	0.0335	0.0596
	样本量	822.0000	2547.0000	2892.0000	3131.0000	2130.0000	1279.0000	455.0000	388.0000

5.5.1.4 家庭代际数与家庭资产选择

按照家庭总代际数可将农户家庭从 1 代到 4 代划分为 4 个类别。由表 5 - 6 可知，购买商品房和购买商业保险的家庭数量比例和两种资产选择活动支出占家庭总资产占比都随着家庭总代数的增加而增加，呈现正相关关系。这一现象可能是因为农户家庭代际数越多，对房子和保障的需求越大。同时，结果还显示，随着家庭总代际数的增加以及购买商品房和购买商业保险的支出比例的增加，家庭中用于储蓄和购买股票的支出比例均逐渐减少。

表 5 - 6　　　　　　　　　家庭代际数与农户家庭资产选择

项目	统计指标	1 代家庭	2 代家庭	3 代家庭	4 代家庭
储蓄参与	Mean	0.4602	0.5287	0.4974	0.5294
	S. D.	0.4935	0.4992	0.5000	0.5001
股票参与	Mean	0.0084	0.0171	0.0124	0.0157
	S. D.	0.0913	0.1297	0.1105	0.1245
商品房参与	Mean	0.0486	0.0892	0.1166	0.1373
	S. D.	0.2106	0.2850	0.3209	0.3448
商业保险参与	Mean	0.0597	0.1194	0.1210	0.1568
	S. D.	0.2367	0.3243	0.3262	0.3644
储蓄占比	Mean	0.1411	0.1354	0.1156	0.0973
	S. D.	0.2662	0.2503	0.2321	0.1964
股票占比	Mean	0.0051	0.0026	0.0014	0.0019
	S. D.	0.0501	0.0312	0.0207	0.0264
商品房占比	Mean	0.0126	0.0262	0.0268	0.0301
	S. D.	0.0870	0.1314	0.1325	0.1438
商品保险占比	Mean	0.0031	0.0065	0.0089	0.0133
	S. D.	0.0344	0.0433	0.0544	0.0876
	Mean	3088.0000	6491.0000	3800.0000	255.0000

5.5.2　家庭人口结构对资产选择参与概率的影响

接下来，本研究进行 Probit 模型估计，分析家庭和个人人口特征对家庭储蓄、股票、商品房和商业保险 4 种资产参与概率的影响。实证分析的统计结果的前 4 项关键解释变量分别将不同家庭人口结构的刻画变量引入 Probit 模型中，这些关键变量依次为：65 岁及以上的老年人口扶养比、14 岁及以下的少儿抚养比、家庭规模和家庭代际数，而最后一列将前述 4 个关键解释变量全部列入回归模型中。

5.5.2.1　农户家庭储蓄参与概率的实证分析

表 5 - 7 为家庭和个人口特征对农户家庭储蓄参与影响的 Probit 模型的估计结果。由第（2）列可知，老年扶养比对农户家庭储蓄需求的影响为正，且在 1% 置信水平显著。根据生命周期理论，老年人的收入降低，而医疗支出等不确定性需求增加。例如，因为超过一定年龄身体患有某些疾病的概率增加，医疗费用支出增加。结合当前中国社会老龄化趋势，且农村老龄化尤其严重，家庭中老年人数量和占比越高，农户家庭选择储蓄的概率就可能会越大。

表 5 - 7 第（3）列结果显示，少儿抚养比与农户家庭储蓄参与概率呈负相关，在 10% 置信水平显著。这表明农户家庭中少儿的数量和占比越高，农户家庭参与储蓄的概率越低，原因可能是独生子女政策和"一孩半"生育政策虽然使得农村生养了更少的孩子，但是抚养成本更高，"望子成龙""望女成凤"的心态导致农户家庭将更多的资源投入到了收益更高的人力资本的积累或其他高收益资产上，而降低了参与收益较低的储蓄的概率。

表 5 - 7　　　　　　　　家庭人口结构与储蓄参与概率

项目	(1)	(2)	(3)	(4)	(5)	(6)
老年扶养比		0.2171 ***				0.1992 ***
		(0.000)				(0.000)

项目	(1)	(2)	(3)	(4)	(5)	(6)
少儿抚养比			−0.0456*			0.0399
			(0.052)			(0.620)
家庭规模				−0.0201***		−0.0408***
				(0.005)		(0.000)
家庭代际数					0.0012*	0.0800***
					(0.0941)	(0.002)
受教育程度	0.2316***	0.2344***	0.2307***	0.2298***	0.2315***	0.2343***
	(0.000)	(0.000)	(0.000)	(0.005)	(0.000)	(0.000)
性别	0.0570**	0.0594**	0.0572**	0.0602**	0.0571**	0.0634**
	(0.049)	(0.040)	(0.049)	(0.038)	(0.049)	(0.029)
民族	0.1722***	0.1665***	0.1712***	0.1644***	0.1722***	0.1558***
	(0.000)	(0.000)	(0.000)	(0.000)	(0.000)	(0.000)
政治身份	0.0812**	0.0769*	0.0812**	0.0814**	0.0812**	0.7856*
	(0.044)	(0.057)	(0.044)	(0..044)	(0.044)	(0.052)
健康状况	0.0895***	0.0888***	0.0895***	0.0890***	0.0894***	0.0888***
	(0.000)	(0.000)	(0.000)	(0.000)	(0.000)	(0.000)
婚姻状态	0.1668***	0.1582***	0.1694***	0.1867***	0.1669***	0.1911***
	(0.000)	(0.000)	(0.000)	(0.000)	(0.000)	(0.000)
年龄	−0.2268***	−0.4478*	−0.2268***	−0.2129**	−0.2259***	−0.8268**
	(0.008)	(0.064)	(0.008)	(0.013)	(0.009)	(0.039)
年龄的平方项	0.2480**	0.083*	0.0247**	0.0229**	0.0247**	0.0446*
	(0.027)	(0.094)	(0.028)	(0.041)	(0.029)	(0.072)
收入	−0.1549***	−0.1413***	−0.1526***	−0.1391***	−0.1544***	−0.1449***
	(0.000)	(0.000)	(0.000)	(0.000)	(0.000)	(0.000)
收入的平方项	0.0147***	0.0139***	0.0145***	0.0136***	0.0147***	0.0143***
	(0.000)	(0.000)	(0.000)	(0.000)	(0.000)	(0.000)
家庭土地面积	0.0043	0.0048	0.0042	0.0055	0.0044	0.0051
	(0.693)	(0.659)	(0.702)	(0.617)	(0.691)	(0.646)
居住地为城镇	0.1722***	0.1688***	0.1720***	0.1651***	0.1720***	0.1652***
	(0.000)	(0.000)	(0.000)	(0.000)	(0.000)	(0.000)

项目	(1)	(2)	(3)	(4)	(5)	(6)
自营工商业	0.3009 ***	0.3116 ***	0.3017 ***	0.3104 ***	0.3011 ***	0.3134 ***
	(0.000)	(0.000)	(0.000)	(0.000)	(0.000)	(0.000)
风险偏好	−0.0778 **	−0.0769 **	−0.0779 **	−0.0766 **	−0.0778 **	−0.0773 **
	(0.028)	(0.030)	(0.028)	(0.030)	(0.028)	(0.029)
省份控制变量	Yes	Yes	Yes	Yes	Yes	Yes
样本量	13634.0000	13634.0000	13634.0000	13634.0000	13634.0000	13634.0000
LR Chi^2	1635.3800	1635.7100	1635.7800	1643.2100	1635.3900	1667.3400
Pseudo R^2	0.0865	0.0875	0.0866	0.0869	0.0865	0.0882

注：***、**、* 分别表示通过1%、5%、10%的显著性检验，系数下括号内为聚类调整的稳健标准误（Cluster & Robust Standard Error）。

表5-7第（4）列结果显示，家庭规模与农户家庭储蓄参与呈负相关关系，在1%置信水平显著，即家庭人口数越多，则农户家庭参与储蓄的概率越低。这可能是因为当家庭规模较大时，家庭成员之间可以在经济上形成相互依靠，分担一些家庭风险，家庭的自我保障能力也较强。

表5-7第（5）列结果显示，家庭代际数与家庭参与储蓄的概率在10%置信水平显著正相关，即代际数较多的农户家庭参与储蓄的概率反而会更低，究其原因，可能是因为家庭代际数量越多，其家庭中需要抚养者的比重越高，家庭收入主要来源越是集中在少数家庭成员身上，在这种情况下，家庭抵御风险的能力会越差，此时，家庭对于能够给未来经济提供保障性资产的需求就会比较高。

在表5-7最后一列中，本研究将前四个关键变量全部放到回归方程中，发现这些变量的估计结果基本一致，这说明家庭人口结构特征变量对农户家庭储蓄概率影响的回归结果是较为稳健的。

表5-7还体现了其他家庭和个体人口特征的估计结果。受教育程度与农户家庭参与储蓄的概率显著正相关，即农户家庭户主受教育程度越高，其参与储蓄的概率越高，说明虽然储蓄的收益较低，但在中国金融市场多元化途径十分有限的客观背景下，受教育程度更高的农户家庭仍

会保持参与储蓄的兴趣。有趣的结果是，农户家庭男性户主参与储蓄的概率显著高于女性户主，而已婚农户家庭参与储蓄的概率也较未婚或离异家庭概率更高，这可能与储蓄提供的传统性保障功能有关。户主的风险偏好与储蓄参与概率显著负相关，即农户家庭户主越倾向于风险资产的选择，参与储蓄的概率越小。此外，农户家庭参加自营工商业与储蓄参与概率显著正相关，说明农户家庭全职或兼职从事"非农"不会挤出家庭参与储蓄概率。

最后，表5-7还显示，户主年龄与农户家庭储蓄参与概率的关系呈"U"型变化，即随着年龄的增加，农户家庭参与储蓄的概率先降低，再上升。类似地，家庭收入与农户家庭参与储蓄的概率的关系也呈显著的"U"型变化，即随着家庭收入的增加，农户家庭参与储蓄的概率先降低，后上升。

5.5.2.2　农户家庭股票参与概率的实证分析

表5-8为家庭人口结构特征对农户家庭参与股票投资概率的Probit模型估计结果。表5-8第（2）列和第（3）列显示，少儿抚养比与老年扶养比两个因素均与农户家庭参与股票投资的概率正相关，且分别在5%和1%置信水平显著。这表明抚养负担更重的家庭对于高收益的资产表现了浓厚的兴趣，有强烈的意愿通过投资增加家庭收入。第（4）列显示，家庭规模与农户家庭股票参与概率负相关，但是结果不显著。此外，第（5）列显示，家庭代际数与农户家庭参与股票投资的概率正相关，即家庭代际数越多，家庭参与风险较高的股票投资的概率越高。另外，由表5-8还发现，风险偏好与农户家庭股票参与概率显著为正，结合家庭人口结构特征，实证结果说明，具有一定经济实力的农户家庭在参与股票投资时表现一定的投机性特征。同时，结果还说明，从事"非农"自营工商业的农户家庭参与股票投资的概率也相对较高。

表5-8结果还表明，受教育程度与股票参与显著正相关，即受教育程度越高的家庭户主，其参加股票投资的概率越高。这一结果与知识促进城镇居民参与股市投资的结论基本一致（尹志超等，2015）。有趣的

是，性别和政治身份因素对于农户家庭参与股票投资没有显著的影响，即男性户主和女性户主家庭对股票市场偏好无差异。此外，相对于家庭土地面积更多的家庭而言，家庭土地面积更少的农户家庭参与股票投资的概率更高。这可能是因为拥有更多土地的家庭可以通过在土地上开展各种农业经营活动获得更高的农业收益，其参与股市的时间和精力成本更高，因此，他们参与股票投资的概率更低。在城镇地区的农户家庭参与股票投资概率较农村地区的农户家庭更高，说明城镇化进程对于农户参与股票等风险较高资产投资的促进作用比较明显。此外，结果还发现，年龄与股票参与概率呈显著的倒"U"型关系，即随着户主家庭年龄的增加，农户家庭参与股票投资的概率先提高，再降低。结果还发现，收入与股票参与概率呈"U"型关系，即随着家庭收入的增加，农户家庭参与股票投资的概率先降低，再提高。这些结果说明，知识和风险应对经验对年轻农户家庭参与股票投资的促进作用较收入更大，而只有当财富积累到一定程度后，农户家庭参与股票市场的概率才会受到收入的正向促进作用，这与当前农户家庭普遍处于较低收入水平的客观情况一致。

表 5 - 8　　　　　　　　　　家庭人口结构与股票参与概率

项目	(1)	(2)	(3)	(4)	(5)	(6)
老年扶养比		0.4073 **				0.3459 *
		(0.026)				(0.068)
少儿抚养比			0.5318 ***			0.5483 **
			(0.010)			(0.014)
家庭规模				− 0.0136		− 0.0740 *
				(0.557)		(0.066)
家庭代际数					0.1165 **	0.1930 **
					(0.026)	(0.022)
受教育程度	0.2767 ***	0.2805 ***	0.2883 ***	0.2785 ***	0.2822 ***	0.2913 ***
	(0.000)	(0.000)	(0.000)	(0.000)	(0.000)	(0.000)
性别	0.0196	0.0222	0.0183	0.0192	0.0226	0.0281
	(0.806)	(0.781)	(0.820)	(0.810)	(0.778)	(0.727)

续表

项目	(1)	(2)	(3)	(4)	(5)	(6)
民族	0.9924 ***	0.9872 ***	0.9906 ***	0.9934 ***	0.9937 ***	0.9833 ***
	(0.007)	(0.007)	(0.006)	(0.006)	(0.007)	(0.007)
政治身份	0.0482	0.0467	0.0506	0.0486	0.0484	0.0479
	(0.666)	(0.676)	(0.651)	(0.664)	(0.665)	(0.669)
健康状况	0.0235	0.2158	0.0215	0.0241	0.0267	0.0222
	(0.420)	(0.461)	(0.462)	(0.410)	(0.362)	(0.451)
婚姻状态	− 0.0523	− 0.0619	− 0.1266	− 0.0707	− 0.0969	− 0.1074
	(0.659)	(0.599)	(0.296)	(0.565)	(0.421)	(0.381)
年龄	1.7281 ***	2.0204 ***	1.6483 ***	1.7350 ***	1.6919 ***	1.7862 ***
	(0.000)	(0.000)	(0.000)	(0.000)	(0.000)	(0.000)
年龄的平方项	− 0.2334 ***	− 0.2746 ***	− 0.2136 ***	− 0.2344 ***	− 0.2286 ***	− 0.2407 ***
	(0.000)	(0.000)	(0.000)	(0.000)	(0.000)	(0.000)
收入	− 0.1964 ***	− 0.1992 ***	− 0.2136 ***	− 0.2038 ***	− 0.2248 ***	− 0.2216 ***
	(0.002)	(0.004)	(0.002)	(0.004)	(0.001)	(0.002)
收入的平方项	0.0167 ***	0.0171 ***	0.0181 ***	0.0172 ***	0.0186 ***	0.0188 ***
	(0.002)	(0.002)	(0.001)	(0.002)	(0.001)	(0.001)
家庭土地面积	− 0.0886 **	− 0.0891 ***	− 0.0877 **	− 0.0897 ***	− 0.0940 ***	− 0.0911 ***
	(0.011)	(0.010)	(0.012)	(0.010)	(0.007)	(0.010)
居住地为城镇	0.6659 ***	0.6668 ***	0.6632 ***	0.6708 ***	0.6859 ***	0.6706 ***
	(0.000)	(0.000)	(0.000)	(0.000)	(0.000)	(0.000)
自营工商业	0.2799 ***	0.2937 ***	0.2781 ***	0.2746 ***	0.2623 ***	0.2881 ***
	(0.000)	(0.000)	(0.000)	(0.000)	(0.000)	(0.000)
风险偏好	0.3889 ***	0.3843 ***	0.3967 ***	0.3885 ***	0.3863 ***	0.3907 ***
	(0.000)	(0.000)	(0.000)	(0.000)	(0.000)	(0.000)
省份控制变量	Yes	Yes	Yes	Yes	Yes	Yes
样本量	13634.0000	13634.0000	13634.0000	13634.0000	13634.0000	13634.0000
LR Chi^2	402.9000	407.6400	409.4800	403.2400	407.8500	419.7600
Pseudo R^2	0.2031	0.2055	0.2064	0.2032	0.2056	0.2116

注: ***、**、* 分别表示通过1%、5%、10%的显著性检验,系数下括号内为聚类调整的稳健标准误 (Cluster & Robust Standard Error)。

此外，表5-8第（1）列到最后一列的实证结果表明，在添加家庭结果特征因素以及考虑全部家庭人口结构因素后，实证结果基本一致，表明表5-8中Probit模型的实证结果基本稳健。

5.5.2.3　农户家庭商品房参与概率的实证分析

表5-9为家庭人口结构特征对农户家庭参与商品房选择的概率。第（2）列显示，老年扶养比与农户家庭参与商品房投资负相关，在1%置信水平上显著，即老年扶养比较高的家庭对于在城镇地区参与商品房的概率相对更低。究其原因，可能是因为农户家庭老年人相对难以融入城镇生活，农户家庭中"故土难离""落叶归根"等想法对农户家庭在城镇中购买商品房及进一步选择在城镇定居起到一定的抑制作用，因此，老年扶养比越高，在城镇参与商品房的概率越低。

相比而言，表5-9第（3）列结果发现，少儿抚养比与家庭商品房参与概率在5%置信水平显著正相关，这说明家庭少儿抚养比较高的家庭则表现更加愿意参与商品房投资，究其原因，是因为子女更容易随父母进入城镇工作或者生活，且城镇地区的具有更多的教育资源，因此，具有一定经济实力的农居家庭更愿意更多地考虑子女的发展，而参与到购买商品房之中。

表5-9第（4）列的数据表明，家庭规模与农户家庭参与商品房投资的概率正相关，并在10%置信水平显著，但第（6）列估计结果中家庭规模对农户家庭参与商品房概率的影响虽然仍然为正，但是结果却不显著，这些结果说明家庭规模因素对农户家庭在城镇地区参与商品房的概率是有限的。其经济学解释是，一方面是因为农户家庭收入水平总体较低，在城镇地区购买商品房的目的主要是方便其在城镇地区居住所用，该商品房用于投资增值的目的较弱；另一方面是因为按照我国现有的"宅基地"制度，农户家庭只要拥有了"户"的概念，均可获得一定的面积的宅基地用于居住用途，换言之，不论家庭规模多大，农户家庭成员均可获得住房居住。因此，家庭规模对农户家庭参与商品房的影响十分有限。

此外，第（5）列数据表明，家庭代际数对农户家庭参与商品房选择有显著的促进作用，这可能与家庭中需要抚养者的比重较高有密切关系。表5-9最后一列结果显示，家庭规模因素对农户家庭商品房参与概率影响的显著性下降，而老年扶养比、少儿抚养比、家庭代际数三个因素的估计系数的正负性和显著性基本一致，表明实证结果基本还是稳健的。

表5-9　　　　　　　　家庭人口结构对商品房参与概率

项目	(1)	(2)	(3)	(4)	(5)	(6)
老年扶养比		- 0. 2244 ***				- 0. 1443 ***
		(0. 003)				(0. 000)
少儿抚养比			0. 1991 **			0. 1556 *
			(0. 046)			(0. 066)
家庭规模				0. 0634 *		0. 0122
				(0. 080)		(0. 240)
家庭代数					0. 1916 ***	0. 1775 ***
					(0. 000)	(0. 000)
受教育程度	0. 1330 ***	0. 1304 ***	0. 1371 ***	0. 1402 ***	0. 1410 ***	0. 1371 ***
	(0. 000)	(0. 000)	(0. 000)	(0. 000)	(0. 000)	(0. 000)
性别	0. 2142	0. 0196	0. 0218	0. 0131	0. 0181 *	0. 0155
	(0. 603)	(0. 634)	(0. 596)	(0. 751)	(0. 084)	(0. 708)
民族	- 0. 0730	- 0. 682	- 0. 0681	- 0. 0504	- 0. 0678	- 0. 0646
	(0. 214)	(0. 246)	(0. 247)	(0. 393)	(0. 250)	(0. 275)
政治身份	0. 1474 ***	0. 1499 ***	0. 1470 ***	0. 1447 ***	0. 1482 ***	0. 1494 ***
	(0. 004)	(0. 003)	(0. 004)	(0. 005)	(0. 004)	(0. 004)
健康状况	0. 0584 ***	0. 0593 ***	0. 0580 ***	0. 0608 ***	0. 0619 ***	0. 0629 ***
	(0. 000)	(0. 000)	(0. 000)	(0. 000)	(0. 000)	(0. 000)
婚姻状态	- 0. 0434	- 0. 0358	- 0. 0572	- 0. 1104 *	- 0. 070	- 0. 0660 *
	(0. 442)	(0. 527)	(0. 314)	(0. 056)	(0. 217)	(0. 059)
年龄	0. 44132 ***	0. 2589 *	0. 4405 ***	0. 4218 ***	0. 3507 ***	0. 2437 *
	(0. 000)	(0. 059)	(0. 000)	(0. 001)	(0. 005)	(0. 077)

项目	(1)	(2)	(3)	(4)	(5)	(6)
年龄的平方项	−0.0548 ***	−0.0293	−0.0572	−0.0523 ***	−0.0427 ***	−0.0281
	(0.001)	(0.109)	(0.314)	(0.001)	(0.009)	(0.126)
收入	−0.0054	−0.0053	−0.0036	−0.0406	−0.0644 *	−0.0683 **
	(0.864)	(0.869)	(0.911)	(0.216)	(0.054)	(0.042)
收入的平方项	0.0015	0.0021	0.0022	0.0046 *	0.0064 **	0.0064 **
	(0.555)	(0.410)	(0.387)	(0.078)	(0.016)	(0.015)
家庭土地面积	0.0659 ***	0.0654 ***	0.0667 ***	0.0620 ***	0.0607 ***	0.0595 ***
	(0.000)	(0.000)	(0.000)	(0.000)	(0.000)	(0.000)
居住地为城镇	−0.0172	−0.0148	−0.0165	0.0047	0.0053	0.0086
	(0.622)	(0.671)	(0.638)	(0.894)	(0.888)	(0.809)
自营工商业	0.4108 ***	0.4020 ***	0.4078 ***	0.3824 ***	0.3754 ***	0.3693 ***
	(0.000)	(0.000)	(0.000)	(0.000)	(0.000)	(0.000)
风险偏好	0.0007	−0.0005	0.0012	−0.0035	−0.0043	−0.0059
	(0.988)	(0.992)	(0.980)	(0.942)	(0.930)	(0.903)
省份控制变量	Yes	Yes	Yes	Yes	Yes	Yes
样本量	13634.0000	13634.0000	13634.0000	13634.0000	13634.0000	13634.0000
LR Chi^2	320.8500	329.7800	324.8000	364.5000	388.9700	394.6900
Pseudo R^2	0.0394	0.0405	0.0399	0.0448	0.0478	0.0485

注：***、**、*分别表示通过1%、5%、10%的显著性检验，系数下括号内为聚类调整的稳健标准误（Cluster & Robust Standard Error）。

表5-9结果还显示，受教育程度对农户家庭选择有显著的正向促进作用，在1%置信水平显著，即农户家庭户主受教育程度越高，家庭参与商品房选择的概率越高。农户家庭户主的性别、民族因素与婚姻状态对于家庭是否在城镇地区购买商品房无显著影响。农户户主的健康程度与商品房选择概率正相关，在1%置信水平显著，可能的经济学解释是，农户身体状态越好，其在城镇务工和生活的概率越高，因此，其在城镇购买商品房的概率有所提高。此外，农户家庭户主年龄也是影响其家庭参与商品房选择的重要因素。结果显示，年龄与农户家庭参与商品房的

概率呈显著的倒"U"型关系，即随着户主年龄的增加，农户家庭参与商品房的概率先上升再下降。结果还显示，收入与农户家庭参与商品房呈"U"型曲线关系。另外，农户家庭土地面积和从事"非农"自营工商业也与农户家庭参与商品房的概率显著正相关。

5.5.2.4 农户家庭商业保险参与概率的实证分析

表 5 - 10 为家庭人口结构特征对农户家庭参与商业保险概率的 Probit 实证结果。表 5 - 10 第（2）列结果显示，老年扶养比与农户家庭参与商业保险负相关，但估计系数并不显著。一般来讲，老年人的卫生医疗支出、死亡风险均较年轻人更高，相对于年轻人，老年人对保险的需求应该更高。然而，实证结果却出现了与理论预期相反的结果。究其原因，可能的合理的经济学解释是，结合中国农村社会和家庭的现状，由于农村老龄化问题严重，农户家庭中老年人占比越来越高，加之商业保险一般具有相对较高的进入"门槛"，因此，通常农户家庭中老年人对商业保险难以形成有效需求。

表 5 - 10 第（3）列结果显示，少儿抚养比对农户家庭商业保险需求有正向影响。结合中国农村当前的社会现状，长期的计划生育政策和生育观念的变迁，农户家庭已经遇到"少子化"问题，这可能引致农户家庭更多地参与商业保险，这样能够在家庭遭遇突如其来的变故的时候，通过商业保险获得一定的保障。

表 5 - 10 家庭人口结构与商业保险参与概率

项目	（1）	（2）	（3）	（4）	（5）	（6）
老年扶养比		- 0.0157				- 0.0170
		(0.836)				(0.828)
少儿抚养比			0.4036 ***			0.3818 ***
			(0.000)			(0.000)
家庭规模				- 0.0171 *		- 0.0589 **
				(0.080)		(0.032)

项目	(1)	(2)	(3)	(4)	(5)	(6)
家庭代际数					0. 1090 ***	0. 1800 ***
					(0. 000)	(0. 000)
受教育程度	0. 1245 ***	0. 1243 ***	0. 1334 ***	0. 1263 ***	0. 1288 ***	0. 1337 ***
	(0. 000)	(0. 000)	(0. 000)	(0. 000)	(0. 000)	(0. 000)
性别	− 0. 0265	− 0. 0266	− 0. 0274	− 0. 0284	− 0. 0285	− 0. 0244
	(0. 488)	(0. 486)	(0. 474)	(0. 489)	(0. 457)	(0. 524)
民族	0. 2576 ***	0. 2580 ***	0. 2665 ***	0. 2634 ***	0. 2607 ***	0. 2524 ***
	(0. 000)	(0. 000)	(0. 000)	(0. 000)	(0. 000)	(0. 000)
政治身份	0. 0471	0. 0473	0. 0469	0. 0464	0. 0463	0. 0487
	(0. 372)	(0. 371)	(0. 373)	(0. 380)	(0. 381)	(0. 357)
健康状况	0. 0579 ***	0. 0579 ***	0. 0567 ***	0. 0585 ***	0. 0594 ***	0. 0572 ***
	(0. 000)	(0. 000)	(0. 000)	(0. 000)	(0. 000)	(0. 000)
婚姻状态	0. 1605 ***	0. 1612 ***	0. 1233 **	0. 1431 **	0. 1419 **	0. 1562 ***
	(0. 006)	(0. 006)	(0. 037)	(0. 016)	(0. 016)	(0. 009)
年龄	9. 7412 ***	9. 6152 ***	9. 6027 ***	9. 6951 ***	9. 2376 ***	8. 8182 ***
	(0. 000)	(0. 000)	(0. 000)	(0. 000)	(0. 000)	(0. 000)
年龄的平方项	− 1. 3464 ***	− 1. 3288 ***	− 1. 3162 ***	− 1. 3405 ***	− 1. 2784 ***	− 1. 2095 ***
	(0. 000)	(0. 000)	(0. 000)	(0. 000)	(0. 000)	(0. 000)
收入	− 0. 0351	− 0. 0357	− 0. 0532	− 0. 0468	− 0. 0714	− 0. 0721
	(0. 262)	(0. 256)	(0. 094)	(0. 144)	(0. 028)	(0. 027)
收入的平方项	0. 0042	0. 0042 *	0. 0056 **	0. 0050 *	0. 0067 ***	0. 0069 ***
	(0. 100)	(0. 099)	(0. 028)	(0. 054)	(0. 010)	(0. 007)
家庭土地面积	0. 0308 **	0. 0308 **	0. 0324 **	0. 0298 **	0. 0274 **	0. 0302 **
	(0. 033)	(0. 033)	(0. 025)	(0. 039)	(0. 058)	(0. 038)
居住地为城镇	0. 1094 ***	0. 1096 ***	0. 1102 ***	0. 1159 ***	0. 1242 ***	0. 1127 ***
	(0. 001)	(0. 001)	(0. 001)	(0. 000)	(0. 000)	(0. 001)
自营工商业	0. 3899 ***	0. 3894 ***	0. 3853 ***	0. 3824 ***	0. 3709 ***	0. 3791 ***
	(0. 000)	(0. 000)	(0. 000)	(0. 000)	(0. 000)	(0. 000)
风险偏好	− 0. 0084	− 0. 0084	− 0. 0073	− 0. 0090	− 0. 0114	− 0. 0103
	(0. 855)	(0. 856)	(0. 875)	(0. 846)	(0. 805)	(0. 823)

续表

项目	(1)	(2)	(3)	(4)	(5)	(6)
省份控制变量	Yes	Yes	Yes	Yes	Yes	Yes
样本量	13634.0000	13634.0000	13634.0000	13634.0000	13634.0000	13634.0000
LR Chi^2	685.7100	685.7500	704.4000	688.7400	708.8900	731.1300
Pseudo R^2	0.0730	0.0730	0.0749	0.0733	0.0754	0.0778

注：***、**、*分别表示通过1%、5%、10%的显著性检验，系数下括号内为聚类调整的稳健标准误（Cluster & Robust Standard Error）。

表5-10第（4）列显示，家庭规模的估计系数显著为负，这意味着农户家庭规模越大，家庭购买商业保险的可能性越小。究其原因，因为家庭规模比较大时，家庭成员之间可以相互依靠，在经济负担上可以实现一定程度的分担，家庭的自我保障能力也就较强。随着农村家庭规模小型化的发展，家庭中可以共同分担经济方面风险的成员数量会减少，导致家庭不得不更多地借助保险将家庭风险由传统的内部解决转移到外部机构，从而增加了商业保险的需求。

此外，由表5-10第（5）列数据也可得到类似的结论，结果发现，家庭代际数与农户家庭参与保险的概率显著正相关，这结果表明家庭中需要抚养的成员数量越多，家庭对外部保险所提供的保障性需求越高。虽然农村保险发展较晚，且总体参与度较低，但从本研究的发现来看，保险的重要性已经逐渐被农户家庭发现，农户家庭参与商业保险的概率也将逐渐提高。最后一列，本研究将前4个关键变量全部放到回归方程中，发现这些变量的估计结果基本一致，这说明家庭人口结构特征变量对农户家庭参与商业保险的概率影响的回归结果是较为稳健的。

表5-10的Probit估计模型还报告其他家庭人口结构对农户家庭商业保险选择概率的影响。结果发现，户主的受教育程度与农户家庭参与商业保险的概率显著为正。汉族农户家庭对商业保险的偏好较少数民族农户家庭更加强烈。结果还显示，身体健康的农户家庭更加愿意参与商业保险。婚姻状态与农户家庭商业保险的参与概率也显著正相关，即已

婚农户家庭更加愿意参与商业保险，其参与概率更高。居住地为城镇和从事"非农"自营工商业的农户家庭也有更高的参与商业保险的概率。另外，农户户主年龄与商业保险参与呈显著的倒"U"型关系，随着年龄的增加，农户家庭参与商业保险的概率增加，但是随后农户参与商业保险的概率降低，这可能与前文中讨论的老年扶养比与商业保险的负向关系的解释相关，农户年龄增加后，商业保险的"门槛"限制了农户继续参加商业保险的概率。进一步的研究需要对不同保险种类，尤其是商业人寿保险和商业养老保险的加以解释。

5.5.3　家庭人口结构对资产选择持有比重的影响

5.5.3.1　农户家庭储蓄比重的实证分析

接下来，基于 Tobit 模型，分析了家庭人口结构与农户家庭参与储蓄深度的关系，即对农户家庭储蓄持有比重产生的影响，数据结果如表 5－11所示。表中第（2）列显示，老年扶养比与农户家庭储蓄持有比重正相关，在1%置信水平显著，即家庭中老年人的数量和占比越高，则家庭资产中储蓄的比重会更大。这可能是因为储蓄对农户家庭经济提供的保障作用仍然十分重要，因此，家庭中需要保障的人数越多，则农户家庭自然选择更多地配置储蓄资产。

表 5－11 第（3）列显示，少儿抚养比与农户家庭储蓄比重关系为负，但仅在10%置信水平显著。而第（6）列结果显示，在考虑所有家庭人口结构因素影响时，少儿抚养比的作用方向未发生改变，但是显著性下降。少儿抚养比与农户家庭储蓄的负相关的经济学解释可能是，农户家庭一般有比较根深蒂固的"养儿防老"的观念，因此与储蓄形成一定的"替代效应"，因此如果家庭中养育的子女数和占比较高，则农户家庭对储蓄参与的深度可能会降低。另外，人力资本的投入也会缩减家庭中用于储蓄的资金数量。

表 5－11 第（4）列结果显示，家庭规模与农户家庭储蓄持有比重显著负相关，这可能是因为家庭成员在经济上相互分担可以为家庭未来经

济需求提供更多的保障，那么，家庭需要持有储蓄的比重因此降低。另外，第（5）列 Tobit 回归模型结果显示，家庭代际数与农户家庭储蓄占比显著正相关，这可能也是因为家庭代际数越多，家庭中需要抚养者的数量越多，为了应对家庭未来的不确定性风险，农户家庭可能会愿意持有更多虽然收益较低，但具有一定保障性功能的储蓄。

表 5 - 11 还显示，受教育程度越高，农户家庭持有的储蓄比重越高，而健康程度也是影响农户家庭储蓄持有比重的重要因素，身体健康程度较高的家庭选择持有更多的储蓄资产，这表明储蓄在农户家庭中仍将会是一种重要的家庭资产组成成分。已婚的农户家庭也会更多地持有储蓄资产。从事"非农"自营工商业的农户家庭较从事农业的家庭会选择持有更多的储蓄，而居住地为城镇的农户家庭也会积极地在家庭资产中配置一定比重的储蓄。但是，农户家庭拥有土地面积与储蓄占比呈显著的负相关。

另外，家庭收入对农户家庭储蓄占比的影响为非线性的，其中一次项为负，二次项为正，呈现"U"型变化，即随着家庭收入的增加，家庭持有储蓄的比重先增加再降低。此外，表 5 - 11 最后一列结果显示，加入老年扶养比、少儿抚养比、家庭规模和家庭代际数 4 个因素后，实证结果的估计系数的正负关系和显著性基本一致，表明实证结果基本还是稳健的。

表 5 - 11　　　　　　　　　　家庭人口结构与农户储蓄持有比重

项目	(1)	(2)	(3)	(4)	(5)	(6)
老年扶养比		0.0513 ***				0.0352 ***
		(0.000)				(0.000)
少儿抚养比			- 0.0276 *			- 0.0239
			(0.072)			(0.111)
家庭规模				- 0.0110 ***		- 0.0119 ***
				(0.000)		(0.000)

续表

项目	(1)	(2)	(3)	(4)	(5)	(6)
家庭代际数					0.0177 ***	0.0035 *
					(0.000)	(0.062)
受教育程度	0.0163 ***	0.0169 ***	0.0158 ***	0.0153 ***	0.0157 ***	0.0162 ***
	(0.000)	(0.000)	(0.000)	(0.000)	(0.000)	(0.000)
性别	0.0089 *	0.0095 *	0.0090 *	0.0106 **	0.0093 *	0.0109 **
	(0.096)	(0.077)	(0.095)	(0.050)	(0.082)	(0.042)
民族	0.0436 ***	0.0422 ***	0.0429 ***	0.0394 ***	0.0429 ***	0.0388 ***
	(0.000)	(0.000)	(0.000)	(0.000)	(0.000)	(0.000)
政治身份	0.0084	0.0075	0.0084	0.0085	0.0082	0.0079
	(0.270)	(0.322)	(0.267)	(0.260)	(0.279)	(0.294)
健康状况	0.0122 ***	0.0121 ***	0.0123 ***	0.0119 ***	0.0121 ***	0.0118 ***
	(0.000)	(0.000)	(0.000)	(0.000)	(0.000)	(0.000)
婚姻状态	0.0113	0.0093	0.0130 *	0.0221 ***	0.0129 *	0.0200 ***
	(0.117)	(0.196)	(0.074)	(0.002)	(0.074)	(0.007)
年龄	− 0.2509	0.1670	− 0.2445	− 0.1749	− 0.1386	− 0.0905
	(0.108)	(0.338)	(0.118)	(0.263)	(0.379)	(0.606)
年龄的平方项	0.0304	− 0.0286	0.0289	0.0201	0.0152	0.0168
	(0.139)	(0.218)	(0.160)	(0.325)	(0.461)	(0.470)
收入	− 0.0212 ***	− 0.0178 ***	− 0.0198 ***	− 0.0123 ***	− 0.0140 ***	− 0.0118 ***
	(0.000)	(0.000)	(0.000)	(0.006)	(0.002)	(0.009)
收入的平方项	0.0019 ***	0.0017 ***	0.0018 ***	0.0013 ***	0.0014 ***	0.0013 ***
	(0.000)	(0.000)	(0.000)	(0.000)	(0.000)	(0.000)
家庭土地面积	− 0.0058 ***	− 0.0056 ***	− 0.0059 ***	− 0.0051 **	− 0.0051 **	− 0.0049 **
	(0.005)	(0.006)	(0.004)	(0.013)	(0.011)	(0.016)
居住地为城镇	0.0174 ***	0.0167 ***	0.0173 ***	0.0135 ***	0.0151 ***	0.0132 ***
	(0.000)	(0.000)	(0.000)	(0.005)	(0.001)	(0.006)
自营工商业	0.0162 ***	0.0185 ***	0.0167 ***	0.0214 ***	0.0198 ***	0.0223 ***
	(0.009)	(0.003)	(0.007)	(0.001)	(0.001)	(0.000)
风险偏好	− 0.011	− 0.008	− 0.0011	− 0.0004	− 0.0005	− 0.0003
	(0.871)	(0.899)	(0.865)	(0.950)	(0.945)	(0.966)

续表

项目	(1)	(2)	(3)	(4)	(5)	(6)
省份控制变量	Yes	Yes	Yes	Yes	Yes	Yes
样本量	13634.0000	13634.0000	13634.0000	13634.0000	13634.0000	13634.0000
LR Chi^2	411.5400	440.4100	415.6900	478.0600	442.9100	493.8900
Pseudo R^2	0.0574	0.0614	0.0579	0.0668	0.0617	0.0689

注：***、**、*分别表示通过1%、5%、10%的显著性检验，系数下括号内为聚类调整的稳健标准误（Cluster & Robust Standard Error）。

5.5.3.2　农户家庭股票比重的实证分析

表5-12为家庭人口结构对股票持有比重影响的Tobit模型估计结果。第（2）列和第（3）列回归结果显示，老年扶养比和少儿抚养比均与农户家庭持有股票比重显著正相关，即家庭老年和少儿人数和占比越高，农户家庭在家庭资产中配置股票的比重越高。此外，第（4）列和第（5）列回归结果发现，家庭规模和家庭代际数与农户家庭配置股票的比重不显著。最后一列，考虑老年扶养比、少儿抚养比、家庭规模和家庭代际数后，Tobit回归模型的估计系数和显著性未发生变化，表明估计结果是基本稳健的。

表5-12　　　　　家庭人口结构与农户家庭股票持有比重

项目	(1)	(2)	(3)	(4)	(5)	(6)
老年扶养比		0.0036 ***				0.0037 ***
		(0.007)				(0.006)
少儿抚养比			0.0043 **			0.0059 ***
			(0.022)			(0.005)
家庭规模				−0.0006		−0.0007
				(0.745)		(0.272)
家庭代际数					−0.0004	−0.0007
					(0.390)	(0.272)

续表

项目	（1）	（2）	（3）	（4）	（5）	（6）
受教育程度	0.0004	0.0005	0.0005	0.004	0.0004	0.0006
	（0.231）	（0.192）	（0.151）	（0.238）	（0.247）	（0.114）
性别	−0.0004	−0.0004	−0.0004	−0.0004	−0.0004	−0.0004
	（0.231）	（0.613）	（0.572）	（0.586）	（0.585）	（0.618）
民族	−0.0010	−0.0011	−0.0008	−0.0010	−0.0010	−0.0009
	（0.382）	（0.334）	（0.439）	（0.372）	（0.374）	（0.401）
政治身份	−0.0024 **	−0.0025 **	−0.0025 **	−0.0024 **	−0.0025 **	−0.0026 **
	（0.018）	（0.016）	（0.018）	（0.018）	（0.018）	（0.015）
健康状况	0.0021	0.0020	0.0020	0.0020	0.0020	0.0016
	（0.423）	（0.449）	（0.454）	（0.427）	（0.433）	（0.511）
婚姻状态	−0.0041 ***	−0.0042 ***	−0.0043 ***	−0.0040 ***	−0.0040 ***	−0.0045 ***
	（0.000）	（0.000）	（0.000）	（0.000）	（0.000）	（0.000）
年龄	−0.0096	−0.0196	−0.0108	−0.0094	−0.0074	−0.0096
	（0.653）	（0.420）	（0.621）	（0.668）	（0.737）	（0.331）
年龄的平方项	0.0017	−0.0025	0.0019	0.0016	0.0014	0.0020
	（0.557）	（0.445）	（0.502）	（0.571）	（0.638）	（0.374）
收入	−0.0029 ***	−0.0026 ***	−0.0031 ***	−0.0029 ***	−0.0027 ***	−0.0026 ***
	（0.000）	（0.000）	（0.000）	（0.000）	（0.000）	（0.000）
收入的平方项	0.0020 ***	0.0021 ***	0.0024 ***	0.0002 ***	0.0002 ***	0.0002 ***
	（0.000）	（0.000）	（0.000）	（0.000）	（0.000）	（0.000）
家庭土地面积	−0.0008 ***	−0.0007 ***	−0.0007 ***	−0.0007 ***	−0.0008 ***	−0.0007 **
	（0.009）	（0.010）	（0.010）	（0.010）	（0.010）	（0.015）
居住地为城镇	0.0011	0.0010	0.0010	0.0010	0.0010	0.0009
	（0.110）	（0.129）	（0.105）	（0.119）	（0.128）	（0.154）
自营工商业	0.0012	0.0014	0.0011	0.0012	0.0013	0.0014
	（0.164）	（0.114）	（0.196）	（0.156）	（0.141）	（0.151）
风险偏好	0.0045 ***	0.0045 ***	0.0045 ***	0.0045 ***	0.0045 ***	0.0046 ***
	（0.000）	（0.000）	（0.000）	（0.000）	（0.000）	（0.000）
省份控制变量	Yes	Yes	Yes	Yes	Yes	Yes
样本量	13634.0000	13634.0000	13634.0000	13634.0000	13634.0000	13634.0000

项目	(1)	(2)	(3)	(4)	(5)	(6)
LR Chi^2	225.5000	232.8600	230.7400	225.6100	226.2400	241.6700
Pseudo R^2	0.0024	0.0025	0.0025	0.0024	0.0024	0.0027

注：***、**、*分别表示通过1%、5%、10%的显著性检验，系数下括号内为聚类调整的稳健标准误（Cluster & Robust Standard Error）。

此外，表5-12还显示，受教育程度与农户家庭股票持有比重关系不显著。虽然受教育程度越高的家庭参与股票概率更高，但是总体而言，农户家庭持有股票占家庭总资产的比重仍然十分低，因此，实证结果显示受教育程度对家庭持有比重的影响虽然为正，但是作用十分有限。年龄、性别、民族、健康状态与农户家庭持有股票比重的关系均不显著。值得关注的是，户主的政治身份与家庭股票持有比重负相关，说明户主的中共或民主党派的身份可能抑制他们参与股票市场的深度。风险偏好对股票持有比重具有显著的正向影响作用，越是偏好风险资产投资的农户家庭在家庭资产中配置股票的比重越高，这与理论预期结论一致。

5.5.3.3 农户家庭商品房比重的实证分析

表5-13为家庭人口结构特征对农户家庭商品房持有比重的影响的Tobit实证模型估计结果。表中第（2）列和第（3）结果显示，老年扶养比和少儿抚养比两个家庭人口结构特征对于农户家庭商品房持有比重的影响均不显著，说明家庭抚养比提高不会显著提高家庭中商品房持有比重。但是，第（4）列和第（5）列结果显示，家庭规模与家庭代际数两个家庭人口结构特征对农户家庭在家庭总资产中配置商品房的比重呈显著正相关，即家庭人口数越多、家庭代际数越多，则农户家庭可能持有更多的商品房资产，且农户家庭居住地为城镇的估计系数也显著为正。这结果基本表明了农户家庭的居住要求是其在城镇家庭购买更多房产的主要原因。

表 5 - 13　　　　　　　家庭人口结构与农户家庭商品房持有比重

项目	(1)	(2)	(3)	(4)	(5)	(6)
老年扶养比		- 0. 0064				- 0. 0021
		(0. 178)				(0. 667)
少儿抚养比			0. 0083			- 0. 0036
			(0. 220)			(0. 627)
家庭规模				0. 0027 ***		0. 0032 ***
				(0. 000)		(0. 002)
家庭代际数					0. 0041 ***	0. 0015 **
					(0. 010)	(0. 044)
受教育程度	- 0. 0075	- 0. 0064	- 0. 0058	- 0. 0049	- 0. 0006	- 0. 0006
	(0. 560)	(0. 178)	(0. 684)	(0. 703)	(0. 640)	(0. 649)
性别	0. 0039	0. 0038	0. 0039	0. 0036	0. 0039	0. 0035
	(0. 141)	(0. 149)	(0. 142)	(0. 184)	(0. 151)	(0. 192)
民族	0. 0094 **	0. 0096 **	0. 0097 **	0. 0103 ***	0. 0095 **	0. 0105 ***
	(0. 017)	(0. 015)	(0. 015)	(0. 008)	(0. 016)	(0. 008)
政治身份	0. 0067 *	0. 0069 *	0. 0067 *	0. 0068 *	0. 0068 *	0. 0067 *
	(0. 074)	(0. 068)	(0. 074)	(0. 075)	(0. 072)	(0. 074)
健康状况	0. 0019 **	0. 0019 **	0. 0019 **	0. 0019 **	0. 0019 **	0. 0020 **
	(0. 039)	(0. 037)	(0. 041)	(0. 032)	(0. 034)	(0. 031)
婚姻状态	- 0. 0027	- 0. 0026	- 0. 0027	- 0. 0029	- 0. 0006	- 0. 0030
	(0. 940)	(0. 994)	(0. 832)	(0. 424)	(0. 859)	(0. 414)
年龄	0. 2151 *	0. 1630 *	0. 2132 *	0. 1966 **	0. 1894 **	0. 1858 **
	(0. 061)	(0. 060)	(0. 060)	(0. 011)	(0. 016)	(0. 033)
年龄的平方项	- 0. 0269 *	- 0. 0196 *	- 0. 0265 ***	- 0. 0244 **	- 0. 0235 ***	- 0. 0230 **
	(0. 080)	(0. 089)	(0. 009)	(0. 016)	(0. 007)	(0. 048)
收入	- 0. 0044 **	- 0. 0048 **	- 0. 0048 **	- 0. 0065 ***	- 0. 0061 ***	- 0. 0064 ***
	(0. 041)	(0. 026)	(0. 027)	(0. 003)	(0. 007)	(0. 005)
收入的平方项	0. 0004 **	0. 0005 **	0. 0005 ***	0. 0002 ***	0. 0006 ***	0. 0006 ***
	(0. 012)	(0. 026)	(0. 007)	(0. 0001)	(0. 002)	(0. 002)
家庭土地面积	0. 0027 ***	0. 0026 ***	0. 0027 ***	0. 0025 **	0. 0026 **	0. 0025 **
	(0. 009)	(0. 009)	(0. 008)	(0. 014)	(0. 012)	(0. 014)

项目	(1)	(2)	(3)	(4)	(5)	(6)
居住地为城镇	0. 0050 **	0. 0051 **	0. 0050 **	0. 0060 **	0. 0055 **	0. 0060 **
	(0. 034)	(0. 031)	(0. 033)	(0. 012)	(0. 020)	(0. 012)
自营工商业	0. 0556 ***	0. 0553 ***	0. 0554 ***	0. 0544 ***	0. 0548 ***	0. 0543 ***
	(0. 000)	(0. 000)	(0. 000)	(0. 000)	(0. 000)	(0. 000)
风险偏好	− 0. 0051	− 0. 0051	− 0. 0050	− 0. 0052	− 0. 0054	− 0. 0053
	(0. 118)	(0. 116)	(0. 119)	(0. 107)	(0. 108)	(0. 107)
省份控制变量	Yes	Yes	Yes	Yes	Yes	Yes
样本量	13634. 0000	13634. 0000	13634. 0000	13634. 0000	13634. 0000	13634. 0000
LR Chi^2	421. 2400	423. 0500	422. 7400	437. 2300	427. 9000	438. 0500
Pseudo R^2	0. 0230	0. 0231	0. 0230	0. 0238	0. 0233	0. 0239

注: ***、**、*分别表示通过1%、5%、10%的显著性检验,系数下括号内为聚类调整的稳健标准误(Cluster & Robust Standard Error)。

此外,表5-13还显示出,户主健康程度是影响农户家庭在城镇地区配置房产比重的重要影响因素,户主健康程度越高,农户家庭持有商品房的比重越高。此外,年龄因素与农户家庭持有商品房比重呈显著的倒"U"型关系,即随着户主年龄的增加,农户家庭持有商品房的概率呈先增加再降低的趋势,这一结果与理论预期基本一致。有趣的是,家庭收入与农户家庭持有商品房的比重呈"U"型关系,即随着家庭收入的增加,农户在家庭中持有商品房的比重呈先降低再增加的趋势,这可能的原因是,一般农户家庭随着财富的积累首先选择在户籍所在地修建或修缮宅基地住房,当财富积累到一定程度才会选择在城镇地区购买商品房性质的商品住房或商铺。另外,居住地为城镇的农户家庭持有商品房的比重明显高于居住于农村地区的农户家庭。

5.5.3.4 农户家庭商业保险比重的实证分析

表5-14为家庭人口结构特征对家庭商业保险持有比重的影响。结果显示,老年扶养比、家庭规模、家庭代际数与农户家庭商业保险持有比重负相关,而少年抚养比与农户家庭商业保险持有比重正相关,但是

4 个家庭人口结构特征因素的估计结果均不显著。

表 5 - 14　　　　　　　　家庭人口结构与商业保险持有比重

项目	(1)	(2)	(3)	(4)	(5)	(6)
老年扶养比		- 0. 1934				- 0. 4489
		(0. 771)				(0. 507)
少儿抚养比			0. 1673			0. 9262
			(0. 870)			(0. 415)
家庭规模				- 0. 1460		- 0. 2357
				(0. 160)		(0. 137)
家庭代数					- 0. 1963	0. 1098
					(0. 388)	(0. 738)
受教育程度	- 0. 2774	- 0. 2795	- 0. 2738	- 0. 2915	- 0. 2845	- 0. 2818
	(0. 146)	(0. 143)	(0. 152)	(0. 127)	(0. 138)	(0. 142)
性别	0. 1277	0. 1256	0. 1279	0. 1483	0. 1321	0. 1529
	(0. 758)	(0. 762)	(0. 758)	(0. 721)	(0. 750)	(0. 713)
民族	0. 1847	0. 1901	0. 1889	0. 1292	0. 1765	0. 1361
	(0. 663)	(0. 655)	(0. 656)	(0. 761)	(0. 680)	(0. 753)
政治身份	- 0. 1668	- 0. 1635	- 0. 1670	- 0. 1648	- 0. 1687	- 0. 1567
	(0. 776)	(0. 780)	(0. 775)	(0. 778)	(0. 773)	(0. 789)
健康状况	0. 3153 ***	0. 3159 ***	0. 3147 ***	0. 3117 ***	0. 3129 ***	0. 3094 ***
	(0. 005)	(0. 006)	(0. 005)	(0. 005)	(0. 005)	(0. 007)
婚姻状态	- 0. 7505 *	- 0. 7430	- 0. 7604 *	- 0. 6067	- 0. 7327	- 0. 5664
	(0. 100)	(0. 109)	(0. 096)	(0. 189)	(0. 109)	(0. 234)
年龄	2. 9850 **	2. 8275 **	2. 9811 **	3. 085 ***	3. 1093 ***	2. 6909 **
	(0. 012)	(0. 033)	(0. 012)	(0. 010)	(0. 009)	(0. 042)
年龄的平方项	- 0. 3971 **	- 0. 3748 **	- 0. 3961 **	- 0. 4106 ***	- 0. 4138 ***	- 0. 3528 **
	(0. 011)	(0. 031)	(0. 011)	(0. 009)	(0. 008)	(0. 046)
收入	0. 2111	0. 1982	0. 2029	0. 3291	0. 2905	0. 2819
	(0. 487)	(0. 519)	(0. 507)	(0. 298)	(0. 383)	(0. 401)
收入的平方项	- 0. 0150	- 0. 0142	- 0. 0144	- 0. 0233	- 0. 0207	- 0. 0196
	(0. 551)	(0. 575)	(0. 571)	(0. 371)	(0. 444)	(0. 471)

项目	（1）	（2）	（3）	（4）	（5）	（6）
家庭土地面积	-0.1112	-0.1118	-0.1107	-0.1024	-0.1054	-0.0987
	（0.462）	（0.460）	（0.465）	（0.499）	（0.491）	（0.522）
居住地为城镇	0.6651*	0.6679*	0.6656*	0.6131*	0.6400*	0.6050*
	（0.058）	（0.058）	（0.057）	（0.082）	（0.072）	（0.091）
自营工商业	0.7010*	0.6921	0.6978	0.7699*	0.7403*	0.7519*
	（0.099）	（0.113）	（0.101）	（0.071）	（0.082）	（0.088）
风险偏好	-0.3387	-0.3396	-0.3384	-0.3301	-0.3319	-0.3269
	（0.505）	（0.504）	（0.505）	（0.516）	（0.514）	（0.518）
省份控制变量	Yes	Yes	Yes	Yes	Yes	Yes
样本量	13634.0000	13634.0000	13634.0000	13634.0000	13634.0000	13634.0000
LR Chi^2	125.6700	125.7400	125.6900	127.6100	126.3100	128.7500
Pseudo R^2	0.0020	0.0021	0.0020	0.0021	0.0021	0.0022

注：***、**、*分别表示通过1%、5%、10%的显著性检验，系数下括号内为聚类调整的稳健标准误（Cluster & Robust Standard Error）。

此外，表5-14结果还显示，户主的健康程度与农户家庭持有商业保险的比重显著正相关，即户主健康程度越高，则农户家庭持有的商业保险的比重越高，这与前人的研究结论基本一致。年龄与家庭商业保险持有比重的关系也呈显著的倒"U"型关系。结果还显示，居住地为城镇的农户家庭不仅商业保险参与率更高，而且家庭资产中配置的商业保险的比重也更高，同时，从事"非农"自营工商业的农户家庭持有商业保险的比重也更高。另外，实证结果还发现，受教育程度、性别、民族和风险偏好等因素对于农户家庭配置商业保险比重的选择影响不显著。

5.6 稳健性检验

为了检验前文中实证估计结果是否稳健，本文按照东部地区、中部地区和西部地区将样本进行分组回归，以检验估计结果是否显著，同时

检验家庭人口结构特征对农户家庭的影响是否存在地区差异。CHFS2013
样本29个省（市、区）中，东部地区包括北京、上海、天津、江苏、浙
江、山东、福建、广东、辽宁、河北；西部地区包括四川、重庆、云南、
贵州、陕西、甘肃、青海、宁夏、内蒙古、广西；中部地区包括湖北、
湖南、山西、安徽、河南。

表5-15 基于地区分组的家庭人口结构对农户家庭储蓄选择影响的稳健性检验

项目	Probit			Tobit		
	西部地区	中部地区	东部地区	西部地区	中部地区	东部地区
	（1）	（2）	（3）	（4）	（5）	（6）
老年扶养比	0.2042 **	0.1243	0.3147 ***	0.0141 *	0.0376 **	0.0581 ***
	（0.029）	（0.151）	（0.001）	（0.062）	（0.019）	（0.003）
少儿抚养比	-0.0973 *	0.1648	0.0776	0.0267	0.0343	-0.013
	（0.077）	（0.222）	（0.609）	（0.234）	（0.176）	（0.996）
家庭规模	-0.0478 **	-0.0198 ***	-0.0620 ***	-0.0101 ***	-0.0088 **	-0.0148 ***
	（0.016）	（0.092）	（0.002）	（0.002）	（0.016）	（0.000）
家庭代数	0.1081 **	0.0450 **	0.0715	0.0017 *	0.0065 **	0.0034 *
	（0.017）	（0.030）	（0.119）	（0.082）	（0.045）	（0.097）
受教育程度	0.2799 ***	0.1807 ***	0.2754 ***	0.0257 ***	0.0097 **	0.0126 **
	（0.000）	（0.000）	（0.000）	（0.007）	（0.025）	（0.014）
性别	0.1154 **	0.0556	0.0507	0.0077	0.0182 *	0.0067
	（0.021）	（0.282）	（0.313）	（0.344）	（0.057）	（0.510）
民族	0.2849 **	-0.0372	0.1124	0.0236 ***	0.0523 ***	0.0353 ***
	（0.000）	（0.689）	（0.372）	（0.008）	（0.003）	（0.009）
政治身份	0.0881	0.1025	0.1097	-0.0034	0.0146	0.0154
	（0.257）	（0.101）	（0.144）	（0.786）	（0.215）	（0.303）
健康状况	0.0856 ***	0.1048 ***	0.0583 ***	0.0081 ***	0.0129 ***	0.096 ***
	（0.000）	（0.000）	（0.001）	（0.006）	（0.000）	（0.008）
婚姻状态	0.1628 **	0.2612 ***	0.1746 **	0.0058 *	0.0295 **	0.0362 **
	（0.018）	（0.000）	（0.016）	（0.095）	（0.024）	（0.012）

续表

项目	Probit			Tobit		
	西部地区	中部地区	东部地区	西部地区	中部地区	东部地区
	(1)	(2)	(3)	(4)	(5)	(6)
年龄	-1.3588	-1.1207	-0.8157	0.3023	0.1993	0.4191
	(0.410)	(0.533)	(0.427)	(0.250)	(0.542)	(0.198)
年龄的平方项	0.1416	0.0607	0.1739 **	-0.0381	-0.0329	-0.0630
	(0.518)	(0.798)	(0.013)	(0.276)	(0.446)	(0.149)
收入	-0.1568 ***	-0.1631 ***	-0.1040 **	-0.0167 **	-0.0059 *	-0.0103 **
	(0.000)	(0.000)	(0.013)	(0.022)	(0.056)	(0.022)
收入的平方项	0.0149 ***	0.0152 ***	0.0113 ***	0.0016 ***	0.0007 **	0.0013 **
	(0.000)	(0.000)	(0.001)	(0.007)	(0.029)	(0.050)
家庭土地面积	0.0606 ***	0.0529 ***	0.0473 **	-0.0073 **	-0.0113 ***	-0.0071 **
	(0.002)	(0.005)	(0.020)	(0.022)	(0.008)	(0.080)
居住地为城镇	0.0674 **	0.2425 ***	0.1243 ***	-0.0063	0.0183 **	0.0202 **
	(0.041)	(0.000)	(0.006)	(0.409)	(0.021)	(0.028)
自营工商业	0.2582 ***	0.3610 ***	0.3060 ***	0.0171 *	0.0197 *	0.0253 **
	(0.000)	(0.000)	(0.000)	(0.094)	(0.058)	(0.029)
风险偏好	-0.0997 *	0.0178	-0.0171 **	0.0104	0.0011	-0.0137
	(0.100)	(0.757)	(0.012)	(0.291)	(0.914)	(0.310)
样本量	4319.0000	5113.0000	4202.0000	4319.0000	5113.0000	4202.0000
LR Chi^2	505.6000	658.9100	535.8100	171.3500	154.9800	149.4200
Pseudo R^2	0.0844	0.0942	0.0944	0.1893	0.5109	0.1519

注：*** 、** 、* 分别表示通过1%、5%、10%的显著性检验，系数下括号内为聚类调整的稳健标准误（Cluster & Robust Standard Error）。

表5-15反映了按照东、中、西部地区分组后的家庭人口结构特征对农户家庭储蓄参与概率和持有比重的影响。结果显示，老年扶养比对各个地区农户家庭在家庭资产中配置储蓄的概率和持有比重均表现正向作用，且除了中部地区以外，东部地区和西部地区的估计结果均显著。而从系数大小上看，老年扶养比对东部农户家庭储蓄的影响作用更大。家庭规模对各个地区的农户家庭储蓄的参与概率和持有比重均显著为负，

且对东部地区农户家庭储蓄选择的影响更大。家庭代际数对各个地区储蓄参与概率和持有比重的影响均显著为正，类似地，家庭代际数对东部地区农户家庭储蓄选择的影响更大。总的来看，家庭人口结构对农户家庭储蓄选择影响的估计结果是稳健的，且东部地区和西部地区存在一定的差异。

表 5 - 16 为按照地区分组进行的家庭人口结构特征对农户家庭股票参与概率和股票持有比重影响的稳健性分析结果。数据显示，分组回归结果中，老年扶养比、少儿抚养比、家庭规模、家庭代际数 4 个因素对农户家庭股票选择的影响与前文基本一致，表明前文中家庭人口结构因素对农户家庭股票选择的影响的估计结果是稳健的。此外，从东部和西部地区的估计系数大小来看，老年扶养比对西部地区农户家庭参与储蓄概率的影响较东部地区更大，而老年扶养比对东部地区农户家庭储蓄配置比重的影响较大；少儿抚养比对东部地区农户家庭股票参与比率和持有比重影响均较西部地区更大；家庭代际数对西部地区农户家庭参与股票的概率影响为正且显著，对东部地区农户家庭股票持有比重的负向作用影响更大。总的来说，家庭人口结构因素对农户家庭股票选择的影响表现出地区差异。

表 5 - 16　基于地区分组的家庭人口结构对农户家庭股票选择影响的稳健性检验

项目	Probit			Tobit		
	西部地区	中部地区	东部地区	西部地区	中部地区	东部地区
	（1）	（2）	（3）	（4）	（5）	（6）
老年扶养比	0.7128 *	0.3718 **	0.2079 **	0.0054 **	0.0043 ***	0.0158
	(0.097)	(0.044)	(0.027)	(0.028)	(0.009)	(0.608)
少儿抚养比	0.0109 **	0.2807 *	0.7344 **	0.0037 **	0.0025	0.0194 ***
	(0.028)	(0.065)	(0.020)	(0.025)	(0.326)	(0.000)
家庭规模	- 0.1184	0.0662	- 0.0904	0.0023 **	0.0003	- 0.0016 *
	(0.200)	(0.397)	(0.105)	(0.021)	(0.423)	(0.079)

续表

项目	Probit			Tobit		
	西部地区	中部地区	东部地区	西部地区	中部地区	东部地区
	(1)	(2)	(3)	(4)	(5)	(6)
家庭代数	0.4508 **	0.0160	0.1385	-0.0072 **	-0.0039 *	-0.0173 **
	(0.018)	(0.993)	(0.228)	(0.036)	(0.063)	(0.024)
受教育程度	0.3531 ***	0.3638 ***	0.2617 ***	0.0051	0.0050	0.0074
	(0.000)	(0.000)	(0.000)	(0.436)	(0.230)	(0.359)
性别	0.1872	0.2241	-0.0798	0.0033 **	0.0068 **	0.0018 **
	(0.320)	(0.238)	(0.457)	(0.011)	(0.049)	(0.025)
民族	0.1628	0.1415	0.1572	-0.0018	-0.0014	0.0037
	(0.524)	(0.758)	(0.462)	(0.182)	(0.420)	(0.367)
政治身份	0.2989	0.1981	0.1265	-0.0015	-0.0013	-0.0047 **
	(0.195)	(0.394)	(0.872)	(0.532)	(0.280)	(0.042)
健康状况	-0.0062	0.0653	0.0052	-0.0037 **	0.0053 *	0.0048 *
	(0.927)	(0.308)	(0.900)	(0.028)	(0.076)	(0.092)
婚姻状态	-0.3466	-0.5842 **	-0.1051 *	-0.0076 ***	-0.0047 ***	-0.0011
	(0.191)	(0.026)	(0.056)	(0.000)	(0.000)	(0.620)
年龄	9.2515	4.0775 ***	1.8310 ***	0.0134	0.0500	0.0105
	(0.137)	(0.000)	(0.000)	(0.747)	(0.132)	(0.838)
年龄的平方项	-1.2785	-0.5562 ***	-0.2432 ***	-0.0019	-0.0067	-0.0073
	(0.131)	(0.000)	(0.000)	(0.726)	(0.124)	(0.916)
收入	-0.2449	-0.1559	-0.1967 **	-0.0037 ***	-0.0122 **	-0.0307 **
	(0.149)	(0.370)	(0.035)	(0.001)	(0.025)	(0.022)
收入的平方项	0.0212	0.0124	0.0167 **	0.0003 ***	0.0002 *	0.0002 **
	(0.115)	(0.375)	(0.023)	(0.002)	(0.100)	(0.023)
家庭土地面积	-0.1209	-0.0397	-0.0767	-0.0009 *	-0.0019 *	-0.0074 **
	(0.146)	(0.605)	(0.106)	(0.075)	(0.058)	(0.025)
居住地为城镇	0.6237 ***	0.1353 ***	0.5061 ***	-0.004	0.0022 ***	0.0003
	(0.003)	(0.000)	(0.000)	(0.739)	(0.007)	(0.825)
自营工商业	0.4411 **	0.0024 ***	0.3335 ***	0.0046 *	0.0078 *	0.0034 *
	(0.011)	(0.088)	(0.002)	(0.075)	(0.059)	(0.057)

续表

项目	Probit			Tobit		
	西部地区	中部地区	东部地区	西部地区	中部地区	东部地区
	（1）	（2）	（3）	（4）	（5）	（6）
风险偏好	0.1694 **	0.2538 *	0.5298 ***	0.0094 **	0.0046 ***	0.0091 ***
	（0.040）	（0.064）	（0.000）	（0.049）	（0.000）	（0.000）
样本量	3579.0000	5113.0000	4089.0000	4319.0000	5113.0000	4202.0000
LR Chi^2	101.1600	134.4800	174.2500	196.3100	169.4200	156.3700
Pseudo R^2	0.2511	0.2875	0.1697	0.0057	0.0030	0.0039

注：***、**、*分别表示通过1%、5%、10%的显著性检验，系数下括号内为聚类调整的稳健标准误（Cluster & Robust Standard Error）。

表5-17为基于地区分组的家庭人口结构对农户家庭商品房参与概率和持有比重影响的实证结果。结果显示，东部和西部地区农户家庭的老年扶养比与农户家庭商品房参与概率关系不显著，但是中部地区估计结果显著为负，与前文估计结果基本一致。东部地区少儿抚养比估计系数显著为正，而西部地区少儿抚养比估计系数为负且不显著，这说明少儿抚养比对东部地区和西部地区农户家庭商品房的影响存在一定的差异，这可能也与东西部地区农户家庭经济水平差异存在一定的关系。

此外，表5-17还显示，家庭规模与东部和西部农户家庭商品房参与概率的影响均不显著，而家庭代际数与家庭商品房参与概率显著正相关。另外，从家庭商品房持有比重的分组回归结果来看，老年扶养比、少儿抚养比、家庭规模、家庭代际数因素对各地区农户家庭在家庭资产中配置商品房的比重的关系与前文基本一致，同时表现出一定的地区差异性。总的来说，分组回归结果表明，家庭人口结构因素对农户家庭商品房选择影响估计结果是稳健的。

表5-17 基于地区分组的家庭人口结构对农户家庭商品房选择影响的稳健性检验

项目	Probit			Tobit		
	西部地区	中部地区	东部地区	西部地区	中部地区	东部地区
	(1)	(2)	(3)	(4)	(5)	(6)
老年扶养比	0.0447	-0.2888**	-0.1656	-0.0073	0.0018	-0.0083
	(0.765)	(0.042)	(0.200)	(0.917)	(0.834)	(0.389)
少儿抚养比	-0.0345	0.0345	0.4076**	-0.0082	0.0085	-0.0115
	(0.861)	(0.857)	(0.042)	(0.417)	(0.530)	(0.443)
家庭规模	0.0039	0.0323	0.0072	0.0023	0.0039*	0.0074***
	(0.889)	(0.202)	(0.782)	(0.110)	(0.098)	(0.000)
家庭代数	0.2138***	0.1567***	0.1703***	-0.0010	-0.0038	0.0080*
	(0.001)	(0.009)	(0.004)	(0.759)	(0.383)	(0.081)
受教育程度	0.1637***	0.1057***	0.1442***	-0.0047	-0.0052	-0.0031
	(0.000)	(0.002)	(0.000)	(0.799)	(0.821)	(0.959)
性别	-0.0316	0.0438	0.0537	0.0074	0.0017	0.0071
	(0.663)	(0.568)	(0.430)	(0.843)	(0.740)	(0.155)
民族	-0.0999	-0.0595	-0.0104	0.0068*	0.0011	0.0148
	(0.193)	(0.653)	(0.950)	(0.090)	(0.226)	(0.242)
政治身份	0.2374**	0.0878	0.1865**	0.030	0.0119*	0.0021
	(0.015)	(0.311)	(0.030)	(0.608)	(0.059)	(0.776)
健康状况	0.0521**	0.0564**	0.0611***	-0.0062	0.0031**	0.0024
	(0.039)	(0.014)	(0.008)	(0.645)	(0.050)	(0.177)
婚姻状态	0.0618	-0.1458	-0.1344	-0.0018	-0.0042	-0.0037
	(0.558)	(0.172)	(0.160)	(0.721)	(0.549)	(0.608)
年龄	1.6637	3.1877	3.3902	0.2184*	0.3013*	0.2916
	(0.482)	(0.244)	(0.128)	(0.068)	(0.083)	(0.858)
年龄的平方项	-0.2068	-0.3800	-0.385	-0.0292*	-0.0388*	-0.0994*
	(0.512)	(0.294)	(0.195)	(0.066)	(0.091)	(0.085)
收入	-0.1410**	-0.1014*	-0.0086*	-0.0033	-0.0052	-0.0099**
	(0.028)	(0.095)	(0.087)	(0.317)	(0.213)	(0.015)

续表

项目	Probit			Tobit		
	西部地区	中部地区	东部地区	西部地区	中部地区	东部地区
	（1）	（2）	（3）	（4）	（5）	（6）
收入的平方项	0.0119 **	0.0101 **	0.0040 **	0.0026	0.0051	0.0090 ***
	（0.021）	（0.038）	（0.024）	（0.334）	（0.130）	（0.006）
家庭土地面积	0.1035 ***	0.0504 *	0.0631 **	0.0072	0.0053 ***	0.0016 **
	（0.000）	（0.067）	（0.011）	（0.620）	（0.005）	（0.024）
居住地为城镇	0.0963	0.0306	−0.1067 *	0.0025	0.0063	0.0130 **
	（0.144）	（0.620）	（0.067）	（0.941）	（0.138）	（0.013）
自营工商业	0.3437 ***	0.4202 ***	0.3348 ***	0.0467 ***	0.0557 ***	0.0601 ***
	（0.000）	（0.000）	（0.000）	（0.000）	（0.000）	（0.000）
风险偏好	−0.0854	0.0674	0.0173	−0.0068	−0.0081	0.0011
	（0.340）	（0.401）	（0.841）	（0.132）	（0.153）	（0.872）
样本量	4319.0000	5113.0000	4202.0000	4319.0000	5113.0000	4202.0000
LR Chi^2	143.9100	171.8700	127.0800	132.6800	158.5600	176.5800
Pseudo R^2	0.0586	0.0626	0.0438	0.0171	0.0257	0.0357

注：*** 、** 、* 分别表示通过1%、5%、10%的显著性检验，系数下括号内为聚类调整的稳健标准误（Cluster & Robust Standard Error）。

表5−18按照地区分组对家庭人口结构与农户家庭商业保险参与概率和持有比重进行了稳健性检验。结果显示，老年扶养比对西部地区农户家庭参与商业保险的影响显著为负，即西部地区家庭老年扶养比越高，则家庭参与商业保险的概率越低，但其对中部地区和东部地区的影响不显著。此外，家庭规模对不同地区农户家庭商业保险的参与也表现一定的差异，家庭规模与西部地区农户家庭参与商业保险概率显著负相关，但其与东部地区农户家庭参与商业保险的概率显著正相关。家庭代际数对不同地区家庭参与商业保险概率的影响均显著为正，与前文基本一致。另外，老年扶养比、少儿抚养比、家庭规模与农户家庭商业保险持有比重的结果基本一致。家庭代际数与西部地区农户家庭商业保险持有比重显著为正，但其与东部地区农户家庭保险持有比重关系为负但不显著。

总的来讲，分组稳健性分析结果与前文实证结果基本一致，这些结果表明家庭人口结构对农户家庭商业保险选择的结论是稳健的。

表 5 – 18　基于地区分组的家庭人口结构对农户家庭商业保险选择影响的稳健性检验

项目	Probit			Tobit		
	西部地区	中部地区	东部地区	西部地区	中部地区	东部地区
	（1）	（2）	（3）	（4）	（5）	（6）
老年扶养比	− 0.0191 *	− 0.0409	0.0168	0.4452	− 0.1405	− 0.3142
	（0.076）	（0.759）	（0.211）	（0.222）	（0.6896）	（0.267）
少儿抚养比	0.3248 *	0.6017 ***	0.1737	0.1738 ***	0.1640	− 0.0391
	（0.074）	（0.000）	（0.341）	（0.002）	（0.5467）	（0.924）
家庭规模	− 0.0705 **	− 0.0330	0.0685 **	− 0.0237	− 0.2001 ***	0.0498
	（0.016）	（0.220）	（0.021）	（0.757）	（0.006）	（0.711）
家庭代数	0.1695 ***	0.1146 *	0.2507 ***	0.3531 **	0.5467 **	− 0.0352
	（0.008）	（0.051）	（0.000）	（0.044）	（0.031）	（0.553）
受教育程度	0.1557 ***	0.1101 ***	0.1343 ***	− 0.0041	− 0.1265	0.1352 *
	（0.000）	（0.001）	（0.000）	（0.966）	（0.140）	（0.071）
性别	− 0.0667	0.0507	− 0.0453	− 0.0336	0.0601	− 0.0953
	（0.327）	（0.474）	（0.471）	（0.860）	（0.747）	（0.525）
民族	0.2649 ***	0.4033 **	0.2830 *	0.3301	0.1048	0.0737
	（0.001）	（0.011）	（0.059）	（0.492）	（0.757）	（0.652）
政治身份	− 0.0536	0.2007 **	0.0341	− 0.3595	0.1029	− 0.1403
	（0.609）	（0.014）	（0.720）	（0.198）	（0.655）	（0.547）
健康状况	0.0737 ***	0.0487 **	0.0411 *	− 0.0545	0.0133 **	0.1656 ***
	（0.002）	（0.023）	（0.072）	（0.422）	（0.020）	（0.002）
婚姻状态	0.1386	0.1412	0.1879 *	− 0.1114	0.51107	0.1354
	（0.177）	（0.203）	（0.065）	（0.681）	（0.420）	（0.505）
年龄	4.9342 **	9.6132 ***	12.1631 ***	12.047 **	5.1381	4.1184
	（0.040）	（0.000）	（0.000）	（0.048）	（0.420）	（0.932）

续表

项目	Probit			Tobit		
	西部地区	中部地区	东部地区	西部地区	中部地区	东部地区
	(1)	(2)	(3)	(4)	(5)	(6)
年龄的平方项	− 0.6560 **	− 1.3278 ***	− 1.6791 ***	− 1.6529 **	− 0.7092	− 0.3920
	(0.041)	(0.000)	(0.000)	(0.043)	(0.400)	(0.951)
收入	− 0.0769	− 0.08942	− 0.1073 **	− 0.0791 *	− 0.0514 *	− 0.0889
	(0.206)	(0.877)	(0.046)	(0.0612)	(0.0738)	(0.507)
收入的平方项	0.0073	0.0020	0.0095 **	0.0069	0.0062	0.0065
	(0.136)	(0.665)	(0.025)	(0.577)	(0.612)	(0.550)
家庭土地面积	0.0887 ***	0.00345 *	0.0079	0.0831	− 0.0307	− 0.0147
	(0.001)	(0.093)	(0.748)	(0.276)	(0.656)	(0.807)
居住地为城镇	0.1334 **	0.0518	0.1634 ***	0.4795 ***	0.1758	0.1674
	(0.033)	(0.366)	(0.005)	(0.005)	(0.257)	(0.229)
自营工商业	0.3200 ***	0.4152 ***	0.3845 ***	0.1593 **	0.5331 ***	0.1849
	(0.000)	(0.000)	(0.000)	(0.063)	(0.009)	(0.324)
风险偏好	0.1081	− 0.0200	− 0.1267	− 0.0788	0.1554	0.0530
	(0.174)	(0.795)	(0.141)	(0.758)	(0.455)	(0.771)
样本量	4319.0000	5113.0000	4202.0000	4191.0000	5113.0000	4202.0000
LR Chi^2	192.0600	277.2300	288.9900	55.9600	51.0800	30.4500
Pseudo R^2	0.0690	0.0830	0.0809	0.0022	0.0017	0.0013

注：***、**、* 分别表示通过1%、5%、10%的显著性检验，系数下括号内为聚类调整的稳健标准误（Cluster & Robust Standard Error）。

5.7 本章小结

本章关注了老年扶养比、少儿抚养比、家庭规模、家庭代际数4种家庭人口结构特征对农户家庭储蓄、股票、商品房和商业保险的参与概率和持有比重的影响。结果发现，家庭人口结构因素对与家庭资产选择有重要的作用，且不同家庭人口结构对资产选择作用存在差异，且不同家庭人口结构特征对同一种家庭资产的影响也存在一定的差异。主要研究结论可以归纳为以下几点：

第一，老年扶养比对农户家庭资产选择有显著的影响。对于储蓄而言，老年扶养比与农户家庭储蓄参与概率和储蓄持有比重均显著正相关，表明农户家庭老年扶养比越高，则农户家庭更加愿意将储蓄作为家庭资产配置的方式，并且在家庭资产中配置更多的储蓄资产。对股票参与而言，老年扶养比对股票参与概率和持有比重也有显著的正向促进作用，即老年扶养比越高，则家庭参与股票投资的概率越高，且家庭资产中配置股票的比重越大。结果还发现，老年扶养比对商品房的参与表现显著的负向作用，对家庭持有商品房的比重影响为负，但结果不显著。此外，实证结果表明，老年扶养比与农户家庭商业保险选择概率和持有比重关系不显著。

第二，少儿抚养比对农户家庭资产选择有重要影响。少儿抚养比与家庭储蓄选择显著负相关，即少儿抚养比越高的家庭参与储蓄的概率和持有比重越低。少儿抚养比对农户家庭参与股票投资的概率也有显著的促进作用，对股票持有比重也有显著的正向作用。少儿抚养比越高，农户家庭参与商品房投资的概率也高，其与商品房持有比重虽然正相关，但是估计结果不显著。此外，少儿抚养比对农户家庭参与商业保险也有显著的正向促进作用，但对商业保险持有比重的影响却不显著。

第三，家庭规模因素对不同资产的影响也存在差异。结果显示，家庭规模越大，农户家庭参与储蓄的概率越低，且持有储蓄的比重更低。家庭规模与农户家庭参与股票投资和持有股票的比重没有显著关系。家庭规模与农户家庭持有商品房关系不显著，但是农户家庭规模越大，其家庭可能在家庭资产中配置更多的商品房资产。此外，家庭规模与农户家庭参与商业保险的概率显著负相关，即家庭规模可能与商业保险之间表现一定的替代效应。

第四，家庭代际数也是影响农户家庭资产选择的重要因素。家庭代际数与农户家庭储蓄参与和储蓄持有比重均显著正相关，即家庭代际数越高的家庭不仅愿意更多选择储蓄，而且倾向于在家庭资产中配置更多的储蓄作为家庭资产。家庭代际数较多的家庭参与股票投资的概率高于家庭代际数较低的家庭，但是二者家庭资产配置中股票的持有比重无显著差异。结果还显示，家庭代际数与农户家庭商品房参与概率和持有比重均显著正相关。此外，家庭代际数与家庭参与商业保险的概率正相关，但是家庭代际数的多少却不会对家庭资产中配置商业保险的比重有显著的影响。

第6章　婚姻关系与农户家庭资产选择

6.1　引言

中国是一个人口众多的国家，据国家统计局公布的数字来看，2015年内地总人口137462万人，比上年末增加680万人，其中城镇常住人口77116万人，占总人口比重（常住人口城镇化率）为56.10%，比上年末提高1.33%。另外，从性别结构看，男性人口70759万人，女性人口66703万人，总人口性别比为106.08。2015年全国各级民政部门和婚姻登记机构依法办理结婚登记1224.7万对，粗结婚率约为9.0‰，民政部门登记离婚314.9万对，法院办理离婚69.3万对，粗离婚率为2.8‰[①]。成年男女通过婚姻组建家庭是维系社会秩序的重要机制，同时也是影响社会经济发展的重要因素。

何谓婚姻？社会学家一般认为婚姻是当时社会制度所确认的男女两性互为配偶的结合方式，而西方一些学者将婚姻的本质看成男女之间的一种契约关系（巫昌祯，2001）。婚姻关系是一个社会的基本关系，与每个人的生活息息相关。婚姻生活的普遍性和经常性使得婚姻不仅是一个社会学话题，同时成为一个影响到社会经济关系的重要话题。事实上，人类社会和生产力的发展大大改变了婚姻存在的形式和婚姻关系的特点。

婚姻问题也是重要的经济学问题。诺贝尔经济学家加里·贝克尔认

[①]　2008年到2015年中国粗结婚率为：8.27‰、9.10‰、9.30‰、9.67‰、9.80‰、9.92‰、9.58‰、9.00‰，粗离婚率为：1.71‰、1.85‰、2.00‰、2.13‰、2.29‰、2.58‰、2.67‰、2.79‰。

为，婚姻是男女双方为了保护自己利益而订立的长期契约，人们结婚的目的在于从婚姻中得到最大化的收益，换言之，婚姻是社会认可的男女为了获得最大收益的结合。许红缨等（2003）从现代经济学视角分析，认为建立婚姻关系至少可以获得四大收益：一是通过婚姻组建家庭可以通过劳动分工实现收益最大化；二是建立互信关系协调人力资本投资的收益；三是分享家庭共有品，提高生活效用；四是保护家庭成员对抗不确定性及提供保障功能。婚姻经济学是把婚姻行为和婚姻过程中的经济行为作为研究对象，从经济学的角度来研究婚姻的缔结、发展和消亡过程中的经济活动、经济关系及其发展变化的规律，阐明婚姻在经济发展中的作用和地位。

家庭资产的选择是家庭生活中一个重要的组成部分，而婚姻是组成家庭的一个重要的方式，因此，婚姻可能是影响家庭资产参与和配置的重要因素，但目前国内外相关文献较少，尚未形成系统的研究成果。为了为婚姻经济和家庭金融相关研究提供更多的实证证据，本研究从婚姻状态、婚姻质量和婚姻匹配等角度系统分析了婚姻对农户家庭资产选择决策的影响。在实证分析中，通过 Probit 和 Tobit 模型分别进行回归，以分析婚姻关系对农户家庭资产选择的参与概率和持有比重的影响。本章的学术创新主要在：首先，以农户家庭为研究对象，对于农村金融理论发展具有重要的作用，可以为推动农村金融改革提供决策参考；其次，婚姻家庭是重要的社会组成单位，也是社会稳定的重要稳定器，深入研究婚姻与家庭资产选择行为有助于更深入地了解婚姻家庭在其他复杂变量联合影响下如何调整，有助于理论界深入了解影响家庭资产选择的社会经济特征；最后，本章利用 CHFS2013 年的数据，该微观调查数据设计全国 29 个省（区、市），其样本观测丰富，问卷内容广泛，为本章研究提供了微观基础。

本章余下部分安排如下：第 2 节总结了国内外相关文献观点和研究假设；第 3 节是研究设计；第 4 节是微观数据样本的描述性统计结果；第 5 节是主要的实证分析结果；第 6 节是基于"相称匹配"视角考察婚

姻匹配异质性对家庭资产选择的影响；第7节是本章小结。

6.2 文献回顾与研究假设

家庭和人口是婚姻行为直接的重要结果，婚姻关系的确定和家庭的建立产生了家庭对物质生活资料和生产资料的需求，导致了新的生产力的产生、财富积累和生产资料再生产，对社会经济的发展产生极其重要的作用（谭仁杰，1990）。婚姻家庭的存在表现为，其既是生活和消费部门，又是一个从事生产的基本单元，涉及对家庭资产的处理关系。简单地说，婚姻家庭必然不可避免地要在其生活和生产过程中管理家庭的资产，对家庭资产进行资源配置，以满足家庭发展的需求。除了年龄、收入、性别等人口统计特征外，婚姻关系可能是影响家庭资产的一个重要因素（王琎和吴卫星，2014）。

早期学者主要关注了婚姻对风险态度的影响。鲁普顿和史密斯（Lupton and Smith，1995）认为单身者较已婚者的风险厌恶更强，而巴斯基等（Barsky et al.，1997）、加纳克普和贝纳斯克（Jianakopolos and Bernasek，1998）认为女性户主比男性户主更加厌恶风险，女性户主更加倾向于投资风险较小而受益较低的资产组合，其积累的财富较少。此外，大量经验和事实证据表明，婚姻改变了女性的工作效率，在劳动力市场表现为"婚姻升水"现象（Marriage Premium）。洛克伦（Loughran，2002）的研究则证明女性结婚后，其获得的工资性收入与男性的差距将缩小7%~18%。随后的研究对"婚姻升水"的观点提出了质疑（Hughes and Maurer-Fazio，2002；亓寿伟和刘智强，2009；龚斌磊等，2010）。但是，这并不影响一般的客观事实，即与未婚的或离异家庭相比，已婚家庭的家庭总收入更高，且积累的财富更多（Waite and Gallagher，2002）。施密特和塞瓦克（Schmidt and Sevak，2006）以美国家庭为研究对象研究发现在生命周期中单身家庭的收入与已婚家庭收入之间有显著的差异。

巴勒姆等（Barham et al.，2008）认为婚姻可以给家庭带来规模效应。人们通过婚姻组建了家庭，婚姻帮助人们赚取了更多的收入、积累了更多的财富。婚姻家庭的组建意味至少两个人决定共同生活在一起，分享经济资源，决策资源的配置。在经济社会不断发展、金融市场多元化发展的背景下，更高的收入和更多的财富推动了居民家庭参与资产配置的广度和深度。婚姻是一种安全资产，与风险资产之间可能存在某种替代关系或互补关系（段军山等，2016）。苏镫和苏瑞特（Sundén and Surette，1998）发现单身女性比单身男性更多地参与了国民养老金计划，已婚女性与已婚男性和单身男性更少地参与该计划。此外，他们还发现已婚女性比单身女性在家庭资产中配置了更多的债券。巴贝尔和奥汀（Barber and Odean，2001）认为婚姻是影响美国家庭参与股票投资的一个重要因素，单身男女的换手率和净收益率差距比已婚男女的差距更加显著。拉夫（Love，2010）指出了婚姻状况对家庭资产选择的重要性，认为丧偶者家庭在资产组合中配置股票的比重大大下降，这种特征在女性丧偶家庭表现更加明显。此外，拥有孩子的男性在离婚后比没有孩子的男性投资更少的金融资产。沙阿等（Shah et al.，2013）以经历退休过渡期的家庭所选择的资产组合为研究对象，结果显示退休后的已婚家庭会减少其家庭中股票资产的比例，而丧偶者在退休前后持有股票量不会发生显著的变化。

博尔奇等（Bertocchi et al.，2011）提出了一个婚姻对家庭资产投资组合潜在影响的理论框架。他们将婚姻视为一种安全资产的替代品，认为已婚者可以通过婚姻获得比单身者更多的收入，在总体风险承受意愿和能力比较稳定的情况下，已婚者承担更大风险的意愿较强，因此，已婚者家庭持有的风险资产的比重更高。此外，他们还利用意大利微观数据，发现已婚女性确实比单身女性更加愿意参与到风险资产的选择，但是对于已婚男性和单身男性的影响无显著差异。借鉴国外研究经验，国内学者王琎和吴卫星（2014）采用北京奥尔多投资咨询中心2009年和2012年两次调查数据进行实证分析，研究发现，已婚女性比单身女性更倾向于投资风险资产和股票，并且其持有风险资产和股票的比重较高，而已婚男子与单身单子的差异不显著。段军山等（2016）以2011年家庭金融调查数据进行实证分析，发现已婚者比单身者更倾向于参与风险资产投资，但是已婚女性比单身女性持有比重更低。

可见，国内目前关于婚姻关系与家庭资产选择的文献还十分有限，尚未形成统一的结论。此外，对婚姻变量不同分组进行讨论，相关研究还十分有限。对于相对保守的农户家庭而言，婚姻对家庭安全资产的选择作用可能更大。本研究认为婚姻状态为"已婚"的农户家庭可能更加倾向于投资安全性较高的资产，但是不同人口特征的已婚家庭的资产选择决策可能存在差异。鉴于此，为了系统地考察婚姻对农户家庭资产选择的参与概率和持有比重两个方面的影响，本研究提出研究假设认为，婚姻是影响农户家庭储蓄、股票、商品房和商业保险资产选择的重要因素。研究假设设定如下：

假设1：婚姻关系对农户家庭储蓄参与概率和持有比重有显著的影响。

假设2：婚姻关系对农户家庭股票参与概率和持有比重有显著的影响。

假设3：婚姻关系对农户家庭商品房参与概率和持有比重有显著的影响。

假设4：婚姻关系对农户家庭商业保险参与概率和持有比重有显著的影响。

6.3　研究设计

6.3.1　实证计量模型设定

首先，由于被农户家庭资产参与的被解释变量是虚拟变量，采用Probit模型进行回归估计，具体模型设定如下：

$$\text{Prob}\ (Asset_i = 1)\ = \beta_0 + \beta_1 Marriage_i + \gamma Control_i + \varepsilon_i \qquad (6.1)$$

其中，被解释变量 Prob（$Asset_i = 1$）表示受访农户家庭参与了资产投资选择，包括：储蓄参与（ParSave）、股票参与（ParStock）、商品房参与（ParHouse）和商业保险参与（ParInsur）。Marriage 表示家庭户主的婚姻状态，如果户主状态为已婚或同居，则 Marriage 赋值为1，否则赋值为0；其他控制变量集合（Control）包括：风险偏好（Risklover）、性别（Gender）、年龄（Age）、健康状态（Health）、收入（Income）、家庭规模（Familysize）、自营工商业（Business）、居住地为城镇（Urban）。本研究聚类控制了受访者家庭所在省份。此外，i 表示受访农户家庭，ε 表示随机扰动项。

接下来，本章构建实证模型研究婚姻对农户家庭资产配置比重的影响，由于被解释变量为家庭资产中储蓄、股票、商品房、商业保险占家庭资产的比重，被解释变量是位于 0 ~ 1 的数值，本研究拟采用 Tobit 模型进行回归分析，具体模型设定如下：

$$Allocation_i = \beta_0 + \beta_1 Marriage_i + \gamma Control_i + \varepsilon_i \qquad (6.2)$$

其中，被解释变量 Allocation 表示农户家庭资产的占比，包括：储蓄占比（WtSave）、股票占比（WtStock）、商品房占比（WtHouse）、商业保险占比（WtInsurance）。解释变量为婚姻状态。控制变量的集合（Control）包括：风险偏好（Risklover）、性别（Gender）、年龄（Age）、健康状态、（Health）、家庭收入（Income）、家庭规模（Familysize）、自营工商业（Business）、居住地为城镇（Urban）。本研究聚类控制了受访者家庭所在省份。此外，i 表示受访农户家庭，ε 表示随机扰动项。

6.3.2　数据来源

本研究所使用数据来自西南财经大学中国家庭金融中心 2013 年在全国范围开展的第二轮中国家庭金融调查数据（China Household Finance Survey，CHFS2013）。考虑到本研究所选择被解释变量和解释变量的可得性，剔除了存在缺失值的样本，最终筛选出 13634 个农户家庭样本用于实证检验分析。

6.4 描述性统计结果

表6-1为按照农户家庭户主婚姻状态分组的家庭，参与储蓄，投资股票、商品房和商业保险的概率和4种资产持有比重的描述性统计结果。由表6-1可以发现，婚姻状态为已婚或者同居的家庭更愿意参与储蓄、购买商品房和购买商业保险，其持有比重均高于婚姻状态为未婚或者离异的家庭。相反，婚姻状态为未婚或者离异的家庭更愿意参与股票投资，其购买股票的支出占比也更高。这可能是因为婚姻状态为未婚或者离异的家庭更愿意参与股票等高风险高回报的投资选择活动。

表6-1　　　　　　　　　　婚姻状态与农户家庭资产选择

项目	统计指标	未婚	已婚	项目	统计指标	未婚	已婚
储蓄参与	Mean	0.4526	0.5116	储蓄占比	Mean	0.1262	0.1311
	S. D.	0.4979	0.4998		S. D.	0.2526	0.2478
股票参与	Mean	0.0151	0.0136	股票占比	Mean	0.0081	0.0021
	S. D.	0.1219	0.1158		S. D.	0.0626	0.0288
商品房参与	Mean	0.0718	0.0904	商品房占比	Mean	0.016	0.0244
	S. D.	0.2582	0.2867		S. D.	0.1042	0.1258
商业保险参与	Mean	0.0647	0.1129	商品保险占比	Mean	0.0036	0.0069
	S. D.	0.2462	0.3165		S. D.	0.0362	0.0474
	样本量	1657.0000	11977.0000		样本量	1657.0000	11977.0000

6.5 实证结果与分析

6.5.1 婚姻状态对资产选择参与概率的影响

6.5.1.1 婚姻状态对农户家庭储蓄参与概率的影响

表6-2为婚姻状态对农户家庭储蓄和股票参与概率的影响的Probit

模型估计结果。其中第（1）列和第（3）列为单变量回归，第（2）列和第（4）列为加入其他控制变量的估计结果，其中解释变量为户主的婚姻关系。从第（1）列估计结果来看，户主已婚状态的估计系数为0.2044，在1%置信水平显著，而在加入其他控制变量后，第（2）列估计结果显示，户主已婚的婚姻状态与农户家庭储蓄参与率显著正相关。这些结果表明户主的婚姻状态对农户家庭选择储蓄作为家庭资产配置的手段有重要的促进作用。其中原因可能是婚姻关系能够强化家庭的稳定性，而储蓄可以为已婚家庭经济安全提供一部分的保障作用。

6.5.1.2　婚姻状态对农户家庭股票参与概率的影响

表6-2第（3）列和第（4）列估计结果显示，婚姻状态与农户家庭股票参与概率无显著关系，这结果与博尔奇等（Bertocchi et al.，2011）利用意大利数据发现的已婚家庭更加倾向于选择风险资产的结论并不一致。究其原因，可能还是因为中国农村金融市场尚不发达，保守的农户家庭金融知识有限，对于股票的投资仍相对比较保守甚至是一定程度的排斥。因此，虽然婚姻可以被视为家庭安全资产，并对家庭经济安全产生正面的作用，但是对于股票这种高风险资产的选择的影响仍不显著。

表6-2　　　　　　　　婚姻状态与农户家庭储蓄和股票参与概率

项目	储蓄参与		股票参与	
	（1）	（2）	（3）	（4）
婚姻状态	0.2044 ***	0.1956 ***	0.0294	-0.0941
	（0.000）	（0.000）	（0.745）	（0.439）
风险偏好		-0.0740 **		0.3815 ***
		（0.036）		（0.000）
性别		0.0779 ***		0.0108
		（0.007）		（0.893）
年龄		1.8370 **		1.7589 ***
		（0.034）		（0.000）

续表

项目	储蓄参与		股票参与	
	（1）	（2）	（3）	（4）
年龄的平方项		− 0.1978 *		− 0.2373 ***
		（0.081）		（0.000）
健康状态		0.0852 ***		0.0067
		（0.000）		（0.813）
家庭规模		− 0.0198 ***		0.0173
		（0.006）		（0.479）
受教育程度		0.2487 ***		0.2602 ***
		（0.000）		（0.000）
自营工商业		0.3117 ***		0.2602 ***
		（0.000）		（0.001）
收入		− 0.1341 ***		− 0.1764 ***
		（0.000）		（0.008）
收入的平方项		0.0132 ***		0.0147 ***
		（0.000）		（0.005）
居住地为城镇	0.3932 ***	0.1493 ***	0.8746 ***	0.7087 ***
	（0.000）	（0.000）	（0.000）	（0.000）
省份控制变量	Yes	Yes	Yes	Yes
样本数量	13634.0000	13634.0000	13634.0000	13634.0000
LR Chi^2	571.3900	1599.2300	199.5000	266.9700
Pseudo R^2	0.0308	0.0933	0.1151	0.2086

注：*** 、** 、* 分别表示通过1%、5%、10%的显著性检验，系数下括号内为聚类调整的稳健标准误（Cluster & Robust Standard Error）。

6.5.1.3　婚姻状态对农户家庭商品房参与概率的影响

表6-3为婚姻对农户家庭商品房参与和商业保险参与的 Probit 模型估计结果。其中第（1）列和第（3）列为单变量回归，第（2）列和第（4）列为加入其他控制变量的估计结果。

表6-3第（1）列和第（2）列的估计结果显示，婚姻对农户家庭

参与商品房的关系为显著负相关，这可能是因为：本书选择研究的并非农户家庭所有的房产，而是农户家庭在城镇地区购买的商品房，属于家庭拥有的"二套房"，对于在城镇地区工作或者生活的农户家庭而言，户籍因素对于家庭成员整体流动的限制较大，家庭整体流动的难度较大，因此婚姻关系限制了农户家庭在城镇地区购买商品房的概率。

表6-3 婚姻状态与农户家庭商品房和商业保险参与概率

项目	商品房参与		商业保险参与	
	(1)	(2)	(3)	(4)
婚姻状态	-0.1381 **	-0.1021 *	0.3352 ***	0.1506 **
	(0.015)	(0.068)	(0.000)	(0.011)
风险偏好		0.0102		-0.0089
		(0.831)		(0.847)
性别		0.0376		-0.0166
		(0.366)		(0.660)
年龄		1.3957 ***		0.9775 ***
		(0.000)		(0.000)
年龄的平方项		-0.5436 ***		-0.0134 ***
		(0.001)		(0.000)
健康状态		0.0574 ***		0.0572 ***
		(0.000)		(0.000)
家庭规模		0.0681 ***		0.0167 ***
		(0.000)		(0.079)
受教育程度		0.1517 ***		0.1343 ***
		(0.000)		(0.000)
自营工商业		0.3727 ***		0.3798 ***
		(0.000)		(0.000)
收入		-0.3063		-0.4372
		(0.333)		(0.164)
收入的平方项		0.0361		0.0467
		(0.155)		(0.064)

续表

项目	商品房参与		商业保险参与	
	（1）	（2）	（3）	（4）
居住地为城镇	0.0475	−0.0454	0.3057 ***	0.1013 ***
	（0.128）	（0.200）	（0.000）	（0.002）
省份控制变量	Yes	Yes	Yes	Yes
样本数量	13634.0000	13634.0000	13634.0000	13634.0000
LR Chi^2	45.5300	375.1300	175.5200	609.4900
Pseudo R^2	0.0054	0.0447	0.0188	0.0714

注：*** 、 ** 、 * 分别表示通过1%、5%、10%的显著性检验，系数下括号内为聚类调整的稳健标准误（Cluster & Robust Standard Error）。

6.5.1.4 婚姻状态对农户家庭商业保险参与概率的影响

表6-3第（3）列和第（4）列估计结果反映了婚姻状态对商业保险参与的影响。结果显示，婚姻状态对农户家庭商业保险的参与显著正相关，即已婚家庭具有更高的参与商业保险的概率。究其原因，可能是因为已婚家庭更加重视家庭经济的安全性，因此，更愿意在家庭资产中配置更多的商业保险，以应对未来家庭可能面对的不确定性风险。

6.5.2 婚姻状态对资产选择持有比重的影响

6.5.2.1 婚姻状态对农户家庭储蓄持有比重的影响

表6-4为婚姻对农户家庭储蓄和股票持有比重影响的 Tobit 模型估计结果。其中第（1）列和第（3）列为单变量回归，第（2）列和第（4）列为加入其他控制变量的估计结果，解释变量为户主的婚姻状态。从第1列估计结果来看，户主已婚状态的估计系数为0.0086，在5%置信水平显著，而在加入其控制变量后，第（2）列估计结果也显示户主已婚的婚姻状态与农户家庭储蓄占比显著正相关。这些结果表明，户主的婚姻状态对农户家庭选择在家庭资产中配置更多的储蓄资产有显著的促进作用。这可能是因为虽然已婚相对于未婚家庭资产有所增加，但是

由于农村家庭金融知识普遍欠缺，且保障意识较强，因而更倾向于增加农户家庭配置储蓄的概率和参与深度。

6.5.2.2　婚姻状态对农户家庭股票持有比重的影响

表6－4第（2）列和第（4）列反映了婚姻对农户家庭股票持有比重的影响。结果显示，婚姻与农户家庭股票占比负相关，在1%置信水平显著，表明较未婚农户家庭而言，已婚农户家庭会选择在家庭资产中配置更少的股票，这可能与婚姻家庭需要更多地考虑家庭资产安全性有关。

6.5.2.3　婚姻状态对农户家庭商品房持有比重的影响

表6－5为婚姻状态对农户家庭参与商品房持有比重影响的 Tobit 模型估计结果。其中第（1）列和第（3）列为单变量回归，第（2）列和第（4）列为加入其他控制变量的估计结果。第（2）列估计结果显示，婚姻与商品房占比的估计系数为 0.0025，在5%置信水平显著正相关，即已婚农户家庭更倾向于在家庭资产中配置更多的商品房。究其原因，巩固的家庭婚姻关系在于夫妻双方能够居住在一起，经常进行交流。由于已婚家庭更愿意住在一起，假如他们在城镇地区工作或生活，他们更加倾向于在家庭资产中配置更多的商品房。

表6－4　　　　婚姻状态与农户家庭储蓄和股票持有比重

项目	储蓄占比		股票占比	
	（1）	（2）	（3）	（4）
婚姻状态	0.0086 **	0.0216 ***	－ 0.0058 ***	－ 0.0042 ***
	（0.018）	（0.003）	（0.000）	（0.006）
风险偏好		－ 0.0002		0.0046 ***
		（0.982）		（0.001）
性别		0.0105 *		－ 0.0006
		（0.054）		（0.496）
年龄		－ 0.1661		－ 0.0068
		（0.288）		（0.718）

项目	储蓄占比		股票占比	
	(1)	(2)	(3)	(4)
年龄的平方项		0.0194		0.0012
		(0.343)		(0.718)
健康状态		0.0107 ***		0.0086
		(0.000)		(0.719)
家庭规模		−0.0110 ***		−0.0040
		(0.000)		(0.849)
受教育程度		0.0157 ***		0.0012 ***
		(0.000)		(0.000)
自营工商业		0.0211 ***		0.0012
		(0.001)		(0.169)
收入		−0.0116 ***		−0.0028 ***
		(0.009)		(0.000)
收入的平方项		0.0013 ***		0.0002 **
		(0.001)		(0.049)
居住地为城镇	0.0385 ***	0.0151 ***	0.0012 *	0.0012 *
	(0.000)	(0.001)	(0.059)	(0.064)
省份控制变量	Yes	Yes	Yes	Yes
样本数量	13634.0000	13634.0000	13634.0000	13634.0000
F 值	49.0400	37.2000	22.9700	24.8400
Pseudo R^2	0.2867	0.3922	0.2469	0.2756

注：*** 、** 、*分别表示通过1%、5%、10%的显著性检验，系数下括号内为聚类调整的稳健标准误（Cluster & Robust Standard Error）。

6.5.2.4　婚姻状态对农户家庭商业保险持有比重的影响

表6-5第（3）列和第（4）列报告了婚姻状态对农户家庭商业保险选择的影响。第（4）列估计结果显示，婚姻状态的估计系数为−0.1632，在5%置信水平显著负相关，即已婚农户家庭在家庭中持有商业保险资产的比重较低。其可能的经济学解释是，婚姻关系能够给家庭

的经济安全提供一定的保障功能，因此可能对农户家庭配置更多的商业
保险产生一定的抑制作用。

表 6-5 婚姻状态与农户家庭商品房和商业保险持有比重

项目	商品房占比		商业保险占比	
	（1）	（2）	（3）	（4）
婚姻状态	0.0091 ***	0.0025 **	-0.1207 **	-0.1632 **
	（0.001）	（0.045）	（0.042）	（0.028）
风险偏好		-0.0053 *		-0.3515
		（0.080）		（0.175）
性别		0.0042 *		0.0778
		（0.092）		（0.814）
年龄		0.1995 ***		0.2972 ***
		（0.001）		（0.000）
年龄的平方项		-0.0247 ***		-0.0397 ***
		（0.002）		（0.000）
健康状态		0.0019 **		0.3192 ***
		（0.036）		（0.000）
家庭规模		0.0027 ***		-0.1531 ***
		（0.001）		（0.004）
受教育程度		-0.0006		-0.3338 **
		（0.958）		（0.041）
自营工商业		0.0541 ***		0.7844 ***
		（0.000）		（0.004）
收入		-0.0659 ***		0.3020
		（0.008）		（0.213）
收入的平方项		0.0006 ***		-0.0205
		（0.004）		（0.292）
居住地为城镇	0.0116 ***	0.0050 **	0.9251 ***	0.7291 ***
	（0.000）	（0.042）	（0.000）	（0.001）
省份控制变量	Yes	Yes	Yes	Yes
样本数量	13634.0000	13634.0000	13634.0000	13634.0000

项目	商品房占比		商业保险占比	
	（1）	（2）	（3）	（4）
F 值	22.5300	25.7500	18.8900	107.0100
Pseudo R^2	0.029	0.035	0.010	0.030

注：***、**、*分别表示通过1%、5%、10%的显著性检验，系数下括号内为聚类调整的稳健标准误（Cluster & Robust Standard Error）。

6.5.3 按照性别分组的婚姻状态对家庭资产选择的影响

国内外大量资产配置研究均发现性别与居民投资行为具有密切的关系（Keller and Siegrist，2006；尹海员和李忠民，2011；尹志超等，2015b；段军山和崔蒙雪，2016）。博尔奇等（2011）发现意大利已婚女性比单身女性跟倾向于投资风险资产，而已婚男性与未婚男性在风险资产参与方面的差异不显著。王琎和吴卫星（2014）以城镇居民为研究对象进行的研究发现了类似的结果。对农户家庭是否依然存在类似的关系？接下来，本章按家庭户主性别分别进行回归分析以考察婚姻和性别对农户家庭资产参与概率和持有比重两个方面的影响。

表6-6到表6-9分别为按照性别分组考察的婚姻状态对农户家庭储蓄选择、股票选择、商品房选择、商业保险选择的回归结果。由于其他控制变量的系数、显著性和不按性别分组的结果基本一致，而且不是本节分析的重点，因此，下列实证结果仅列示了婚姻状态的估计结果。

表6-6第（1）列估计结果显示，已婚女性户主比单身女性户主更倾向于参与储蓄，同时，已婚男性户主比单身男性户主在家庭资产中配置储蓄的概率更高。此外，第（3）列结果表明，已婚女性和单身女性户主在配置家庭储蓄占比时无显著差异，但第（4）列结果显示，已婚男性户主比单身男性户主更倾向于在家庭资产中配置更多的储蓄资产。

表6-6　　按照性别分组考察婚姻对农户家庭储蓄选择的影响

项目	储蓄参与		储蓄占比	
	女性	男性	女性	男性
	（1）	（2）	（3）	（4）
婚姻状态	0.2113***	0.1678***	0.0075	0.0247***
	(0.002)	(0.001)	(0.544)	(0.008)
控制变量	Yes	Yes	Yes	Yes
样本数量	2976.0000	10658.0000	2976.0000	10658.0000
LR Chi²	483.4000	1125.0100	14.3200	27.9900
Pseudo R²	0.1329	0.0836	0.0894	0.0682

注：***、**、*分别表示通过1%、5%、10%的显著性检验，系数下括号内为聚类调整的稳健标准误（Cluster & Robust Standard Error）。

表6-7第（1）列结果显示，已婚女性对股票参与的估计系数为-0.5196，在1%置信水平显著，这表明单身女性户主在家庭资产中配置股票的概率较已婚女性户主更高。这与博尔奇等（Bertocchi et al.，2011）、王琎和吴卫星（2014）的结论相反。这可能是因为，相对而言，中国单身女性的经济较已婚女性反而更加独立。表6-7第（2）列估计结果显示，已婚男性户主和单身男性户主参与股票投资的概率无显著差异。这与博尔奇等（2011）、王琎和吴卫星（2014）的结论基本一致，表明城乡家庭在股票参与上既有相似之处，也存在差异。第（3）列估计结果显示，已婚女性和单身女性户主在家庭资产中配置股票的比重差异不显著，而第（4）列估计结果显示，单身男性比已婚男性户主在家庭资产中配置更多的股票，这可能与股票具有高风险的特征存在一些关联。

表6-7 按照性别分组考察婚姻对农户家庭股票选择的影响

项目	股票参与		股票占比	
	女性	男性	女性	男性
	（1）	（2）	（3）	（4）
婚姻状态	-0.5196***	0.1873	-0.0018	-0.042**
	(0.004)	(0.205)	(0.407)	(0.044)
控制变量	Yes	Yes	Yes	Yes
样本数量	2976.0000	10658.0000	2976.0000	10658.0000
LR Chi^2	110.1800	246.5700	16.7700	24.1800
Pseudo R^2	0.2215	0.2205	0.015	0.025

注：***、**、*分别表示通过1%、5%、10%的显著性检验，系数下括号内为聚类调整的稳健标准误（Cluster & Robust Standard Error）。

表6-8第（1）列估计结果显示，已婚女性和单身女性户主在商品房参与上无显著差异；而第（2）列估计结果显示，相较单身男性户主而言，已婚男性户主参与购买商品房的概率明显更高。此外，第（3）列估计结果显示，已婚女性较单身女性户主而言，更倾向于在家庭资产中配置更多的商品房，这与理论预期基本一致。另外，结果还显示，单身男性和已婚男性在家庭资产中配置商品房的比重无显著差异。

表6-8 按照性别分组考察婚姻对农户家庭商品房选择

项目	商品房参与		商品房占比	
	女性	男性	女性	男性
	（1）	（2）	（3）	（4）
婚姻状态	0.0019	0.1356**	0.0073**	0.0017
	(0.985)	(0.046)	(0.019)	(0.680)
控制变量	Yes	Yes	Yes	Yes
样本数量	2976.0000	10658.0000	2976.0000	10658.0000
LR Chi^2	94.3800	305.6800	34.1000	24.2800
Pseudo R^2	0.0522	0.0452	0.0368	0.0259

注：***、**、*分别表示通过1%、5%、10%的显著性检验，系数下括号内为聚类调整的稳健标准误（Cluster & Robust Standard Error）。

表6－9第（1）列和第（3）列结果显示，已婚女性户主和单身女性户主在商业保险参与概率和商业保险持有比重上无显著差异。第（2）列结果显示，已婚男性户主比单身男性户主有更高的参与商业保险的概率，但是单身男性户主家庭中商业保险占比更高。导致这样的结果的可能的解释是，婚姻本身就是一种安全资产，因此，已婚家庭配置商业保险的比重较单身家庭更低，这也说明了婚姻可能与商业保险之间存在替代效应。

总的来说，上述实证结果发现，农户家庭户主的婚姻状态和性别因素对于农户家庭储蓄、股票、商品房和商业保险的参与概率和持有比重具有一定的影响作用，且不同性别的影响存在一定的差异。

表6－9　　　　按照性别分组考察婚姻对农户商业保险选择的影响

项目	商业保险参与		商业保险占比	
	女性	男性	女性	男性
	（1）	（2）	（3）	（4）
婚姻状态	－0.0667	0.3005 ***	－0.1562	－0.2843 *
	（0.494）	（0.000）	（0.216）	（0.052）
控制变量	Yes	Yes	Yes	Yes
样本数量	2976.0000	10658.0000	2976.0000	10658.0000
LR Chi^2	157.5400	469.5000	18.7600	242.3500
Pseudo R^2	0.0917	0.0692	0.0010	0.0030

注：***、**、*分别表示通过1%、5%、10%的显著性检验，系数下括号内为聚类调整的稳健标准误（Cluster & Robust Standard Error）。

6.5.4　按照受教育程度分组考察婚姻状态对家庭资产选择的影响

根据第5章报告的CHFS2013农户家庭的受教育程度的描述性统计分析结果可知，农户家庭户主受教育程度的平均值为1.6，表明中学是农户教育的"分水岭"。鉴于此，本章根据农户家庭是否受过高中及以上的教育作为分组标准，将农户家庭样本分为受教育程度相对较低的"初中及以下"组和受教育程度相对较高的"高中及以上"组，分别获得了 11418 和 2216 个观测样本用于实证分析。

表 6-10 到表 6-13 为按照家庭户主受教育程度分组考察婚姻对家庭资产参与概率和持有比重的实证分析结果。

表 6-10 第（1）列和第（3）列结果显示，对于受教育程度较低的农户家庭，已婚家庭较未婚家庭更加倾向于储蓄，并且已婚家庭会在家庭资产中配置更多的储蓄。表 6-10 第（2）列显示，对于受教育程度更高的农户家庭，未婚家庭参与储蓄的概率可能高于已婚家庭，但是参与概率的估计结果不显著。第（4）列估计结果显示，受教育程度的更高的未婚农户家庭比已婚农户家庭在家庭资产中配置更多的储蓄。这可能是因为对于农户家庭而言，中国农村结婚成本较高，储蓄仍是其积累"彩礼"等婚姻支出的一个重要手段。

表 6-10 按照受教育程度分组考察婚姻对储蓄选择的影响

项目	储蓄参与		储蓄占比	
	初中及以下	高中及以上	初中及以下	高中及以上
	（1）	（2）	（3）	（4）
婚姻状态	0.2352 ***	-0.0764	0.0367 ***	-0.0684 ***
	(0.000)	(0.558)	(0.000)	(0.001)
控制变量	Yes	Yes	Yes	Yes
样本数量	11418.0000	2216.0000	11418.0000	2216.0000
LR Chi^2	605.6000	207.7200	127.5000	171.4000
Pseudo R^2	0.0667	0.0831	0.1076	0.0553

注：***、**、* 分别表示通过 1%、5%、10% 的显著性检验，系数下括号内为聚类调整的稳健标准误（Cluster & Robust Standard Error）。

对受教育程度在初中及以下的农户家庭而言，表6-11第（1）列数据显示，已婚家庭和未婚家庭参与股票投资的概率无显著差异，但是第（4）列数据显示，受教育程度较低的已婚家庭在家庭资产中持有股票资产占比较低。第（2）列和第（4）列数据显示，对于受教育程度更高的农户家庭而言，婚姻既不会显著影响农户家庭参与股票投资的概率，也不会显著影响农户家庭中配置股票的比重。

表6-11　　　　按照受教育程度分组考察婚姻对股票选择的影响

项目	股票参与		股票占比	
	初中及以下	高中及以上	初中及以下	高中及以上
	（1）	（2）	（3）	（4）
婚姻状态	- 0.1352	- 0.0506	- 0.0041 ***	- 0.0043
	(0.340)	(0.755)	(0.002)	(0.522)
控制变量	Yes	Yes	Yes	Yes
样本数量	11418.0000	2216.0000	11418.0000	2216.0000
LR Chi^2	389.3200	216.1500	69.3000	85.2400
Pseudo R^2	0.1583	0.1595	0.0024	0.0068

注：***、**、*分别表示通过1%、5%、10%的显著性检验，系数下括号内为聚类调整的稳健标准误（Cluster & Robust Standard Error）。

表6-12第（1）列数据显示，受教育程度较低的单身农户家庭参与商品房投资的概率较高，但是结果不显著，而第（3）列的数据显示，受教育程度低的单身农户在家庭资产中配置商品房的比重更高，但是结果也不显著。第（2）列数据显示，受教育程度较高的单身农户家庭在家庭资产配置中选择商品房的概率高于已婚农户家庭。第（4）列数据显示，受教育程度高的单身农户家庭和已婚农户家庭配置商品房的比重无显著差异。

表 6 – 12　　　按照受教育程度分组考察婚姻对商品房选择的影响

项目	商品房参与		商品房占比	
	初中及以下	高中及以上	初中及以下	高中及以上
	(1)	(2)	(3)	(4)
婚姻状态	− 0.0810	− 0.1931**	− 0.0018	− 0.0126
	(0.375)	(0.034)	(0.586)	(0.103)
控制变量	Yes	Yes	Yes	Yes
样本数量	11418.0000	2216.0000	11418.0000	2216.0000
LR Chi²	285.0600	146.6500	136.8100	55.8400
Pseudo R²	0.0378	0.0481	0.0200	0.0421

注：*** 、** 、* 分别表示通过 1% 、5% 、10% 的显著性检验，系数下括号内为聚类调整的稳健标准误（Cluster & Robust Standard Error）。

表 6 – 13 第（1）列估计结果显示，受教育程度较低的已婚家庭较单身家庭更倾向于在家庭资产中配置商业保险，但是表 6 – 13 结果发现，受教育程度较低的已婚农户家庭在家庭中配置商业保险的比重却较单身家庭更低。第（2）列和第（4）列结果显示，对于受教育程度较高的农户家庭而言，已婚农户家庭和未婚农户家庭参与商业保险的概率和持有商业保险的比重的差异不显著。

表 6 – 13　　　按照受教育程度分组考察婚姻对商业保险选择的影响

项目	商业保险参与		商业保险占比	
	初中及以下	高中及以上	初中及以下	高中及以上
	(1)	(2)	(3)	(4)
婚姻状态	0.1642**	0.1128	− 0.5446*	− 0.4288
	(0.040)	(0.278)	(0.057)	(0.563)
控制变量	Yes	Yes	Yes	Yes
样本数量	11418.0000	2216.0000	11418.0000	2216.0000
LR Chi²	462.7400	80.1500	311.1200	40.2700
Pseudo R²	0.0698	0.0355	0.0061	0.0045

注：*** 、** 、* 分别表示通过 1% 、5% 、10% 的显著性检验，系数下括号内为聚类调整的稳健标准误（Cluster & Robust Standard Error）。

6.5.5　按照婚姻态度分组考察婚姻状态对家庭资产选择的影响

家庭是婚姻的载体，具有浓厚家庭观念者通常愿意花更多的时间和精力来解决婚姻问题；相反，那些家庭观念较为淡薄的人更可能选择离婚。有实证研究发现，赞成婚姻是一种终身承诺的人不太可能考虑离婚，家庭婚姻关系更加稳定（Heaton and Albrecht，1991；Amato et al.，2003）。在长期处于城乡二元结构的中国，城乡经济社会发展水平差异巨大，而且农村还因为信息相对封闭，婚姻家庭观更为保守，"好人不离婚，离婚不正经"等家庭伦理文化对家庭婚姻关系具有重要的影响（徐安琪，2012）。家庭户主的婚姻态度对于家庭资产选择可能产生一定的影响。因此，本章将家庭户主的婚姻态度纳入分析框架。

依据 CHFS2013 问卷中关于户主婚姻态度的问题为："家庭在生活中的重要程度"，户主回答"非常重要"或者"重要"则赋值为 1，回答"一般""不重要""非常不重要"均赋值为 0。本研究以此衡量婚姻关系对户主的重要程度。从样本描述性统计分析来看，农户家庭回答"非常重要"和"重要"的家庭数占样本总数的 91.25%，回答"一般""不重要"和"非常不重要"的家庭数占总样本的 8.75%，表明样本中农户家庭的婚姻家庭观念比较保守，大多数家庭户主认为家庭是非常重要的。

表 6-14 为按照婚姻态度分组，考察不同婚姻态度对农户家庭储蓄选择影响的实证结果。表 6-14 第（1）列和第（2）列结果显示，无论家庭在生活中的重要程度如何，已婚家庭参与储蓄的概率均高于未婚家庭，但是家庭重要程度越高的家庭，其参与储蓄的概率越显著。此外，表 6-14 第（3）列和第（4）列结果显示，对婚姻家庭观念较强的家庭而言，婚姻对农户家庭储蓄持有比重有显著的促进作用。

表 6 – 14   婚姻态度与储蓄选择

项目	储蓄参与		储蓄占比	
	家庭重要度低	家庭重要度高	家庭重要度低	家庭重要度高
	(1)	(2)	(3)	(4)
婚姻状态	0.2507**	0.1823***	0.0309	0.0221**
	(0.030)	(0.000)	(0.183)	(0.031)
控制变量	Yes	Yes	Yes	Yes
样本数量	1192.0000	12442.0000	1192.0000	12442.0000
LR Chi^2	317.6800	692.4700	72.3000	24.8000
Pseudo R^2	0.0554	0.0875	0.0352	0.0548

注：***、**、*分别表示通过1%、5%、10%的显著性检验，系数下括号内为聚类调整的稳健标准误（Cluster & Robust Standard Error）。

表 6 – 15 为按照婚姻态度分组，考察婚姻对农户家庭股票选择影响的估计结果。结果显示，婚姻态度对家庭股票参与概率的影响均不显著。结果还发现，婚姻家庭观念较强的农户家庭户主在家庭资产中配置股票资产的比重较低。这可能是因为股票的风险较高，对家庭比较重视的农户家庭可能不愿意投资股票增加家庭经济的风险，因此其选择降低家庭资产股票的占比。

表 6 – 15   婚姻态度与股票选择

项目	股票参与		股票占比	
	家庭重要度低	家庭重要度高	家庭重要度低	家庭重要度高
	(1)	(2)	(3)	(4)
婚姻状态	0.0609	− 0.0256	− 0.0079	− 0.0034***
	(0.893)	(0.848)	(0.242)	(0.006)
控制变量	Yes	Yes	Yes	Yes
样本数量	1192.0000	12442.0000	1192.0000	12442.0000
LR Chi^2	478.2400	502.5500	25.5100	34.0400
Pseudo R^2	0.0425	0.0883	0.0112	0.0170

注：***、**、*分别表示通过1%、5%、10%的显著性检验，系数下括号内为聚类调整的稳健标准误（Cluster & Robust Standard Error）。

表6-16为按照家庭婚姻观念分组，考察婚姻对农户家庭商品房选择的影响的实证结果。结果与前文基本一致，分组结果显示，婚姻态度对农户家庭商品房参与和持有比重的影响均不显著。第（2）列估计结果显示，家庭婚姻观念较强的农户家庭中已婚户主家庭参与商品房的概率低于未婚农户家庭，然而第（4）列结果显示，家庭观念较强的农户家庭中已婚农户家庭和单身农户家庭商品房投资占比差异不显著。

表6-16 婚姻态度与商品房选择

项目	商品房参与		商品房占比	
	家庭重要度低	家庭重要度高	家庭重要度低	家庭重要度高
	（1）	（2）	（3）	（4）
婚姻状态	0.1668	-0.1415**	0.0049	-0.0029
	(0.450)	(0.034)	(0.589)	(0.356)
控制变量	Yes	Yes	Yes	Yes
样本数量	1192.0000	12442.0000	1192.0000	12442.0000
LR Chi^2	81.6500	377.2500	96.1400	11.6600
Pseudo R^2	0.0607	0.0431	0.0346	0.0225

注：***、**、*分别表示通过1%、5%、10%的显著性检验，系数下括号内为聚类调整的稳健标准误（Cluster & Robust Standard Error）。

表6-17反映了按照婚姻观念分组考察婚姻对商业保险选择影响的实证结果。第（1）列和第（3）列结果显示，对于家庭婚姻观念较弱的家庭而言，已婚农户家庭选择商业保险的概率和商业保险占比与单身农户家庭无显著差异。第（2）列和第（4）列结果显示，对于家庭婚姻观念较强的农户家庭而言，已婚农户家庭选择商业保险的概率较单身农户家庭更高，同时，具有较强家庭婚姻观念的已婚农户家庭在家庭资产中配置商业保险的比重更高。这可能是因为婚姻观念越强的家庭，更加关注家庭成员和整个家庭幸福的维持，因而对于保障性的资产需求越大。

表 6 – 17 婚姻态度与商业保险选择

项目	商业保险参与		商业保险占比	
	家庭重要度低	家庭重要度高	家庭重要度低	家庭重要度高
	(1)	(2)	(3)	(4)
婚姻状态	0.2416	0.1382 **	0.0011	0.0018 *
	(0.242)	(0.044)	(0.647)	(0.077)
控制变量	Yes	Yes	Yes	Yes
样本数量	1192.0000	12442.0000	1192.0000	12442.0000
LR Chi^2	138.6400	533.3300	23.1700	82.4000
Pseudo R^2	0.0943	0.0687	0.0161	0.0370

注：***、**、*分别表示通过1%、5%、10%的显著性检验，系数下括号内为聚类调整的稳健标准误（Cluster & Robust Standard Error）。

总体来说，上述实证结果发现，农户家庭户主的婚姻状态和家庭婚姻观念因素对于农户家庭储蓄、股票、商品房和商业保险的参与概率和持有比重具有一定的影响作用，且不同婚姻观念的影响存在一定的差异。

6.5.6 婚龄对家庭资产选择的影响

在家庭生命周期中，刚刚结婚时候人们都感到高度满意，但随着结婚时间的推移满意度逐渐下降，而一般和不满的比率上升，即夫妻之间的爱情和激情随着婚龄的增长普遍降温，而责任感、义务感、亲情感却可能随之增加。国内学者张贵良等（1996）发现，婚龄越长，婚姻满意度越高，夫妻交流程度越高，夫妻婚姻关系越稳定。魏兰特等（Villant et al.，1993）分析了婚龄与婚姻满意度的关系，他的研究认为随着年龄的增长，婚姻的幸福感和满足感逐年下降，婚后 20 年左右达到最低值，而在结婚 20 年后家庭婚姻关系渐入佳境，夫妻更加理解对方，和睦程度也不断提升，可以说，20 年婚龄是影响婚姻满意度的"分水岭"。

鉴于此，借鉴前人的研究成果，本部分实证分析以已婚农户家庭的婚龄的长短为解释变量，婚龄短于或等于 20 年的家庭，婚龄变量赋值为

0，而婚龄长于20年的，婚龄变量赋值为1。然后，对已婚家庭样本进行回归。表6-18为婚龄对已婚农户家庭储蓄选择和股票选择影响的实证分析结果。表6-17第（1）列和第（2）列显示，婚龄长短对已婚农户家庭储蓄参与概率和持有比重的影响不显著。第（3）列和第（4）列显示，婚龄长短与农户家庭参与股票概率和家庭中配置股票的比重呈显著的负相关，即婚龄短于或等于20年的农户家庭参与股票选择的概率更高，且家庭持有股票的比重更高。

表6-18　　　　　　　　考察婚龄对储蓄和股票选择的影响

项目	储蓄参与	储蓄占比	股票参与	股票占比
	（1）	（2）	（3）	（4）
婚龄	-0.0545	-0.0027	-0.3027 ***	-0.0018 **
	(0.139)	(0.710)	(0.000)	(0.017)
控制变量	Yes	Yes	Yes	Yes
样本数量	11977.0000	11977.0000	11977.0000	11977.0000
LR Chi^2	529.9900	218.1000	737.7200	114.0900
Pseudo R^2	0.0731	0.0545	0.0953	0.0140

注：***、**、*分别表示通过1%、5%、10%的显著性检验，系数下括号内为聚类调整的稳健标准误（Cluster & Robust Standard Error）。

表6-19报告了婚龄对农户家庭商品房和商业保险参与概率和持有比重的影响的实证分析结果，第（1）列和第（2）列估计结果显示，婚龄对农户家庭商品房参与概率和持有比重的影响均不显著。第（3）列结果发现，婚龄越长的家庭参与购买商业保险的概率更低，这可能与前文所述的婚姻是安全家庭资产的解释相关，婚龄越长的家庭，这种安全性更高，因此对于外部的商业保险的需求产生替代效应，因此降低了商业保险的参与概率。此外，婚龄增加对农户家庭在其家庭整个资产中配置商业保险的比重也产生显著的负向作用。

表 6 – 19　　　　　考察婚龄对商品房和商业保险选择的影响

项目	商品房参与	商品房占比	商业保险参与	商业保险占比
	(1)	(2)	(3)	(4)
婚龄	0.1216	0.0016	– 0.1312 **	– 0.3054 **
	(0.229)	(0.728)	(0.015)	(0.039)
控制变量	Yes	Yes	Yes	Yes
样本数量	11977.0000	11977.0000	11977.0000	11977.0000
LR Chi^2	605.7500	144.8100	821.0200	1135.7400
Pseudo R^2	0.1024	0.0236	0.0685	0.0349

注：***、**、* 分别表示通过 1%、5%、10% 的显著性检验，系数下括号内为聚类调整的稳健标准误（Cluster & Robust Standard Error）。

6.6　婚姻匹配结构与家庭资产选择

6.6.1　婚姻匹配结构异质性假设

一句俗语"龙配龙、凤配凤"道出了一种传统所谓"门当户对"的婚配方式。"门当户对"是传统婚姻结合的主要方式。婚姻可谓是两个家庭或家族在政治资源、经济利益和社会关系的延伸。婚姻双方通过家族选择形成的经济及社会阶层的相互匹配对于维持阶层内预期福利最大化有重要的作用（李后健，2013）。随着社会的发展和转型，女性经济地位更加独立，现代社会婚姻市场发生了重要的变化。婚姻匹配结构模式的核心议题是，随着社会的不断发展，婚姻关系的确立冲破传统社会规范的束缚，更多地通过结婚对象双方的相互选择过程加以实现。

现代社会的演化催生了角色相容的社会同质性婚配关系，传统家庭先赋性特征（如家庭经济状况、父母职业、种族、宗教等）对婚配的影响越来越小，而自致性因素（如个人受教育水平、工作经验）的影响则越来越大（Kalmijn，1991；Flannagan，2008）。因此，拟结合为夫妻的双方的物质基础、社会地位、家庭背景、性格特质以及相貌身材等经济性与非经济性资源的同质性和相互匹配程度也就自然成为现代社会同质性婚配的重要条件，但是每一项条件同质的重要性却因人、因时、因地而异（陆益龙，2009）。贝克尔（Becker，1974）提出了"相称婚配"原理，认为在一夫一妻制度下，在一个有效的婚姻市场中，人们会选择与自己条件相称的异性建立婚姻关系，但现实中也会有人选择与自己差异大的异性结合。夫妻双方通过"更好"的婚配获得了更多的家庭资产和社会资源，组建的家庭需要对家庭资产进行优化配置才能获得长期的效用最大化。但是，目前尚未见到直接从家庭成员同质性或异质性匹配角度对家庭资产选择的探讨。基于此，本部分研究的主要贡献在于利用微观数据，直接考察了农户家庭夫妻匹配的同质性、异质性对家庭储蓄、股票、商品房和商业保险选择影响的差异。本章特提出研究假设：

假设5：婚姻匹配结构异质性是影响农户家庭储蓄选择的重要因素。

假设6：婚姻匹配结构异质性是影响农户家庭股票选择的重要因素。

假设7：婚姻匹配结构异质性是影响农户家庭商品房选择的重要因素。

假设8：婚姻匹配结构异质性是影响农户家庭商业保险选择的重要因素。

6.6.2　进一步实证研究模型设定

首先，本研究构建了婚姻结构匹配异质性变量，即将婚姻夫妻双方的户籍、年龄、受教育程度、个人收入水平、政治身份、职业匹配性质的匹配情况，并以此解释农户婚姻结构的异质性对家庭资产选择的影响。相关变量的具体设定见表6-20。

其次，为了检验婚姻结构匹配异质性对家庭资产——储蓄、股票、商品房和商业保险的参与概率，本研究引入户口匹配异质、年龄匹配异质、受教育匹配异质、收入匹配异质、政治身份匹配异质、职业匹配异质6个异质性指标衡量婚姻结构异质对农户家庭资产选择的影响，具体Probit模型设计如下：

$$\text{Prob}\,(Asset_i = 1) = \beta_0 + \beta_1 HukouMc_i + \beta_2 AgeMc_i + \beta_2 EduMc_i + \beta_4 IncomeMc_i$$
$$+ \beta_5 PartyMc_i + \beta_6 JobMc_i + \gamma Control_i + \varepsilon_i \qquad (6.3)$$

其中，被解释变量为 Prob（$Asset_i = 1$）表示家庭资产参与概率；主要解释变量包括：$HukouMc$ 表示户口匹配异质，$AgeMc$ 表示年龄匹配异质，$EduMc$ 表示受教育匹配异质，$IncomeMc$ 表示收入匹配异质，$PartyMc$ 表示政治身份匹配异质，$JobMc$ 表示职业匹配异质，$Control$ 表示家庭人口特征控制变量集合；i 表示受访农户家庭，ε 表示随机扰动项。

接下来，本研究将婚姻结构匹配异质性引入家庭资产配置比重的分析框架，具体 Tobit 模型设定如下：

$$Allocation_i = \beta_0 + \beta_1 HukouMc_i + \beta_2 AgeMc_i + \beta_3 EduMc_i + \beta_4 IncomeMc_i$$
$$+ \beta_5 PartyMc_i + \beta_6 JobMc_i + \gamma Control_i + \varepsilon_i \qquad (6.4)$$

其中，被解释变量为 $Allocation$ 表示农户家庭资产持有比重；主要解释变量包括：$HukouMc$ 表示户口匹配异质，$AgeMc$ 表示年龄匹配异质，$EduMc$ 表示受教育匹配异质，$IncomeMc$ 表示收入匹配异质，$PartyMc$ 表示政治身份匹配异质，$JobMc$ 表示职业匹配异质，$Control$ 表示家庭人口特征控制变量集合；i 表示受访农户家庭，ε 表示随机扰动项。

6.6.3 农户家庭婚姻匹配结构异质的描述统计结果

表 6 - 20 反映了农户家庭户主及其配偶的人口特征的差异。结果显示，农户家庭户主婚娶了城镇户籍配偶的占比约达到 5.26%，表明对农户家庭而言，能够婚配城镇户籍居民的比重仍显得比较低。家庭户主年龄较配偶年龄更大的家庭占比为 46.99%，相反，配偶年龄较长的占 53.01%，表明就年龄而言，农村家庭户主年龄不必一定小于配偶的年龄。此外，有 34.04% 农户家庭户主受教育程度高于其配偶，而绝大多数户主和配偶受教育程度相当。农户家庭户主收入水平高于配偶的占样本的 8.95%，表明从家庭收入来看，农户家庭在婚姻市场中同质婚姻比较普遍。改革开放前，政治身份是中国青年男女组建家庭选择配偶最重要的参考指标之一，虽然市场经济改革后，政治身份在择偶标准中的重

要性不断下降（马磊，2015），但不可忽视的是政治身份仍可能是影响家庭经济行为的一个重要因素，值得学术研究的关注。由表6–20可知，农户家庭中户主政治身份高于配偶的比例不高，约为3.66%。最后，农户家庭户主和配偶的工作性质表现出较高的异质性，职业匹配异质的平均值为0.3772，表明37.72%家庭户主的工作性质与配偶的性质存在差异。

表6–20　　　　　婚姻匹配结构异质性的变量设定和描述性统计

变量名	符号	变量描述	Mean
户口异质	HukouMc	家庭成员户籍为城镇赋值为1,农村户籍赋值为0;如果农户家庭户主的配偶的户籍为城镇户籍,则农户家庭户口匹配异质赋值为1,否则赋值为0	0.0526
年龄异质	AgeMc	农户家庭户主年龄比其配偶年龄大1岁以上的家庭,年龄匹配异质赋值为1,否则赋值为0	0.4699
受教育匹配异质	EduMc	按照文盲、小学、初中、高中、大专及以上依次赋值为0、1、2、3、4,如果农户家庭户主受教育程度高于配偶的受教育程度的,则教育匹配异质赋值为1,否则赋值为0	0.3404
收入匹配异质	IncomeMc	参照《中国统计年鉴》(2012年)公布的农村居民年收入划分标准,把家庭成员收入水平划分为"低收入""中低收入""中等收入""中高收入"和"高收入"5个组别,依次赋值为1、2、3、4、5;如果农户家庭户主的收入组高于其配偶收入组,则收入异质赋值为1,否则赋值为0	0.0895
政治身份匹配异质	PartyMc	依据家庭户主和配偶的政治身份"中共党员""民主党派""群众"依次赋值为3、2、1,如果户主与配偶的差值大于零,则政治身份匹配异质赋值为1,否则赋值为0	0.0366
职业匹配异质	JobMc	依据家庭户主和配偶的职业匹配性质"无固定职业""在家务农""受雇于他人或单位""经营个体或私营企业自主创业"分组,如果户主与其配偶的职业匹配性质有差异,则职业匹配异质赋值为1,否则赋值为0	0.3772

6.6.4　婚姻匹配结构对农户家庭资产参与概率的影响

从婚姻匹配结构异质性角度分析，表 6 - 21 反映了农户家庭婚姻匹配结构对农户家庭资产参与概率的影响。第（1）列结果显示，户口匹配异质的估计系数为正，且在 1% 置信水平显著，这表明农户家庭婚娶了城镇户籍配偶的家庭参与储蓄的概率显著高于婚娶农村户籍配偶的农户家庭，这可能与中国城镇地区居民比农户家庭更倾向于储蓄的原因有关。农户家庭户主年龄长于配偶的家庭选择参与储蓄的概率也更高。户主受教育程度高于配偶的农户家庭在家庭资产中配置储蓄的概率也更高。另外，户主收入水平高于配偶收入水平的"向上梯度婚姻"家庭在农户家庭资产配置中选择储蓄的概率也更高，这可能是因为储蓄是一种保障性收益的投资方式。

表 6 - 21　　　　婚姻匹配结构对农户家庭资产参与概率的影响

项目	储蓄参与	股票参与	商品房参与	商业保险参与
	（1）	（2）	（3）	（4）
户口匹配异质	0.1187 ***	0.3632 ***	0.0768	0.1504 **
	（0.004）	（0.001）	（0.359）	（0.047）
年龄匹配异质	0.0554 **	0.1371 **	0.0119	0.0185
	（0.030）	（0.031）	（0.678）	（0.633）
教育匹配异质	0.0441 *	0.0264	0.0149	- 0.0017
	（0.086）	（0.742）	（0.733）	（0.965）
收入匹配异质	0.1204 ***	0.1017	- 0.0058	- 0.0044
	（0.003）	（0.392）	（0.899）	（0.943）
政治匹配异质	- 0.1041 *	- 0.0534	0.0126	- 0.0743
	（0.095）	（0.695）	（0.883）	（0.354）
职业匹配异质	- 0.0151	- 0.0782	0.0129	0.0015
	（0.614）	（0.271）	（0.742）	（0.759）
控制变量	Yes	Yes	Yes	Yes

项目	储蓄参与	股票参与	商品房参与	商业保险参与
	（1）	（2）	（3）	（4）
样本数量	11919.0000	11919.0000	11919.0000	11919.0000
LR Chi^2	2438.6700	1107.1100	424.9900	958.8800
Pseudo R^2	0.0748	0.0984	0.0397	0.0697

注：*** 、 ** 、 * 分别表示通过1%、5%、10%的显著性检验，系数下括号内为聚类调整的稳健标准误（Cluster & Robust Standard Error）。

表6-21第（2）列结果显示，婚娶了城镇户籍配偶的农户家庭参与股票投资的概率在1%置信水平显著高于婚娶农村户籍配偶的家庭，这与城镇居民在金融知识方面多于农户，且城镇地区金融市场相对发达的日常熏陶可能存在一定的关联。同时，第（2）列的结果还发现，除了户口匹配异质之外，年龄匹配异质、收入异质、职业异质等5个异质特征因素对于农户家庭股票市场的参与的影响均不显著。

表6-21第（3）列的结果发现，本文研究的6个异质性特征对于农户家庭的商品房选择均不表现显著的作用。

表6-21第（4）列估计结果还显示，户口匹配异质是影响农户家庭参与商业保险的重要因素，其估计系数在5%置信水平显著为正，婚娶了城镇户籍配偶的农户家庭选择商业保险的概率明显更高，这可能是因为城镇居民对于借助外部力量保障家庭经济安全的意识更强一些。

6.6.5 婚姻匹配结构对农户家庭资产持有比重的影响

表6-22为婚姻匹配结构对农户家庭资产持有比重影响的实证分析。结果显示，户口匹配异质对农户家庭在家庭资产中配置储蓄、股票和商业保险有显著的促进作用，即户主婚娶了城镇户籍的配偶的农户家庭在其家庭中配置储蓄、股票和商业保险三种资产的比重均高于婚娶农村户籍的家庭。出现这种情况合理的经济学解释是，家庭成员为城镇户籍，其家庭受示范作用的影响，对家庭提高金融市场参与深度有显著的作用。

户主年龄大于配偶的家庭更加倾向于在家庭资产中配置更多的商业保险以提高家庭经济安全。

另外，由表6-22实证结果还可知，年龄匹配异质、教育匹配异质、收入匹配异质、政治匹配异质和职业匹配异质等对农户家庭储蓄占比、股票占比和商品房占比没有显著的影响。

表6-22　　　　　婚姻匹配结构对农户家庭资产持有比重的影响

项目	储蓄占比	股票占比	商品房占比	商业保险占比
	(1)	(2)	(3)	(4)
户口匹配异质	0.1504**	0.0036**	-0.0021	0.0752**
	(0.047)	(0.030)	(0.489)	(0.016)
年龄匹配异质	0.0185	0.0076	0.0017	0.0557**
	(0.633)	(0.214)	(0.758)	(0.032)
教育匹配异质	-0.0017	0.0003	0.0038	-0.0988
	(0.965)	(0.709)	(0.253)	(0.074)
收入匹配异质	-0.0044	-0.0004	-0.0031	0.0601
	(0.943)	(0.737)	(0.538)	(0.553)
政治匹配异质	-0.0743	0.0010	0.0062	-0.0063
	(0.354)	(0.170)	(0.356)	(0.965)
职业匹配异质	0.0016	0.0017	-0.0015	-0.0023
	(0.953)	(0.170)	(0.314)	(0.198)
控制变量	Yes	Yes	Yes	Yes
样本数量	11919.0000	11919.0000	11919.0000	11919.0000
LR Chi^2	958.8800	49.3100	98.4100	97.9400
Pseudo R^2	0.0697	0.0016	0.0243	0.0140

注：***、**、*分别表示通过1%、5%、10%的显著性检验，系数下括号内为聚类调整的稳健标准误（Cluster & Robust Standard Error）。

6.7 本章小结

本章重点关注了家庭婚姻关系对家庭资产选择决策的影响。对总样本以及按照性别、年龄和教育程度的子样本分别进行了 Probit 模型和 Tobit 模型的实证估计。本文从婚姻状态、婚姻家庭态度、婚龄以及婚姻匹配结构异质性等多个婚姻关系视角，研究了家庭资产选择的差异。本章得到的主要结论包括：

第一，农户家庭的婚姻状态对于家庭资产选择具有重要的影响作用。分析结果显示，婚姻状态对不同家庭资产选择的作用表现一定的差异。一方面，已婚农户家庭在家庭资产中储蓄、商品房参与概率较单身家庭更高，且其与农户家庭股票和商业保险参与概率呈显著负相关关系；另一方面，已婚农户家庭在家庭资产中配置储蓄和商品房的比重显著高于未婚家庭，而已婚家庭参与股票的概率与未婚家庭无显著差异，但是已婚家庭持有股票的比重显著低于未婚家庭持有股票的比重。已婚家庭参与商业保险的概率比未婚家庭更高，但已婚家庭持有商业保险的比重却比未婚家庭更低。

第二，按照户主性别和受教育程度分组回归发现，不同性别与婚姻状态对家庭资产选择有显著的影响。已婚女性和男性户主家庭参与储蓄的概率均较未婚家庭更高，而已婚男性在家庭资产中配置储蓄的比重更高。已婚女性家庭参与股票投资的概率低于未婚女性，已婚男性和未婚男性参与股票投资的概率差异不显著。未婚男性在家庭中配置股票的比重高于已婚男性家庭。对商品房而言，已婚男性参与商品房投资的概率更高，而已婚女性户主在家庭资产中配置商品房的比重高于单身女性。已婚男性参与商业保险的概率高于未婚男性，但是已婚男性在家庭资产中配置商业保险的比重较单身男性更低。此外，不同教育程度对于已婚和未婚农户家庭资产选择的影响也表现出显著的差异。

第三，婚姻态度和婚龄也是影响农户家庭资产选择的重要因素。家庭观念较强的已婚家庭配置储蓄的比重更高，但其家庭配置股票的比重却较低。另外，家庭观念强的已婚家庭在城镇地区购买商品房的概率较未婚家庭的概率低，但是二者在家庭资产中配置商品房的比重无显著差异。对于已婚家庭而言，婚龄越长的农户家庭股票参与概率和股票持有比重较婚龄较短的家庭低，婚龄与农户家庭商业保险选择的概率和持有比重显著不相关。婚龄与农户家庭储蓄和商品房选择无显著关系。

第四，婚姻匹配结构是影响已婚家庭资产选择的一个重要因素。分析结果发现，户口匹配异质的家庭参与储蓄和股票的概率显著高于同质农户家庭，但户口匹配异质的家庭对农户家庭商品房和商业保险参与概率无显著影响。另外，户口匹配异质对家庭资产配置占比也有显著的影响。户口匹配异质的已婚家庭在家庭资产中配置储蓄、股票、商业保险等资产的比重更高。此外，年龄匹配异质的家庭配置商业保险的比重较年龄匹配同质的家庭更高。

第7章　主观幸福感与农户家庭资产选择

7.1　引言

改革开放后中国经济保持了连续 40 年的增长，物质财富急剧增加，经济生活整体上超越了"匮乏状态"，历史发展必然要求幸福不再仅从范畴与观念中去寻找，而是依存于一定的生产发展水平，将人的幸福与财富创造紧密结合起来加以考察，凸显幸福的创造性。中国政府在 2004 年就提出了更加重视人文关怀的建设社会主义和谐社会的目标。习近平总书记在第十二届全国人民代表大会第一次会议上的讲话也指出："实现全面建成小康社会、建成富强民主文明和谐的社会主义现代化国家的奋斗目标，实现中华民族伟大复兴的中国梦，就是要实现国家富强、民族振兴、人民幸福，既深深体现了今天中国人的理想，也深深反映了我们先辈们不懈追求进步的光荣传统。"这番讲话进一步强调了重视改善民生和提高居民幸福感。事实上，各种权威调查也从客观上发现中国居民幸福感自 2005 年以来出现了持续的回升趋势（Easterlin et al. , 2012）。

马克思主义的幸福观建立于唯物史观基础之上，认为人生的目标就是幸福，对幸福生活的追求是人类社会生产生活的价值取向之一，幸福是物质和精神的统一，是个体性和社会性的统一（陈亚玲和胡爱丽，2014）。主观幸福感被视为是一种情绪的外部化表现，也可视为是持续性的综合心理反应指标。幸福经济学是心理经济学一个重要的研究领域，主要关注个体主观感知的幸福情绪对经济行为与表现的影响，是当前经济学领域的热门话题。国内外关于幸福的经济学研究逐渐被学术界和政府部门所重视，但现有文献仅仅集中在单纯地讨论决定居民幸福感的重要因素，却忽略了幸福感对个人行为的影响的实证分析，即幸福个体的行为决策与那些自我感觉不幸福者之间可能存在的差异（李树和陈刚，2015）。

人是追求幸福的主体，现实中个人是追求自身利益的人，在利益的追逐中，性别和年龄的差别再没有什么社会意义。随着我国金融市场的不断发展，金融产品日趋多样化和复杂化，家庭和个体也越来越积极地参与到金融市场中。以改善民生和提高居民幸福感为目标的经济增长方式转型，人所追求的幸福将直接而且深刻地与经济增长、资本扩大建立紧密联系。如何鼓励家庭进行合理的储蓄和投资，对扩大内需、刺激经济增长发挥着重要的作用。在这样的背景下，研究主观幸福感对家庭资产选择行为的影响，比较不同资产选择行为的差异性，可以为政府推动的金融改革和宏观经济周期的调控措提供决策依据。家庭投资决策包括参与决策和资产配置两部分。那么居民情绪是如何影响中国家庭的金融市场参与决策和资产配置呢？本研究基于西南财经大学中国家庭金融调查与研究中心提供的中国家庭金融调查（CHFS）的大型微观数据，以低风险资产（储蓄）、具有消费和投资双重特征的风险相对较小的资产（房产）、风险相对较大的资产（股票）为研究对象，系统评估以主观幸福感衡量的情绪对家庭资产选择的影响，同时还检验了幸福感与人格特征对家庭资产选择可能存在的影响机制，以完善相关问题的研究，以期对相关领域研究做必要补充。本研究的学术贡献主要表现在：一方面，在当前新常态经济发展形势下，如何鼓励家庭进行合理的储蓄和投资，对于扩大内需、刺激经济增长发挥着重要的作用，可以为政府的宏观经济调控措施提供决策依据；另一方面，在当前金融产品不断丰富、储蓄分流严重、房市存量释放、股市波动加剧的后危机时代，全面深入地揭示幸福感提升与家庭金融行为决策机制所蕴含的理论和实践价值，具有重要的意义。

本章第2节是对相关文献的综述；第3节介绍了本章的数据来源和

实证模型；第 4 节实证评估了主观幸福感对家庭资产参与概率和比重的影响；第 5 节检验了幸福感可能影响家庭资产参与概率和比重的机制；第 6 节是对本章的小结。

7.2　研究回顾和研究假设

传统经济学理论认为，个体或家庭是理性的，相关经济决策主要受约束、偏好和预期的影响，然而自 20 世纪 70 年代末以来，金融市场涌现出许多有悖于标准经济学理论的投资者行为异常现象，自此，经济学界开始反思理性人假设的局限性，并尝试将心理学和行为学引入经济决策分析过程中，开始关注人的有限理性特征，形成了心理经济学的基础，并逐渐成为标准经济学理论的有效补充（闫伟和杨春鹏，2011）。随着心理经济学的发展，越来越多的经济学研究纳入了投资者情绪、认知偏差和文化背景等变量对理性假设进行修正，部分已有文献显示，投资者的情绪可能是影响个体经济行为和表现的重要因素，其各个维度对于各类具体经济行为异象具有一定的解释力（李涛和张文韬，2015）。因此，将经济人的有限理性特征与资产选择理论相结合，或许能更好地发现转型期中国农户家庭资产选择行为的影响因素。

李等（Lee et al.，1991）提出投资者情绪的理论，认为情绪波动可以解释金融市场行为波动，投资者心理活动和认知偏差可能影响其对未来市场的观念和情绪，并经由情绪最终影响投资者的经济行为。一般认为，当投资者有乐观情绪时将做出乐观的判断和选择，可能是"高估收益、低估风险"；当投资者有悲观情绪时，将做出悲观的判断和选择，则可能是"低估收益、高估风险"。虽然关于投资者情绪的相关研究有了近 20 年的历史，但由于情绪难以测度，国内外早期文献主要采用了间接情绪指标进行分析。表征情绪的间接性代理变量包括：个人投资者的共同基金净买量（Neal and Wheatley，1998）、封闭式基金折价率（Lee et al.，1991；伍燕和韩立岩，2007）、买卖失衡指标（Kumar and Lee，

2006）等。布朗和克里夫（Brown and Cliff，2004）对此有较为精彩的综述，并实证检验了多个表征情绪的代理变量。谢弗林和斯塔特曼（Shefrin and Statman，1994）提出了行为金融学两大著名的理论，即行为资产定价模型（BAPM）和行为资产组合理论（BPT），为进一步推动相关理论研究发展奠定了坚固的基石。洪等（Hong et al.，2004）研究发现，家庭行为决策会受到身边所交往朋友和其他群体的影响，选择类似的资产配置决策方案。李涛（2006）研究认为，社会互动和信任会推动中国居民参与股市投资。圭索等（Guiso et al.，2005）则用信任来分析金融决策行为，发现信任度高的家庭更情愿投资风险资产。裴平和张谊浩（2004）考虑了股市投资者的认知偏差，建立了一个从投资者情绪到投资者行为，再到投资者行为对金融市场和实体经济影响的研究模式。从作用机理上讲，以上情绪代理变量对金融市场异象均具有一定的解释力，但是面对复杂金融市场的经济行为异象的解释，各方研究仍不能得到一致的结论。究其原因，可能是因为以间接情绪变量表征情绪较片面，导致实证结果难免受偶然性因素的干扰。

学术界一般界定情绪的直接指标是通过对投资者的直接调查、询问其对某一特定心理问题的看法而测度出的。居民的主观幸福感是人们对自身生活满意度的综合心理反应指标，包括对工作、家庭等众多因素的主观感受和评价。更重要的是，主观幸福感一般不会发生连续性、持续性的变化，因此，可以将具有稳定性的心理和情绪特征的直接指标纳入经济学行为决策模型之中。伊斯特林（Easterlin，1974）开创性地将幸福感引入经济学研究之中。弗雷和施托泽（Frey and Stutzer，2002）在其综述文章中提出，居民收入、个人年龄、性别、政治信念、宗教信仰、政治制度、社会教育、社会信任、通货膨胀、失业等一系列因素都显著地影响了居民幸福感。而关于中国居民幸福感的研究文献也遵循着前人研究的思路，并已经取得不错的进展（张学志和才国伟，2011；陈钊等，2012；杨继东和章逸然，2014）。而对于幸福经济学的第三个主题"幸福效应"，即幸福感对居民行为决策影响，最近几年才逐渐成为学术热点。

部分学者试图将幸福经济学分析框架延伸到家庭金融行为领域，提出"幸福效应"是如何影响家庭资产配置行为和表现的问题（Rao et al.，2014）。经过必要的文献检索发现，检验幸福感与家庭金融决策关系的文献成果十分有限，并且，已有的结论也存在许多争议。家庭金融是金融系统的有机组成部分，相关研究的核心问题即是利用金融市场实现现有资源或财富在收益和风险两方面的最佳配置，以满足当期和未来的消费需求（王江等，2010；甘犁等，2013）。各种形式的家庭资产依据风险高低可以划分为现金及现金等价物、储蓄、债券、住房、股票等。卡恩和伊森（Kahn and Isen，1993）发现幸福感强的居民的消费策略和储蓄行为显著地区别于自我感觉不幸福的居民。而赫曼林和伊森（Hermalin and Isen，2008）进一步的研究还发现，人们储蓄和投资决策会部分取决于幸福感对消费的边际效用的影响。

谷汶（Guven，2012）指出，在其他条件不变情况下，幸福感强的居民更倾向于增加储蓄，减少消费，且具有相对较弱的边际消费倾向。饶育蕾等（Rao et al.，2014）研究认为，幸福感提升能够显著增加持有自有住房居民参与股票市场的概率以及持有股票的比重，但与没有自有住房居民的关系虽然为正但是不显著。除此之外，幸福感与社会资本存在影响股票投资的机制，但是与风险偏好和乐观态度不存在显著的影响机制。然而，叶德珠和周丽燕（2014）实证发现，居民幸福满意度与股票购买行为负相关且不显著，而与储蓄等风险较低的金融产品显著正相关，这可能是因为居民幸福感越强越表现出风险厌恶，所以其投资决策行为可能更为保守。

鉴于前人研究成果，本章提出下列研究假设：

假设1：主观幸福感与农户家庭储蓄选择显著相关。

假设2：主观幸福感与农户家庭股票选择显著相关。

假设3：主观幸福感与农户家庭商品房选择显著相关。

假设4：主观幸福感与农户家庭商业保险选择显著相关。

7.3 研究设计

7.3.1 实证计量模型设定

首先，为了研究农户家庭主观幸福感的决定因素，本研究从家庭人口统计特征角度出发，考察了家庭人口统计特征对农户家庭户主主观幸福感的影响，同时还控制了地区因素。具体的实证模型设定如下：

$$Happiness_i = \alpha_0 + \alpha_1 Age_i + \alpha_2 Age_i^2 + \alpha_3 Party_i + \alpha_4 Edu_i + \alpha_5 Marriage_i$$
$$+ \alpha_6 Income_i + \alpha_7 Income_i^2 + \alpha_8 Land_i + \alpha_9 DI_i + \alpha_{10} Business_i$$
$$+ \alpha_{11} Familysize_i + \alpha_{12} Old_i + \alpha_{13} Child_i + \alpha_{14} Urban_i$$
$$+ \alpha_{15} Region_i + \varepsilon_i \tag{7.1}$$

其中，被解释变量 $Happiness$ 表示农户家庭户主的主观幸福感。控制变量集合（Control）含家庭人口统计特征和地区控制变量，前者包括：户主的年龄（Age）、户主年龄的平方项（Age^2）、户主政治身份（Party）、户主的教育程度（Edu）、婚姻状态（Marriage）、家庭收入（Income）、家庭收入的平方项（$Income^2$）、家庭在户籍地拥有的土地面积（Land）、家庭是否从事工商业（Business）、家庭规模（Familysize）、家庭老年扶养比（Old）、家庭少年抚养比（Child），后者包括居住地为城镇（Urban）、居住地所属地区（Region）。此外，i 表示受访农户家庭；ε 表示随机扰动项。

接下来，为了研究主观幸福感对于农户家庭资产选择参与概率的影响，本文特提出如下研究假设 a：

假设 a：主观幸福感对农户家庭资产选择的参与概率影响显著。

本研究采用 CHFS 微观数据，利用 Probit 回归模型对原假设 a 进行实证检验，具体实证模型设定为如下所示：

$$\text{Prob}\ (Asset_i = 1)\ = \alpha_0 + \alpha_1 Happiness_i + \lambda Control_i + \varepsilon_i \tag{7.2}$$

其中，被解释变量 Prob（$Asset_i = 1$）表示受访家庭参与家庭资产投资选择的概率，家庭资产包括商品房、储蓄、股票和商业保险 4 类。$Happiness$ 表示农户家庭户主的主观幸福感程度；$Control$ 表示控制变量集合，主要包括农户家庭人口统计特征变量和地区控制变量；i 表示受访农户家庭；ε 表示随机扰动项。

然后，为了研究主观幸福感对于农户家庭资产投资比重的影响，本文特提出如下研究假设 b：

假设 b：主观幸福感对农户家庭资产选择持有的比重影响显著。

本文利用 Tobit 回归模型对假设 b 进行实证检验，具体模型设定如下所示：

$$Allocation_i = \beta_0 + \beta_1 Happiness_i + \lambda Control_i + \xi_i \qquad (7.3)$$

其中，被解释变量 $Allocation_i$ 表示农户家庭资产选择占家庭总资产的比重，家庭资产包括商品房、储蓄、股票和商业保险 4 种。表示农户家庭户主的主观幸福感程度；$Control$ 表示控制变量集合，主要包括农户家庭人口统计特征变量和地区控制变量；i 表示受访农户家庭，ζ 表示随机扰动项。

7.3.2　主观幸福感测度

主观幸福感的衡量方法，迄今仍没有统一的标准，但大多数微观数据调查均采用受访者自我评价的幸福满意程度作为直接测度指标。CHFS2013 调查中 13624 个受访家庭的户主报告了其主观幸福感。在计量分析时，受访户主主观幸福感的自我评价为"非常幸福"，则赋值为 5；"幸福"，则赋值为 4；"一般"，则赋值为 3；"不幸福"，则赋值为 2；"非常不幸福"，则赋值为 1。

7.3.3　主要控制变量选择

本研究选取的控制变量包括家庭人口统计特征和地区控制变量。家庭人口统计特征包括：家庭规模（Familysize），即共同居住的家庭成员总数；家庭收入水平（Income），即家庭成员年收入的总和；户主年龄（Age），即户主自然年龄的自然对数；户主性别（Gender），即男性户主赋值为1，女性户主赋值为0；户主婚姻状况（Marriage），即已婚和同居，则赋值为1，未婚、离异、丧偶，则赋值为0；教育程度（Edu），即文盲及小学以下赋值为0，小学赋值为1，初中赋值为2，中专、高职及高中赋值为3，大专及本科赋值为4，研究生及以上赋值为5；家庭拥有土地面积（Landsize），即家庭拥有土地面积的自然对数；家庭负债识别（DebtIndicator），即家庭中具有银行贷款或其他借贷余额则赋值为1，否则赋值为0；老年扶养比（Old），即家庭中60岁以上成员占家庭总人数的比重；少儿抚养比（Child），即家庭中16岁以下未成年成员占家庭总人数的比重。地区控制变量包括：居住地为城镇地区（Urban），即如果农户家庭受访时居住地为城镇的则赋值为1，否则赋值为0；地区控制变量（Region），即农户家庭居住地为东部沿海发达省市地区（East，包括北京、天津、山东、上海、江苏、浙江、福建、广东）则赋值为1，其他赋值为0，农户家庭居住地为西部欠发达地区（West，包括陕西省、甘肃省、青海省、宁夏回族自治区、四川省、重庆市、云南省、贵州省、内蒙古自治区、广西壮族自治区），其他为中部地区（Middle）。

7.3.4 数据来源

本研究所使用数据来自西南财经大学中国家庭金融中心2013年在全国范围开展的第二轮中国家庭金融调查数据（China Household Finance Survey，CHFS2013）。考虑到本文所选择被解释变量和解释变量的可得性，剔除了存在缺失值的样本，最终筛选出13634个农户家庭样本用于实证检验分析。

7.4 描述性统计结果

7.4.1 总样本的描述性统计分析

表7-1给出了总样本的描述性统计结果。结果显示，在13624个受访家庭样本中，有235个家庭的户主"非常不幸福"，占总样本的1.72%；有1148个家庭的户主表示"不幸福"，占总样本的8.43%；有4836个家庭户主表示"一般"，占总样本的35.50%；有5550个家庭户主表示"比较幸福"，占总样本的40.74%；有1855个家庭户主表示"非常幸福"，占总样本的13.61%。总的来看，在受访家庭样本中表示"不幸福"和"非常不幸福"的占比合计10.15%，而受访家庭中户主感到"比较幸福"和"非常幸福"的占比合计54.35%，结果显示，2013年中国家庭户主幸福的感觉还是比较明显的，农村居民总体幸福感较强。

表7-1　　　　　农户家庭主观幸福感总体分布情况

项目	非常不幸福	不幸福	一般	比较幸福	非常幸福	总样本数
样本数	235	1148	4836	5550	1855	13624
占比	1.72%	8.43%	35.50%	40.74%	13.61%	100%

7.4.2 中国各个省份的幸福居民占比描述

进一步，本研究对CHFS2013抽样的29个省（市、区）的家庭主观幸福感分布进行了描述性统计分析。表7-2为中国29个省（市、区）的农户家庭户主回答"幸福"和"非常幸福"的占比情况。由结果可以看出，回答"幸福"的家庭占比最高的三个省份依次为上海、天津、山东，占比分别为47.29%、46.92%、45.86%，回答"非常幸福"的家庭占比最高的三个省份依次为山东、吉林、黑龙江，占比分别为

24.83%、21.91%、21.18%，综上结果还可以发现，回答"幸福"和"非常幸福"的家庭的合计占比最高的三个省份依次为山东、内蒙古、天津。由表7-3可知，总体而言，各个省份居民的主观幸福感程度存在差异，即主观幸福感程度，存在一定的地区性差异。

表7-2　　　　　　各个省份幸福感分布情况

省份	比较幸福占比	非常幸福占比	幸福占比合计	省份	比较幸福占比	非常幸福占比	幸福占比合计
安徽	0.4512	0.1581	0.6093	江西	0.4146	0.0902	0.5048
北京	0.3857	0.175	0.5607	辽宁	0.3757	0.1961	0.5718
福建	0.3904	0.0946	0.4850	内蒙古	0.4250	0.2107	0.6357††
甘肃	0.4433	0.0788	0.5221	宁夏	0.3820	0.0864	0.4684
广东	0.3964	0.1029	0.4993	青海	0.3444	0.1208	0.4652
广西	0.3318	0.1213	0.4531	山东	0.4586†	0.2483†††	0.7069†††
贵州	0.3769	0.0842	0.4611	山西	0.4338	0.1287	0.5625
海南	0.4257	0.1205	0.5462	陕西	0.3849	0.1338	0.5187
河北	0.3783	0.2009	0.5792	上海	0.4729†††	0.1330	0.6059
河南	0.4564	0.1636	0.6200	四川	0.4000	0.1312	0.5312
黑龙江	0.3368	0.2118†	0.5486	天津	0.4692††	0.1615	0.6307†
湖北	0.4528	0.0884	0.5412	云南	0.4326	0.0851	0.5543
湖南	0.4031	0.1286	0.5317	浙江	0.4068	0.1303	0.5629
吉林	0.3935	0.2191††	0.6126	重庆	0.3674	0.0751	0.4425
江苏	0.4186	0.0918	0.5104				

注：†††、††、†分别表示幸福感占比由高到低排名依次为第一、第二和第三的省份。

7.4.3　主观幸福感与家庭资产选择关系的描述性统计结果

7.4.3.1　主观幸福感与储蓄选择

储蓄是农村家庭资产中的重要组成部分，对主观幸福感不同程度的家庭而言，家庭参与储蓄的概率表现出一定的差异。由图 7 - 1（左图）可以发现，回复"非常不幸福"的家庭参与储蓄的概率较低，约为25.1%，随着户主主观幸福感的提高，农户家庭参与储蓄的概率也有所提高，回复"非常幸福"的农户家庭参与储蓄的概率升高到55.1%，较"非常不幸福"的家庭而言，其储蓄的参与率提高了近30%。

由图 7 - 1（右图）可以发现，主观幸福感越高的农户家庭，其储蓄占家庭总资产的比重亦相对较高。回复"非常不幸福"的农户家庭中储蓄占比为6.4%，而"幸福"和"非常幸福"的农户家庭资产中储蓄占比分别达到13.4%和15.0%，均明显高于"非常不幸福"的农户家庭的储蓄占比。这些结果反映了，农户家庭户主主观幸福感的提升不仅可能提高家庭参与储蓄的概率，而且可能同时使农户家庭在资产配置中选择配置更多的储蓄。

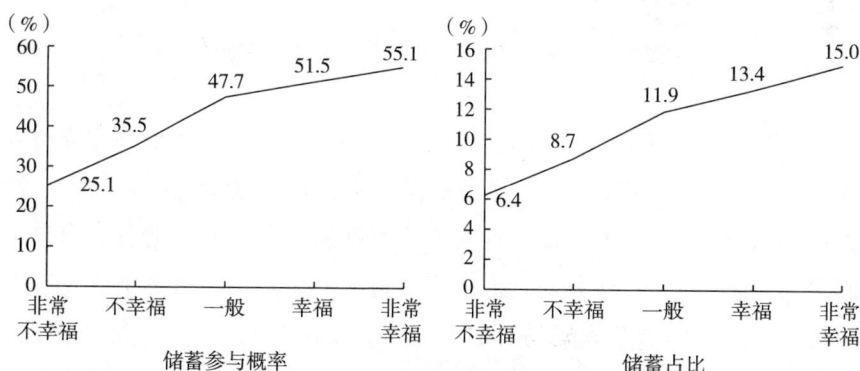

图 7 - 1　农户家庭户主主观幸福感与储蓄选择

7.4.3.2 主观幸福感与股票选择

图 7 - 2 描述了我国农户家庭资产中关于股票的选择。由图 7 - 2（左图）可以发现，回复"非常不幸福"的农户家庭参与股票投资的概率约为 0.5%，回复"不幸福"的农户家庭参与股票投资的概率约为 0.9%，回复"一般"的农户家庭参与股票投资的概率约为 1.3%，而回复"幸福"的农户家庭股票参与概率约为 1.0%，回复"非常幸福"的农户家庭参与股票投资的概率约为 1.3%。总体来看，农户家庭参与股票投资的概率表现明显的"有限参与"现象，但是随着主观幸福感的提升，农户家庭参与概率仍呈上升趋势。

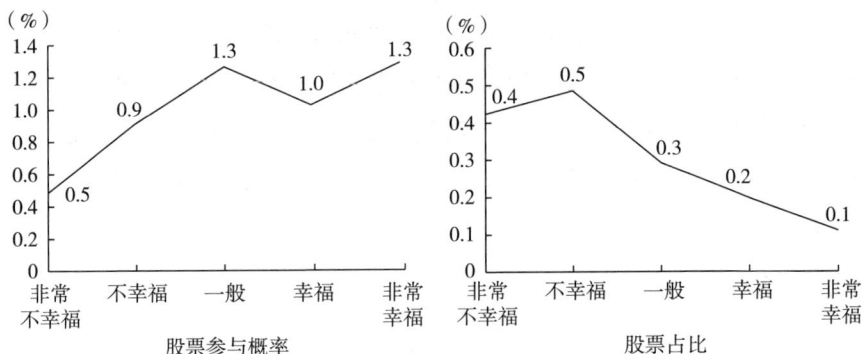

图 7 - 2 农户家庭户主主观幸福感与股票选择

由图 7 - 2（右图）可以发现，回复"非常不幸福"的农户家庭持有股票的占比约为 0.4%，回复"不幸福"的农户家庭持有股票的占比约为 0.5%，较"非常不幸福"的农户家庭略有提高，但是随着农户户主的主观幸福感的进一步提高，农户家庭持有股票的占比持续下降，其中回复"一般"的农户家庭持有股票的占比下降到 0.3%，回复"幸福"的农户家庭持有股票的占比降低到 0.2%，而回复"非常幸福"的农户家庭持有股票的占比仅为 0.1%。不难发现，主观幸福感较高的农户家庭反而选择持有更低比例的股票，这些结果说明农户家庭选择股票作为家庭资产表现明显的"有限参与"现象。

7.4.3.3　主观幸福感与商品房选择

我国立法设计就提出"保障农村人口居住权，实现居者有其屋"的农村宅基地使用权制度的价值目标，因此，农村户籍的成年男性和女性，只要在不变更户籍的情况下，均可按照"人头数"获得一定面积的宅基地用于居住用途。换而言之，农村家庭是否取得宅基地的使用权并非其主动的投资行为。因此，本研究视农户家庭在城镇或城市购买具有"产权"性质的商品房为自主决定的房产投资，包括"大产权"和"小产权"房产。

由图7-3（左图）可知，随着主观幸福感的提高，农户家庭参与商品房的概率呈现上升趋势，回复"非常不幸福"的农户家庭参与商品房投资的概率为3.3%，回复"不幸福"的农户家庭参与商品房投资的概率为5.7%，而回复"幸福"的农户家庭参与商品房投资的概率约为8.6%，回复"非常幸福"的农户家庭参与商品房投资的概率最高，达到11.0%。

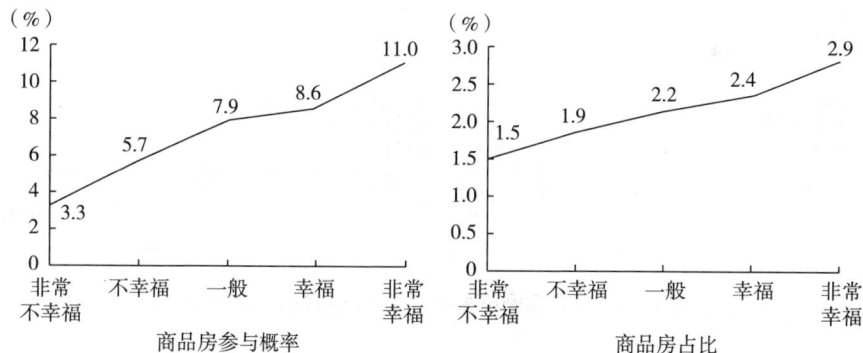

图7-3　农户家庭户主主观幸福感与商品房选择

由图7-3（右图）可知，随着主观幸福感的提高，农户家庭资产中配置商品房的比重也呈上升趋势，回复"非常不幸福"的家庭资产配置中商品房的占比最低，约为1.5%，随着幸福感的提升，商品房投资的占比逐渐提高，其中，回复"幸福"的农户家庭中商品房的占比约为

2.4%，而回复"非常幸福"的农户家庭持有商品房的占比最高，达到 2.9%。这些结果表明，农户家庭户主主观幸福感的提升不仅能够提高商品房投资的参与概率，而且可能提高家庭资产中商品房资产的占比。

7.4.3.4 主观幸福感与商业保险选择

图 7-4 描述了农户家庭主观幸福感与商业保险选择的关系。由图 7-4（左图）可知，回复"非常不幸福"的农户家庭参与商业保险的概率仅为 1.4%，回复"不幸福"的农户家庭参与商业保险的概率为 1.8%，而回复"一般"的农户家庭参与商业保险的概率约为 3.9%，回复"幸福"的农户家庭参与商业保险的概率提高到 4.8%，回复"非常幸福"的农户家庭参与商业保险的概率最高，达到 5.2%。这些结果表明虽然随着主观幸福感的提升，农户家庭参与商业保险的概率有所提高，但结果仍然显示农户家庭参与商业保险的概率非常低。

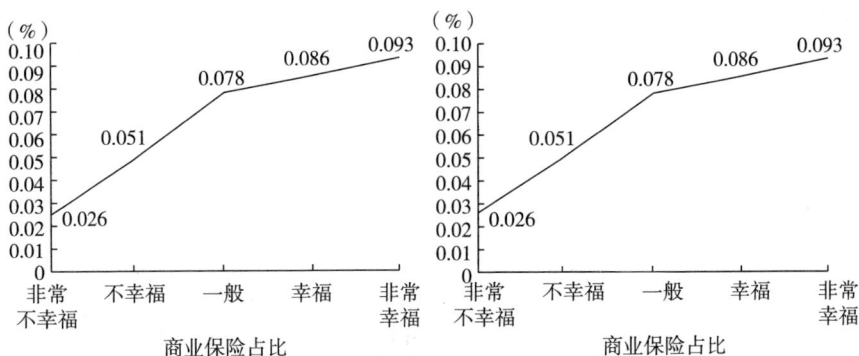

图 7-4 农户家庭户主主观幸福感与商业保险选择

由图 7-4（右图）结果可见，回复"非常不幸福"的农户家庭持有商业保险比重仅为 0.026%，回复"不幸福"的农户家庭持有商业保险的比重为 0.051%，回复"一般"的农户家庭持有商业保险的比重提高到 0.078%，回复"幸福"的农户家庭持有商业保险的比重为 0.086%，回复"非常幸福"的农户家庭持有商业保险的比重达到 0.093%。总体来说，农户家庭主观幸福感与商业保险资产选择呈现正相关关系，但是，我国农户家庭参与商业保险的概率和持有商业保险的比重是非常低的。

7.5　实证分析结果

7.5.1　基于 OLS 和 Ordered Logit 模型的估计

本文采用了 OLS 和 Ordered Logit 模型估计了农户家庭人口统计特征对户主主观幸福感的影响。表 7－3 第（1）列和第（2）列报告了基于 OLS 模型回归的结果，其中第（2）列控制了地区的固定效应；表 7－3 第（3）列和第（4）列报告了基于 Ordered Logit 模型的回归的估计结果，其中第（4）列控制了地区的固定效应。总体来说，数据显示，OLS 模型和 Ordered Logit 模型的回归结果基本一致。户主年龄（Age）对户主主观幸福感的影响呈"U"型变化，即随着年龄的增加，农户家庭户主的主观幸福感先降低，再提高呈现。家庭收入与农户家庭户主主观幸福感的关系与户主年龄因素相似，也呈现先降低再提高的趋势。

表 7－3　主观幸福感的影响因素：OLS 和 Ordered Logit 模型估计结果

项目	OLS		Ordered Logit	
	（1）	（2）	（3）	（4）
年龄	－ 6.1412 ***	－ 6.0045 ***	－ 1.4295 ***	－ 1.4005 ***
	(0.000)	(0.000)	(0.000)	(0.000)
年龄的平方项	0.8029 ***	0.7874 ***	0.1875 ***	0.1842 ***
	(0.000)	(0.000)	(0.000)	(0.000)
性别	－ 0.0186	－ 0.0184	－ 0.0524	－ 0.0521
	(0.361)	(0.367)	(0.232)	(0.234)
教育程度	0.0768 ***	0.0733 ***	0.1487 ***	0.1416 ***
	(0.000)	(0.000)	(0.000)	(0.000)
婚姻状态	0.3026 ***	0.3007 ***	0.6152 ***	0.6118 ***
	(0.000)	(0.000)	(0.000)	(0.000)

续表

项目	OLS		Ordered Logit	
	(1)	(2)	(3)	(4)
收入	-0.0994 ***	-0.0975 ***	-0.2098 ***	-0.2067 ***
	(0.000)	(0.000)	(0.000)	(0.000)
收入的平方项	0.0088 ***	0.0086 ***	0.0185 ***	0.0181 ***
	(0.000)	(0.000)	(0.000)	(0.000)
家庭土地面积	0.0360 ***	0.0427 ***	0.0721 ***	0.0863 ***
	(0.000)	(0.000)	(0.000)	(0.000)
家庭负债	-0.1248 ***	-0.1204 ***	-0.2596 ***	-0.2515 ***
	(0.000)	(0.000)	(0.000)	(0.000)
自主创业	0.2237 ***	0.2083 ***	0.4632 ***	0.4322 ***
	(0.000)	(0.000)	(0.000)	(0.000)
家庭规模	-0.0029	-0.0023	-0.0043	0.0013
	(0.624)	(0.969)	(0.736)	(0.919)
老年扶养比	0.1436 ***	0.1434 ***	0.2939 ***	0.2943 ***
	(0.000)	(0.000)	(0.000)	(0.000)
少年抚养比	0.1594 ***	0.1529 ***	0.3574 ***	0.3457 ***
	(0.003)	(0.004)	(0.002)	(0.002)
居住地为城镇		0.0579 ***		0.1218 ***
		(0.001)		(0.001)
地区控制变量	No	Yes	No	Yes
观测样本量	13634.0000	13634.0000	13634.0000	13634.0000
F 值	53.8100	57.5300	633.4700	682.4600
调整后的 R^2	0.0500	0.0510	0.0191	0.0195

注：***、**、*分别表示通过1%、5%、10%的显著性检验，系数下括号内为聚类调整的稳健标准误（Cluster & Robust Standard Error）。

此外，已婚（有配偶）或同居的婚姻状况（Marriage）会显著影响农村居民幸福感，而离异、分居、丧偶的家庭状况会显著降低农村居民幸福感。换句话说，越是完整美满的婚姻关系，农户家庭感受到的幸福感水平越高。农户家庭的规模与主观幸福感关系为负，但是不显著，这结果说明农户家庭规模与其主观幸福感无显著关系。农村居民接受更高水平教育（Edu）对提高其幸福感也产生了显著的正向促进作用，即户主受教育的程度越高，其主观幸福感越强。实证结果还发现，农户家庭户主的政治身份与其主观幸福感关系为正，且在1%置信水平显著，这结果表明户，主具有中共党员的政治身份比非中共党员的幸福感更高，而农户家庭户主的中共党员的政治身份对其主观幸福感的提升具有显著的促进作用（Song and Appleton，2008）；另一方面，中国共产党员由于其代表的先进性往往能够树立明确的工作生活目标，所以生活中更容易获得幸福感。

农户家庭的少年抚养比（Child）与其主观幸福感正相关，且在1%置信水平上显著。这结果表明，农户家庭中子女占比越高，家庭的幸福感越强。究其原因，这可能与农户家庭"多子多福"的传统理念有一定的关系，有子女的家庭的幸福感明显较强，并且子女数量的增加对于农户家庭幸福感有提升作用。"家有一老，如有一宝"是农村家庭普遍遵守的传统观念之一。回归结果显示，农户家庭老年扶养比（Old）与其主观幸福感显著正相关，表明农户家庭中老年的占比越高，则农户家庭的主观幸福感越高，这一结果与传统观念一致。

此外，农户家庭在农村拥有的土地的面积（Land）与其主观幸福感呈显著正相关，即农户家庭在农村拥有的土地面积越多，则土地因素对其主观幸福感的提升作用越显著。农户家庭负债（DebtIndicator）与家庭户主主观幸福感关系为负，且在1%置信水平显著。这结果表明，农户家庭参与银行借贷和民间借贷等可能降低其主观幸福感的程度。这可能与农村金融不发达和金融意识薄弱相关，普通农户家庭的金融知识太少，不愿意参与借贷活动，甚至对借贷行为产生抵触心态，所以家庭参与借贷负债可能降低户主的主观幸福感。另外，回归结果还显示，居住地为城镇（Urban）的农户家庭较居住地在农村的家庭而言，具有更高的主观幸福感。这结果表明，在当前中国城镇化进程不断推进的背景下，农村居民向往城镇生活所享受的优越的物质条件、更高的教育和医疗服务水平，迁移至城镇的农户家庭可能比留在农村的农户家庭更加容易获得幸福感。

7.5.2 基于 Ordered Probit 模型的估计

为了更详细地评估家庭人口统计特征对农户家庭户主的主观幸福感的影响，本文进一步采用有序 Probit（Ordered Probit）模型估计回归方程(7.3)，并计算各个变量对农户家庭户主的主观幸福感的边际概率影响（边际效应）。表 7-4 结果显示，总体来看，各个变量的回归系数符号和显著性水平与表 7-3 中的 OLS 估计结果基本一致。农户家庭户主年龄对户主的主观幸福感的影响呈现"U"型变化，表明随着年龄的增长，农户家庭户主自我感觉幸福的概率呈现先降后升的趋势。同时家庭收入对农户家庭户主的主观幸福感的影响也呈现"U"型变化，表明随着农户家庭收入的增加，农户家庭户主自我感觉幸福的概率也呈先降后升的趋势，这与年龄的估计结果类似。

表 7-4 显示，农户家庭户主是中共党员与其主观幸福感显著正相关。受教育程度的边际效应为 0.0877，在 1% 置信水平显著，表示文化知识水平越高的农户，其自我感到幸福的可能性越大，也表明农户的文化知识水平是决定其主观幸福感的重要因素。户主的婚姻状态与其主观幸福感也呈显著正相关，农户家庭婚姻完整美满能够提高其获得更高自我幸福满意程度的概率。

表 7-4 还显示，农户家庭老年扶养比与其主观幸福感显著正相关，边际效应为 0.1737，在 1% 置信水平显著。边际效应分析结果发现，农户家庭中老年扶养比每增加 1 个单位，则使得农户家庭户主感觉"非常不幸福""不幸福""一般"的概率分别降低 0.70%、2.29%、3.72%；相反，使得农户家庭户主感觉"幸福"和"非常幸福"的概率分别增加 3.00% 和 3.68%。类似的，农户家庭少年抚养比与其主观幸福感也显著正相关，边际效应为 0.1884，在 1% 置信水平显著。边际效应分析结果显示，农户家庭中少年抚养比每增加 1 个单位，则使得农户家庭户主感

觉"非常不幸福""不幸福""一般"的概率分别降低0.75%、0.24%、3.98%；相反，使得农户家庭户主感觉"幸福"和"非常幸福"的概率分别增加3.2%和4.0%。

表7－4 主观幸福感的影响因素：Ordered Probit 模型估计结果

项目	主观幸福感	边际效应				
		非常不幸福	不幸福	一般	幸福	非常幸福
年龄	− 3. 4728 ***	0. 3006 ***	0. 9816 ***	1. 5960 ***	− 1. 2857 ***	− 1. 5836 ***
	(0. 000)	(0. 000)	(0. 000)	(0. 000)	(0. 000)	(0. 000)
年龄的平方项	0. 9801 ***	− 0. 0394 ***	− 0. 1287 ***	− 0. 2093 ***	0. 1686 ***	0. 2077 ***
	(0. 000)	(0. 000)	(0. 000)	(0. 000)	(0. 000)	(0. 000)
性别	− 0. 0251	0. 009	0. 0034	0. 0056	− 0. 0046	− 0. 0053
	(0. 314)	(0. 307)	(0. 310)	(0. 317)	(0. 308)	(0. 317)
教育程度	0. 0877 ***	− 0. 0035 ***	− 0. 0115 ***	− 0. 0187 ***	0. 0151 ***	0. 0186 ***
	(0. 000)	(0. 000)	(0. 000)	(0. 000)	(0. 000)	(0. 000)
婚姻状态	0. 3596 ***	− 0. 0145 ***	− 0. 0479 ***	− 0. 0767 ***	0. 0618 ***	0. 0761 ***
	(0. 000)	(0. 000)	(0. 000)	(0. 000)	(0. 000)	(0. 000)
收入	− 0. 1199 ***	0. 0048 ***	0. 0158 ***	0. 0256 ***	− 0. 0207 ***	− 0. 0254 ***
	(0. 000)	(0. 000)	(0. 000)	(0. 000)	(0. 000)	(0. 000)
收入的平方项	0. 0105 ***	− 0. 004 ***	− 0. 0014 ***	− 0. 0023 ***	0. 0018 ***	0. 0022 ***
	(0. 000)	(0. 000)	(0. 000)	(0. 000)	(0. 000)	(0. 000)
家庭土地面积	0. 0526 ***	− 0. 0021 ***	− 0. 0069 ***	− 0. 0112 ***	0. 0091 ***	0. 0121 ***
	(0. 000)	(0. 000)	(0. 000)	(0. 000)	(0. 000)	(0. 000)
家庭负债	− 0. 1461 ***	0. 0059 ***	0. 0192 ***	0. 0312 ***	− 0. 0252 ***	− 0. 0301 ***
	(0. 000)	(0. 000)	(0. 000)	(0. 000)	(0. 000)	(0. 000)
自主创业	0. 2574 ***	− 0. 0103 ***	− 0. 0338 ***	− 0. 0549 ***	0. 0442 ***	0. 0545 ***
	(0. 000)	(0. 000)	(0. 000)	(0. 000)	(0. 000)	(0. 000)
家庭规模	− 0. 0051	− 0. 0001	− 0. 0002	− 0. 0004	0. 0003	0. 0014
	(0. 945)	(0. 998)	(0. 998)	(0. 998)	(0. 998)	(0. 994)

续表

项目	主观幸福感	边际效应				
		非常不幸福	不幸福	一般	幸福	非常幸福
老年扶养比	0.1737 ***	− 0.0070 ***	− 0.0229 ***	− 0.0372 ***	0.0300 ***	0.0368 ***
	(0.000)	(0.000)	(0.004)	(0.000)	(0.000)	(0.000)
少年抚养比	0.1884 ***	− 0.0075 ***	− 0.0245 ***	− 0.0398 ***	0.0321 ***	0.0395 ***
	(0.004)	(0.005)	(0.004)	(0.004)	(0.004)	(0.004)
居住地为城镇	0.0693 ***	− 0.0028 ***	− 0.0091 ***	− 0.0148 ***	0.0119 ***	0.0147 ***
	(0.001)	(0.001)	(0.001)	(0.001)	(0.001)	(0.001)
地区控制变量	Yes					
观测样本量	13634.0000					
LR Chi^2	674.3000					
Pseudo R^2	0.0200					

注：*** 、** 、* 分别表示通过1%、5%、10%的显著性检验，系数下括号内为聚类调整的稳健标准误（Cluster & Robust Standard Error）。

表7－4还显示，农户家庭在农村拥有的土地面积与其主观幸福感显著正相关，边际效应为0.0526%，在1%置信水平显著，边际效应分析结果发现，农户家庭在农村拥有的土地面积每增加1个单位，将使得农户家庭户主感觉"非常不幸福""不幸福""一般"的概率分别降低0.21%、0.69%和1.12%；相反，使农户家庭户主感觉"幸福"和"非常幸福"的概率分别增加0.91%和1.21%。这可能是因为中国的农户有根深蒂固的"土地情节"，更多的土地能够为农户家庭的生存能力提高提供更多的保障，同时也能为生活质量的提高提供必要的物质基础，进而增加其幸福感。

此外，家庭负债指标的回归结果显示，农户家庭中有负债的家庭比没有负债的家庭获得更低的幸福感，家庭有负债的特征可能使农户家庭户主感觉"非常不幸福""不幸福""一般"的概率分别增加了0.59%、1.92%和3.12%；相反，使得农户家庭户主感觉"幸福"和"非常幸福"的概率分别降低了2.52%和3.01%。

7.5.3　主观幸福感对家庭资产参与概率的影响

接下来，本研究检验了主观幸福感与农户家庭资产选择参与概率的关系。由于被解释变量为虚拟变量，因此，将模型设定为 Probit 模型，并用极大似然法对模型进行参数估计。

由于主观幸福感是一种对生活态度的综合认知行为，可能与被解释变量之间存在内生性关系，造成估计有偏差的问题，为了得到更为客观的测试结果，本研究借鉴前人的关于幸福感与经济增长内生性问题的研究成果，引入两类外生因素作为工具变量：一类是自然界的外生因素，包括地区降雨量、日照时数、年均气温、六年内地震频次；另一类是农村环境治理，包括农村自来水受益比和农村无害化卫生厕所普及率。对两类工具变量分别进行实证检验，采用伍德里奇（Wooldridge）给出的检验方法（Wald Test of Exogeneity）来检验幸福满意度与家庭资产选择之间的内生性。如果检验结果支持主观幸福感与家庭资产选择之间存在内生性，则接受 IV-Probit 的回归结果，否则，就接受普通 Probit 的估计结果。研究实证结果发现，以所在地区 2013 年降雨量作为工具变量进行估计时，对数似然值更大，Wald 检验的 p 值更小，显著性更好，所以本研究主要反映了以降雨量作为主观幸福感的工具变量的回归结果，以考察主观幸福感与农户家庭参与概率的关系。

7.5.3.1　主观幸福感对农户家庭储蓄参与概率的影响

表 7 – 5 第（1）列和第（2）列数据反映了主观幸福感对农户家庭储蓄参与概率的影响。首先检验幸福满意度与储蓄参与动机之间的内生性，结果显示 Wald 检验值为 50.92，在 1% 置信水平显著，拒绝原假设，表明应该选择接受 IV-Probit 的估计结果。表 7 – 5 第（2）列 IV-Probit 的估计结果显示，主观幸福感与家庭参与储蓄的可能性显著负相关，其边际效应为 – 0.0898，在 1% 水平显著，这表明主观感觉较为幸福的农户家庭参与储蓄的可能性随幸福感的提升而减少。

表 7 - 5　　　　　　　　主观幸福感对储蓄和股票参与概率的影响

项目	储蓄参与概率		股票参与概率	
	Probit	IV-Probit	Probit	IV-Probit
	(1)	(2)	(3)	(4)
主观幸福感	0.0624 ***	- 0.0898 ***	- 0.0452	- 0.0558
	(0.000)	(0.000)	(0.254)	(0.188)
年龄	1.1534 *	- 1.0916 ***	1.9423 ***	1.4656 **
	(0.062)	(0.000)	(0.000)	(0.027)
年龄的平方项	- 0.2196 *	0.5180 ***	- 0.2637 ***	- 0.1988 **
	(0.090)	(0.000)	(0.000)	(0.026)
性别	0.0750 **	- 0.0058	0.1154	0.0095
	(0.013)	(0.826)	(0.290)	(0.907)
教育程度	0.2369 ***	0.1975 ***	0.3060 ***	0.2989 ***
	(0.000)	(0.000)	(0.000)	(0.000)
婚姻状态	0.1702 ***	0.3642 ***	- 0.1673	- 0.0114
	(0.000)	(0.000)	(0.159)	(0.950)
健康程度	0.0604 ***	0.2119 ***	0.0103	0.1043
	(0.000)	(0.000)	(0.718)	(0.197)
收入	- 0.1157 ***	- 0.1497 ***	- 0.1983 ***	- 0.2236 ***
	(0.000)	(0.000)	(0.003)	(0.000)
收入的平方项	0.0118 ***	0.0141 ***	0.0167 ***	0.0189 ***
	(0.000)	(0.000)	(0.002)	(0.000)
家庭土地面积	0.0196 *	0.0470 ***	- 0.0617 *	- 0.0360
	(0.080)	(0.000)	(0.065)	(0.344)
家庭负债	- 0.2815 ***	- 0.2573 ***	- 0.0799	- 0.1173 *
	(0.000)	(0.000)	(0.232)	(0.077)
自主创业	0.3184 ***	0.3397 ***	0.3074 ***	0.3427 ***
	(0.000)	(0.000)	(0.000)	(0.000)
家庭规模	- 0.0062	- 0.0029	0.0058	0.0072
	(0.450)	(0.686)	(0.825)	(0.765)
老年扶养比	0.1531 ***	0.2183 ***	0.4354 **	0.4547 ***
	(0.004)	(0.000)	(0.013)	(0.004)

续表

项目	储蓄参与概率		股票参与概率	
	Probit	IV-Probit	Probit	IV-Probit
	(1)	(2)	(3)	(4)
少年抚养比	0.0282	0.1202*	0.4947**	0.4746**
	(0.727)	(0.087)	(0.016)	(0.014)
居住地为城镇	0.1352***	0.1223***	0.6429***	0.6067***
	(0.000)	(0.000)	(0.000)	(0.000)
地区控制变量	Yes	Yes	Yes	Yes
样本量	13634.0000	13634.0000	13634.0000	13634.0000
LR Chi^2	1663.4700	4778.7300	298.1700	410.6900
Pseudo R^2	0.0988		0.2070	
Wald Test		50.92***		1.12
		(0.000)		(0.289)

注：***、**、*分别表示通过1%、5%、10%的显著性检验，系数下括号内为聚类调整的稳健标准误（Cluster & Robust Standard Error）。

7.5.3.2 主观幸福感对农户家庭股票参与概率的影响

表7-5第（3）列和第（4）列数据反映了主观幸福感对农户家庭储蓄参与概率的影响。首先检验幸福满意度与股票参与概率之间的内生性，结果显示 Wald 检验值为1.12，在10%置信水平不显著，不能拒绝原假设，表明应该选择接受 Probit 的估计结果。表7-5第（3）列 Probit 的估计结果显示，主观幸福感与农户家庭参与股票投资的概率负相关，但结果不显著。这表明主观感觉较为幸福与不幸福的农户家庭参与股票投资的概率无显著差异，即主观幸福感的提升或降低不会对农户家庭参与股票产生显著影响。

7.5.3.3 主观幸福感对农户家庭商品房参与概率的影响

表7-6第（1）列和第（2）列数据反映了主观幸福感对农户家庭商品房参与概率的影响。首先检验幸福满意度与商品房参与概率之间的内生性，结果显示 Wald 检验值为13.20，在1%置信水平显著，拒绝原

假设，表明应该选择接受 IV-Probit 的估计结果。表 7-6 第（2）列 IV-Probit 的估计结果显示，主观幸福感与家庭参与商品房的可能性显著正相关，其边际效应为 0.0814，在 1% 水平显著，这表明主观感觉较为幸福的农户家庭参与商品房投资的可能性随幸福感的提升而升高。相对于农村地区，城镇地区的生活保障条件及基础设施都更加完善，生活更加方便，越幸福的农户家庭越愿意改善原来的生活状态，也就更加愿意在城镇购房，甚至是移居城镇地区生活。

表 7-6　　　　主观幸福感对商品房和商业保险参与概率的影响

项目	商品房参与概率		商业保险参与概率	
	Probit	IV-Probit	Probit	IV-Probit
主观幸福感	0.0712 ***	0.0814 ***	0.0623 ***	0.0929 ***
	(0.000)	(0.000)	(0.001)	(0.000)
年龄	1.7896 **	1.1769 ***	1.0045 ***	1.1414 ***
	(0.045)	(0.000)	(0.000)	(0.000)
年龄的平方项	-0.3253 *	-0.7963 ***	-0.1374 ***	-0.1558 ***
	(0.078)	(0.000)	(0.000)	(0.000)
性别	0.0127	0.0578	-0.0373	0.0314
	(0.775)	(0.108)	(0.472)	(0.319)
教育程度	0.1344 ***	0.0648 **	0.1343 ***	0.0535 **
	(0.000)	(0.015)	(0.000)	(0.021)
婚姻状态	0.1244 **	-0.3109 ***	0.1007 *	-0.1675 ***
	(0.028)	(0.000)	(0.086)	(0.006)
健康程度	0.0529 ***	0.0993 ***	-0.0437 ***	-0.1364 ***
	(0.000)	(0.004)	(0.001)	(0.000)
收入	-0.0351	-0.0363	-0.0458	0.0365
	(0.277)	(0.256)	(0.147)	(0.203)
收入的平方项	0.0038	0.0025	0.0050 **	-0.0025
	(0.135)	(0.349)	(0.048)	(0.296)
家庭土地面积	0.0659 ***	0.0248	0.0330 * *	-0.0071
	(0.000)	(0.157)	(0.023)	(0.592)

续表

项目	商品房参与概率		商业保险参与概率	
	Probit	IV-Probit	Probit	IV-Probit
家庭负债	0. 3095 ***	0. 3007 ***	0. 0427	0. 1121 ***
	(0. 000)	(0. 000)	(0. 167)	(0. 000)
自主创业动机	0. 3531 ***	0. 1658 **	0. 3748 ***	0. 1250 ***
	(0. 000)	(0. 016)	(0. 000)	(0. 031)
家庭规模	0. 0600 ***	0. 0439 ***	− 0. 0017	− 0. 0031
	(0. 000)	(0. 000)	(0. 871)	(0. 721)
老年扶养比	− 0. 0961	− 0. 1752 ***	0. 0157	− 0. 0871
	(0. 217)	(0. 009)	(0. 840)	(0. 172)
少年抚养比	− 0. 0753	− 0. 1353	0. 3978 ***	0. 1668 *
	(0. 494)	(0. 153)	(0. 000)	(0. 078)
居住地为城镇	0. 0100	− 0. 0204	0. 1173 ***	0. 0278
	(0. 784)	(0. 514)	(0. 000)	(0. 349)
地区控制变量	Yes	Yes	Yes	Yes
样本量	13634. 0000	13634. 0000	13634. 0000	13634. 0000
Wald Chi^2	476. 8700	1136. 4300	661. 2700	2259. 0800
Pseudo R^2	0. 0606		0. 0750	
Wald Test		13. 20 ***		27. 25 ***
		(0. 000)		(0. 000)

注：*** 、** 、* 分别表示通过1%、5%、10%的显著性检验，系数下括号内为聚类调整的稳健标准误（Cluster & Robust Standard Error）。

7.5.3.4　主观幸福感对农户家庭商业保险参与概率的影响

表7－6第（3）列和第（4）列数据反映了主观幸福感对家庭农户商业保险参与概率的影响。首先检验幸福满意度与商业保险参与概率之间的内生性，结果显示 Wald 检验值为 27.25，在1% 置信水平显著，拒绝原假设，表明应该选择接受 IV-Probit 的估计结果。表7－6第（4）列 IV-Probit 的估计结果显示，主观幸福感与家庭参与商业保险投资的概率显著正相关，其边际效应为 0.0929，在1% 水平显著。这表明主观感觉较为幸福的农户家庭参与保险投资的可能性随幸福感的提升而升高。这

可能是因为，主观幸福感比较高的农户家庭对未来的关注度更高，更加愿意购买保障型投资产品以保障其未来的经济效用。

7.5.3.5　其他控制变量与家庭资产选择参与概率的关系

表 7 - 5 和表 7 - 6 的 Probit 模型估计结果还反映了其他控制变量对农户家庭资产参与概率影响的边际效应。结果显示，家庭户主年龄与储蓄、股票、商品房和商业保险 4 类家庭资产选择的可能性呈现显著的非线性关系，且对不同资产选择的影响存在差异。其中，年龄对农户家庭参与储蓄的可能性的影响呈"U"型变化，但其对农户家庭参与股票、商品房和商业保险的可能性的影响呈驼峰型（即倒"U"型）变化，即年轻的户主会选择参与风险相对较高、流动性较低的资产投资，而年长的投资者更愿意卖出风险相对较高的资产转而持有风险较低流动性较高的家庭资产。这表明与年轻投资者相比，年长的投资者参与短期的投资策略的概率较大（Campbell，2006）。户主的性别对于农户家庭参与储蓄、股票、商品房和商业保险 4 类家庭资产选择的可能性的影响没有显著的差异。农户家庭户主中共党员的政治身份对于家庭参与储蓄有显著的促进作用，但对于其他 3 类家庭资产选择的影响不显著。

结果还显示，户主受教育程度对于家庭资产选择有显著的作用。农户家庭户主的教育程度对于 4 类家庭资产的选择均有显著的正向作用，即教育程度越高的家庭越可能在家庭资产中配置一定比例的储蓄、股票、商品房和商业保险。这一结果与前人关于城镇居民家庭资产选择的研究结论基本一致。究其原因，人的知识不是与生俱来的，而是需要后天努力学习的，知识掌握过程中形成的认知能力可以帮助家庭提高收集、处理金融理财和资产配置相关信息的能力，提高参与家庭资产配置的概率。

此外，户主的健康状态也与家庭资产的选择密切相关。结果显示，户主身体状态比较健康的家庭比较愿意参与储蓄和商品房投资，但是其参与商业保险的概率却降低了，而户主身体健康状态与股票参与概率无关。另外，自主创业动机对家庭资产配置参与概率有促进作用，即自主创业的家庭更加愿意参与家庭资产的选择。

7.5.4　主观幸福感对家庭资产持有比重的影响

本研究检验了主观幸福感与农户家庭资产选择占比的关系。由于被解释变量为虚拟变量，将模型设定为 Tobit 模型，并用极大似然法对模型进行参数估计。与前文一致，本文采用伍德里奇（Wooldridge）给出的检验方法（Wald Test of Exogeneity）来检验幸福满意度与家庭资产选择之间的内生性，在 Tobit 模型中引入农户家庭所在地区 2013 年降雨量作为工具变量进行估计，以考察主观幸福感与农户家庭资产配置占比的关系。

7.5.4.1　主观幸福感对农户家庭储蓄持有比重的影响

表 7 − 7 第（1）列和第（2）列数据反映了主观幸福感对农户家庭储蓄占比的影响。检验主观幸福感与储蓄占比的内生性，结果显示 Wald 检验值为 3.22，在 10% 置信水平显著，拒绝原假设，表明应该选择 IV-Tobit 的估计结果。IV-Tobit 的估计结果显示，主观幸福感与农户家庭在资产中配置储蓄的占比呈显著负相关，边际效应为 − 0.0835，在 5% 置信水平显著，即主观幸福感越高，农户家庭资产中配置的储蓄资产越少，表明主观幸福感的提高不仅会降低家庭参与储蓄的可能性，而且还会减少家庭通过储蓄配置资产的比重。

7.5.4.2　主观幸福感对农户家庭股票持有比重的影响

表 7 − 7 第（3）列和第（4）列数据反映了主观幸福感对农户家庭股票占比的影响。检验主观幸福感与家庭资产中股票占比的内生性，结果显示 Wald 检验值为 5.19，在 5% 置信水平显著，拒绝原假设，表明应该选择 IV-Tobit 的估计结果。IV-Tobit 的估计结果显示，主观幸福感与农户家庭在资产中配置股票的占比呈显著负相关，边际效应为 − 0.0071，在 10% 置信水平显著，表明幸福感越高的农户家庭持有股票的占比越低，究其原因，可能是因为越幸福的农户家庭越愿意保持当前的生活状态，也就不愿意冒险投资风险较高的资产。

表 7 – 7　　　　　　　主观幸福感对储蓄和股票选择比重的影响

项目	储蓄占比		股票占比	
	Probit	IV-Tobit	Probit	IV-Tobit
	（1）	（2）	（3）	（4）
主观幸福感	0.0072 ***	− 0.0835 **	− 0.0012 ***	− 0.0071 *
	（0.003）	（0.036）	（0.001）	（0.092）
年龄	0.5351 ***	0.5906	0.0156	0.0165
	（0.002）	（0.829）	（0.523）	（0.675）
年龄的平方项	− 0.0767 ***	− 0.1275	− 0.0019	− 0.0023
	（0.001）	（0.729）	（0.555）	（0.641）
性别	0.0090 *	0.0061	− 0.0003	− 0.0062
	（0.078）	（0.307）	（0.719）	（0.440）
教育程度	0.0166 ***	0.0195 ***	0.0017	0.0009 **
	（0.000）	（0.000）	（0.105）	（0.048）
婚姻状态	0.0203 ***	0.0428 ***	− 0.0044 ***	− 0.0027
	（0.004）	（0.001）	（0.000）	（0.132）
健康程度	0.0059 ***	0.0223 ***	0.0025	0.0013
	（0.001）	（0.003）	（0.344）	（0.194）
收入	− 0.0071	− 0.0150 ***	− 0.0028 ***	− 0.0033 ***
	（0.107）	（0.008）	（0.000）	（0.000）
收入的平方项	0.0009 **	0.0016 ***	0.0002 ***	0.0003 ***
	（0.012）	（0.001）	（0.000）	（0.000）
家庭土地面积	− 0.0018	0.0010	− 0.0005 *	− 0.0003
	（0.359）	（0.735）	（0.059）	（0.414）
家庭负债	− 0.1039 ***	− 0.1117 ***	− 0.0015 **	− 0.0019 **
	（0.000）	（0.000）	（0.017）	（0.012）
自主创业动机	0.0258 ***	0.0393 ***	0.0016 **	0.0022 *
	（0.000）	（0.000）	（0.067）	（0.060）
家庭规模	− 0.0077 ***	− 0.0076 ***	− 0.0001	− 0.0001
	（0.000）	（0.000）	（0.691）	（0.886）
老年扶养比	0.0201 **	0.0322 ***	0.0037 ***	0.0044 ***
	（0.036）	（0.005）	（0.007）	（0.005）

续表

项目	储蓄占比		股票占比	
	Probit	IV-Tobit	Probit	IV-Tobit
	(1)	(2)	(3)	(4)
少年抚养比	0.0126	0.0232	0.0057 ***	0.0060 ***
	(0.389)	(0.147)	(0.006)	(0.006)
居住地为城镇	0.0054	0.0098 *	0.0007	0.0009
	(0.249)	(0.057)	(0.282)	(0.178)
地区控制变量	Yes	Yes	Yes	Yes
样本量	13634.0000	13634.0000	13634.0000	13634.0000
Wald Chi^2	1096.8000	1045.5200	410.5600	130.2700
Pseudo R^2	0.0531		0.0260	
Wald Test		5.19 **		3.22 *
		(0.022)		(0.069)

注：*** 、** 、* 分别表示通过 1%、5%、10% 的显著性检验，系数下括号内为聚类调整的稳健标准误（Cluster & Robust Standard Error）。

7.5.4.3　主观幸福感对农户家庭商品房持有比重的影响

表 7-8 第（1）列和第（2）列数据反映了主观幸福感对农户家庭商品房占比的影响。检验主观幸福感与股票占比的内生性，结果显示 Wald 检验值为 4.02，在 5% 置信水平显著，拒绝原假设，表明应该选择 IV-Tobit 的估计结果。IV-Tobit 估计结果显示，主观幸福感与农户家庭在资产中配置商品房的占比显著负相关，其边际效应为 -0.0406，在 5% 置信水平显著。这结果表明，随着幸福感的提升，农户家庭参与城镇中商品房投资的概率提高，但是商品房在资产中配置的比重却不一定会提高。究其原因，可能是因为目前我国的城镇化进程中，对农村户籍居民仍采用"半市民化"的对待方式，高流动性特征仍然可能是阻碍农户家庭参与城镇商品房投资的障碍。

7.5.4.4　主观幸福感对农户家庭商业保险持有比重的影响

表 7-8 第（3）列和第（4）列数据反映了主观幸福感对农户家庭

商业保险占比的影响。检验主观幸福感与商业保险占比的内生性，结果显示 Wald 检验值为 0.02，在 10% 置信水平仍不显著，不能拒绝原假设，表明应该选择Ⅳ – Tobit 的估计结果。Ⅳ – Tobit 估计结果显示，主观幸福感与农户家庭在资产中配置商品房的占比的关系虽然为负相关，但是结果不显著。这结果表明，随着幸福感的提升，农户家庭并不一定会增加商业保险在家庭资产中配置的比重。

7.5.4.5 其他控制变量与家庭资产持有比重的关系

表 7 – 7 和表 7 – 8 还显示，农户家庭中户主或其配偶进行自主创业可能对家庭中储蓄和股票的配置比重产生"挤出效应"，但是自主创业的家庭却会增加商品房和商业保险资产的配置比重。这结果表明，农户家庭在自主创业过程中对具有保值和保障性资产的需求较大，这可能与农户创业成本和风险较大的客观事实有关。家庭具有负债特征对农户家庭资产选择占比的影响均显著为负，这与农户家庭对借债行为非常谨慎，可能优先选择将收入用于还债，然后才进行家庭资产的选择有关。农户家庭户主的教育年限对农户家庭提高储蓄和股票占比的作用显著为正，但是对商品房和商业保险选择的影响却不显著。此外，居住地为农村地区的农户家庭储蓄、商品房及商业保险的占比显著低于居住地为城镇地区的农户家庭，但二则对股票占比的影响差异不显著。这可能是因为不管是在农村地区还是在城镇地区，大多数农村居民对于运用股票市场进行投资还比较陌生，因此农户家庭配置的股票极少。

表 7 – 8　　主观幸福感对商品房和商业保险选择比重的影响

项目	商品房占比		商业保险占比	
	Probit	IV-Tobit	Probit	IV-Tobit
	（1）	（2）	（3）	（4）
主观幸福感	− 0.0010	− 0.0406 **	− 0.1591	0.0080
	（0.939）	（0.044）	（0.338）	（0.863）
年龄	0.2166 **	0.4581	0.2880 **	0.0851 ***
	（0.013）	（0.974）	（0.030）	（0.008）

续表

项目	商品房占比		商业保险占比	
	Probit	IV-Tobit	Probit	IV-Tobit
	（1）	（2）	（3）	（4）
年龄的平方项	− 0. 0268 **	− 0. 0170	− 0. 0377 **	− 0. 0117 ***
	（0. 021）	（0. 927）	（0. 032）	（0. 007）
性别	0. 0043	0. 0010	− 0. 0089	0. 0063
	（0. 123）	（0. 738）	（0. 420）	（0. 927）
教育程度	− 0. 0001	0. 0134	− 0. 2561	0. 0058
	（0. 919）	（0. 431）	（0. 178）	（0. 142）
婚姻状态	0. 0015	0. 0089	− 0. 0478	0. 0037
	（0. 689）	（0. 187）	（0. 273）	（0. 813）
健康程度	0. 0018 **	0. 0092 **	0. 3399 ***	0. 0669 *
	（0. 063）	（0. 017）	（0. 001）	（0. 094）
收入	− 0. 0064 ***	− 0. 0098 ***	0. 2780	0. 2460
	（0. 004）	（0. 001）	（0. 390）	（0. 971）
收入的平方项	0. 0006 ***	0. 0009 ***	− 0. 0187	− 0. 0108
	（0. 001）	（0. 000）	（0. 480）	（0. 844）
家庭土地面积	0. 0028 ***	0. 0040 ***	− 0. 1058	0. 0179
	（0. 007）	（0. 002）	（0. 487）	（0. 549）
家庭负债	− 0. 0068 ***	− 0. 0100 ***	− 0. 7122 **	− 0. 0017 *
	（0. 002）	（0. 000）	（0. 021）	（0. 086）
自主创业动机	0. 0549 ***	0. 0609 ***	0. 8301 *	0. 1793 ***
	（0. 000）	（0. 000）	（0. 062）	（0. 007）
家庭规模	0. 0029 ***	0. 0031 ***	− 0. 1894	0. 0531 ***
	（0. 000）	（0. 000）	（0. 106）	（0. 007）
老年扶养比	− 0. 0028	0. 0026	− 0. 5308	0. 0912
	（0. 571）	（0. 655）	（0. 439）	（0. 494）
少年抚养比	− 0. 0049	− 0. 0004	0. 8569	0. 0587 * * *
	（0. 503）	（0. 959）	（0. 451）	（0. 002）
居住地为城镇	0. 0057 **	0. 0078 ***	0. 5995 *	0. 0957
	（0. 017）	（0. 003）	（0. 088）	（0. 113）

项目	商品房占比		商业保险占比	
	Probit	IV-Tobit	Probit	IV-Tobit
	（1）	（2）	（3）	（4）
地区控制变量	Yes	Yes	Yes	Yes
样本量	13634.0000	13634.0000	13634.0000	13634.0000
Wald Chi^2	436.6700	428.1000	135.2500	134.8600
Pseudo R^2	0.0238		0.0030	
Wald Test		4.02 ** (0.045)		0.02 (0.887)

注：***、**、*分别表示通过1%、5%、10%的显著性检验，系数下括号内为聚类调整的稳健标准误（Cluster & Robust Standard Error）。

7.6 进一步机制研究

心理经济学研究逐渐认识到情绪与风险态度和创业动机两类风险认知因素交互作用对人类行为具有决定作用。近年风险态度对经济行为与表现影响的研究取得了很多成果，但现有研究绝大多数都是在西方背景下进行考察，而在其他情境下的实证研究非常少。从广度上来看，风险态度并不是完全同质的，不同地区和社会文化会使风险态度特征的某一方面极为显著或极为不显著地表现出来；而从深度上来看，现有研究局限在比较分析，而缺乏对产生影响的内在机制的研究。从理论贡献上看，将风险态度与情绪的交互作用研究引入经济学，既是对传统的微观个体行为研究理论的进一步发展，又是对理性决策的重新认识的过程。从现实经济生活实践上看，随着金融改革的进一步深入，高投资—高增长发展路径是不可持续的，微观经济个体的决策与行为（如资产配置）将会对"新常态"下经济发展发挥越来越重要的作用，可以为理解和解决现实生活中的一系列问题提供参考。下面，本研究将进一步检验主观幸福感分别与风险态度和创业动机的交互作用对于家庭参与资产选择和配置比重影响可能存在的机制。

7.6.1 主观幸福感与风险偏好

近年越来越多的学者开始从行为金融视角探讨风险态度对家庭资产选择的影响。股票、房产等资产的投资都具有一定程度的风险，根据标准的资产组合理论，居民的风险偏好程度会影响其资产配置决策。给定风险资产的收益率和风险程度，居民的风险偏好程度越强，他参与风险资产投资的可能性越高，且风险资产在他整个资产组合中的比例也越高；反之，给定风险资产的收益率和风险程度，居民的风险规避程度越高，他参与风险资产的可能性越低，而且即使他进行了风险资产投资，风险资产在他整个资产组合中的比例也越低。多数实证文献发现，风险态度的差异是解释其家庭资产结构差异的重要因素。凯勒和西格里斯特（Keller and Siegrist，2006）研究发现，风险态度等因素对瑞典居民投资行为有显著的影响，他们的研究表明，风险态度与所有投资者的投资行为显著正相关。洪等（Hong et al.，2004）、圭索和帕以拉（Guiso and Paiella，2007）发现，居民较高的风险规避程度导致了其较低的参与股市可能。国内学者李涛和郭杰（2009）基于2007年中国15个城市居民投资行为调查数据的研究发现，与西方文献相关发现截然不同，居民风险态度对其是否投资股票没有显著影响，并提出一个新的理论解释：社会互动可以不同程度地降低居民对股票投资风险的主观感知程度，这使得居民风险态度在解释其是否投资股票时不再显著。

总体来说，风险态度对农户家庭参与和持有金融资产的比重的影响可能是复杂的。由于风险是无法完全消除的，人们在社会生活环境中会面临多种多样的不确定性，这些不确定性的体验对个体的情绪、认知和行为有着显著的影响，因此，个体有降低这种不确定性的需求和动机（Thau et al.，2009）。鉴于此，本研究认为幸福满意度作为一种对生活的综合认知和态度，会影响居民的风险偏好，进而影响其金融资产选择（叶德珠和周丽燕，2015）。主观感觉越幸福的人越愿意保持当前的生活状态，也就不愿意冒险，那么其越不愿意参与风险资产投资，且即使参与风险资产投资，在其整个家庭资产中风险资产占比也会越低。

本研究依据 CHFS2013 问卷中受访者家庭对高风险金融产品的偏好程度，如果家庭偏好风险资产投资则风险偏好为 1，否则赋值为 0。表 7 - 9 为添加了风险偏好和主观幸福感与风险偏好交互项的 IV-Probit 模型估计结果。回归结果显示，主观幸福感对农户家庭储蓄、股票、商品房和商业保险参与概率的影响结果与前文基本一致。储蓄是风险较低的家庭资产，表 7 - 9 第（1）列结果显示，风险偏好与农户家庭参与储蓄概率负相关，在 1% 置信水平显著，这表明风险偏好较高的农户家庭参加储蓄的意愿较低，这与理论预期基本一致。值得注意的是，主观幸福感和风险偏好的交互项对储蓄参与概率的作用为正，在 1% 置信水平显著。究其原因，可能是因为主观感觉较幸福的人，越是在性格上偏好风险，则越重视在冒险过程中"留一手"。因此，农户家庭更加愿意参与储蓄为未来提供一定的保障。

表 7 - 9   主观幸福感与风险偏好对农户家庭资产参与概率的影响

项目	储蓄参与	股票参与	商品房参与	商业保险参与
	IV-Probit	Probit	IV-Probit	IV-Probit
	（1）	（2）	（3）	（4）
主观幸福感	- 0. 9661 ***	- 0. 5927	0. 8691 ***	0. 9879 ***
	(0. 000)	(0. 192)	(0. 000)	(0. 000)
风险偏好	- 0. 3430 **	0. 1443	0. 2936 ***	0. 3174 ***
	(0. 000)	(0. 373)	(0. 000)	(0. 000)
主观幸福感 × 风险偏好	0. 9456 ***	0. 5007	- 0. 8172 ***	- 0. 0886 ***
	(0. 000)	(0. 244)	(0. 000)	(0. 000)
控制变量	Yes	Yes	Yes	Yes
Wald Chi^2	361. 1300	414. 8600	132. 0000	246. 5600
Pseudo R^2	0. 0781	0. 0863	0. 0462	0. 0546

注： *** 、 ** 、 * 分别表示通过 1% 、5% 、10% 的显著性检验，系数下括号内为聚类调整的稳健标准误（Cluster & Robust Standard Error）。

表7-9第（2）列结果显示，风险偏好因素对农户家庭参与股票投资的影响虽然为正，但是结果不显著，这结果与李涛和郭杰（2009）的结论基本一致。此外，主观幸福感与风险偏好的交互项也不显著，这表明风险偏好不能与主观幸福感之间形成有效的交互作用，进而影响农户家庭股票的参与。

表7-9第（3）列结果显示，风险偏好与农户家庭商品房参与显著正相关，且估计系数在1%置信水平显著，即农户家庭户主越偏好风险，家庭参与商品房投资的概率越大，这可能是因为对农户家庭而言，在城镇地区购买商品房具有一定的风险。此外，主观幸福感与风险偏好交互项的估计系数显著为正，这表明虽然农户在城镇地区购买商品房具有一定的风险，但是由于房产仍具有对未来家庭经济提供一定保障的作用，因此，主观幸福感越强的、具有风险偏好的农户家庭越愿意参与商品房投资。

表7-9第（4）列结果显示，风险偏好与农户家庭参与商业保险的概率显著正相关，即风险偏好的农户家庭不会降低他们参与商业保险的概率，越偏好风险的农户家庭，越愿意参与购买商业保险。与第（3）列商品房投资概率结果类似，主观感觉与风险偏好的交互项对农户家庭参与商业保险的概率影响显著为正，对其合理的解释是，主观感觉越幸福的人对于保持当前幸福的生活状态十分重视，虽然其个人特质是风险偏好，但是仍会愿意参与商业保险为未来提供必要的保障。

进一步，表7-10汇报了加入风险偏好和主观幸福感与风险偏好两个因素的IV-Tobit模型估计结果。表7-10估计结果显示，主观幸福感与储蓄占比、股票占比、商品房占比和商业保险占比的关系与前文基本一致。表7-10第（1）列结果显示，风险偏好与农户家庭储蓄占比显著负相关，即越偏好风险的农户家庭，其家庭持有的储蓄占家庭整个资产比重越低，这与理论结论基本一致。主观幸福感和风险偏好的交互项估计结果为正，在5%置信水平显著，这表明主观幸福感较强的农户家庭，虽然个人特质表现为风险偏好，但仍会增加家庭资产中储蓄的占比，以保障未来家庭的经济需求和安全。

表 7 – 10　　主观幸福感与风险偏好对农户家庭资产持有比重的影响

项目	储蓄占比	股票占比	商品房占比	商业保险占比
	IV-Tobit	Tobit	IV-Tobit	IV-Tobit
	（1）	（2）	（3）	（4）
主观幸福感	– 0. 0886 **	– 0. 0010 ***	– 0. 0432 **	– 0. 1734
	(0. 036)	(0. 007)	(0. 042)	(0. 324)
风险偏好	– 0. 2815 **	0. 0076 **	– 0. 1303 *	0. 0512
	(0. 047)	(0. 033)	(0. 068)	(0. 791)
主观幸福感 × 风险偏好	0. 0791 **	– 0. 0008	0. 0347 *	– 0. 1107
	(0. 045)	(0. 392)	(0. 080)	(0. 835)
控制变量	Yes	Yes	Yes	Yes
Wald Chi^2	143. 6700	168. 8600	428. 7200	42. 9300
Pseudo R^2	0. 0543	0. 0320	0. 0460	0. 0030

注：*** 、** 、* 分别表示通过1%、5%、10%的显著性检验，系数下括号内为聚类调整的稳健标准误（Cluster & Robust Standard Error）。

表 7 – 10 第（2）列结果显示，风险偏好与农户家庭股票持有比重在5%置信水平显著正相关，表明越偏好风险的农户家庭，其家庭在整个资产中配置股票的比重越高。但是，主观幸福感和风险偏好的交互项的估计结果不显著，说明主观幸福感和风险偏好之间不存在交互作用以影响农户家庭股票资产配置的比重。

表 7 – 10 第（3）列结果显示，风险偏好与农户家庭商品房持有比重关系为负，在10%置信水平显著，这表明风险偏好越高的农户家庭持有商品房资产的比重越低。此外，主观幸福感和风险偏好的交互项的估计结果为正，在10%置信水平显著，虽然估计结果显著性水平较低，但这仍说明主观幸福感较高且更具风险偏好的农户家庭更愿意在家庭资产中增加商品房的配置比重，这可能与商品房兼具有消费和投资的双重功能有关。

此外，表 7 – 10 第（4）列结果显示，风险偏好与农户家庭商业保险的持有比重无显著关系，并且主观幸福感和风险偏好的交互项结果也不显著。这可能是因为中国农村保险金融市场发展还十分滞后，商业保险在家庭资产中的比重较小，因此风险偏好因素对于商业资产配置比重的影响还不十分显著。

7.6.2　主观幸福感与创业动机

居民具有创业动机可能成为主观幸福感影响家庭资产选择的重要机制。以往研究表明，个人情绪影响决策行为。伊森和帕特里克（Isen and Patrick，1983）的"情绪维持假说"认为，处于积极情绪的个体一般会为了维持积极情绪而避免冒险，而处于消极情绪的个体会为了改变消极情绪而倾向于冒险。相反，弗雷德里克森（Fredrickson，2001）则认为，处于积极情绪的个体会引发更加乐观和积极的评估和判断，从而更愿意承担风险。前后二者结论存在争议。将主观幸福感视为积极的情绪，肯隆（Kennon，2001）、金晓彤和崔宏静（2013）研究发现，主观幸福感与创业动机显著相关，但是目前学术界尚无证据表明主观幸福感与风险参与动机之间的相互作用能够对居民资产选择决策产生影响。

创业是一个复杂的心理过程，涉及个体有无信心执行一项具有风险的任务，并且有无信心获得一定的结果。因此，在高度不确定结果的背景下，如果个体认为自己具备风险承担能力，就更倾向于参与创业，换言之，参与创业的个体可能具备更多愿意承担风险的特质。鉴于此，本研究基于"情绪维持假说"提出原假设：具有创业动机的居民，当其主观幸福感提高时，其会选择降低参与风险资产投资的可能性，并相应减少风险性较高资产的投资比重，从而为创业需求留存更多的流动性高的资产。

本研究依据尹志超等（2014）对创业动机的界定——家庭户主主动"从事个体经营或企业经营"，且从事经营或企业经营的原因是"想自己当老板""挣得更多""更灵活自由"，则视其具有创业动机；反之，则视其缺乏创业动机。表7-11为引入工具变量的IV-Probit模型估计储蓄参与、房产参与、商业保险参与，Probit模型估计股票参与的结果。

表 7 – 11 第（1）列结果显示，添加主观幸福感和创业动机的交互项后，主观幸福感与居民储蓄参与的关系仍显著为负，这与前文结果一致。创业动机对居民储蓄参与的影响在 1% 置信水平显著为负，表明创业居民并不会提高参与储蓄的概率，这可能是因为创业者在创业活动中对现金流动性要求较高，因此降低了储蓄的参与。值得关注的是，估计结果显示，主观幸福感和创业动机的交互项的回归系数显著为正，表明主观幸福感和创业动机的交互作用并未减弱储蓄的作用，反而是这种交互作用提高了居民参与储蓄的概率。

表 7 – 11 第（2）列结果显示，创业动机与居民股票参与的关系为负，但不显著，表明创业动机单个因素并不会显著影响家庭是否参与股票投资。但是，第（2）列主观幸福感与创业动机交互项的估计结果为正，且在 10% 置信水平显著，表明主观幸福感与创业动机之间可能形成交互作用提高居民参与股市的概率，提高具有创业动机家庭的主观幸福感对于农户家庭提高参与股市的概率有积极的正向促进作用。

表 7 – 11　　　　主观幸福感与创业动机对资产参与概率的影响

项目	储蓄参与	股票参与	商品房参与	商业保险参与
	IVprobit	Probit	IVProbit	IVProbit
	（1）	（2）	（3）	（4）
主观幸福感	− 0. 9902 ***	− 0. 0965 **	0. 0911 ***	0. 1018 ***
	（0. 000）	（0. 040）	（0. 000）	（0. 000）
创业动机	− 0. 3130 ***	− 0. 2783	0. 2942 ***	0. 3482 ***
	（0. 000）	（0. 372）	（0. 000）	（0. 000）
主观幸福感 × 创业动机	0. 9312 ***	0. 1576 *	− 0. 7508 ***	− 0. 9078 ***
	（0. 000）	（0. 058）	（0. 000）	（0. 000）
控制变量	Yes	Yes	Yes	Yes
Wald Chi^2	468. 5500	303. 6000	260. 6700	267. 6000
Pseudo R^2	0. 0457	0. 2091	0. 0760	0. 0105

注：***、**、* 分别表示通过 1%、5%、10% 的显著性检验，系数下括号内为聚类调整的稳健标准误（Cluster & Robust Standard Error）。

表 7–11 第（3）列结果显示，创业动机与居民商品房参与的概率为正相关，在 1% 置信水平显著，表明具有创业动机的农户家庭对参与商品房投资具有浓厚的意愿。这可能是因为，本研究是以农户家庭为研究对象，农户家庭一般都可以获得自有"宅基地"住房，商品房一般为其家庭在城镇中购买的二套房。此外，本研究所指的创业动机即为从事"非农"的自营工商业，其主要经营所在地多为城镇和近郊地区，因此这可以解释虽然商品房的流动性较差，但创业动机较强的农户家庭仍具有较强的动机参与商品房投资。另外，主观幸福感和创业动机的交互项的估计结果为负，且在 1% 置信水平显著，这表明主观幸福感和创业动机的相互作用抑制了农户家庭参与房产投资的概率，其作用与创业动机单因素的作用相反。

表 7–11 第（4）列为主观幸福感和创业动机交互作用对农户家庭商业保险参与概率的作用。结果显示，创业动机与农户家庭参与商业保险呈显著正相关，且在 1% 置信水平显著，这表明创业动机能够提高农户家庭参与商业保险的概率，原因可能是因为创业行为是有风险的，而农户家庭普遍存在一定的脆弱性，因此在经济条件允许的条件下参与保险可以帮助农户家庭在创业过程中增加家庭保障能力。与商品房参与结果类似，主观幸福感和创业动机的交互项对商业保险参与概率的影响在 1% 置信水平显著为负，说明主观幸福感和创业动机的交互作用可能对农户家庭参与商业保险的概率产生抑制作用，其作用与创业动机单因素的作用相反。

进一步，表 7–12 为引入创业动机以及主观幸福感和创业动机交互项的 IV-Tobit 模型估计结果。表 7–12 第（1）列结果显示，加入了创业动机变量后，主观幸福感对农户家庭储蓄占比的影响仍显著为负，结论与前文基本一致。创业动机对农户家庭储蓄占比的影响在 1% 置信水平显著为负，表明具有创业动机的农户家庭会降低家庭资产中储蓄的占比，这可能与创业家庭需要进行大量实物资产的投资有关。但是，结果还发现，主观幸福感和创业动机的交互项与农户家庭储蓄占比显著正相关，表明主观幸福感和创业动机可以形成交互作用提高农户家庭持有更多的储蓄资产。

表 7 - 12   主观幸福感与创业动机对农户家庭资产持有比重的影响

项目	储蓄占比	股票占比	商品房占比	商业保险占比
	IV-Tobit	Tobit	IV-Tobit	IV-Tobit
	(1)	(2)	(3)	(4)
主观幸福感	-0.0955 **	-0.0084 **	-0.0478 **	-0.0084
	(0.038)	(0.031)	(0.031)	(0.105)
创业动机	-0.2778 *	0.0649 **	-0.1323 *	0.0649 **
	(0.071)	(0.018)	(0.068)	(0.018)
主观幸福感×创业动机	0.0854 **	-0.0105	0.0519 **	-0.0106
	(0.047)	(0.140)	(0.011)	(0.140)
控制变量	Yes	Yes	Yes	Yes
Wald Chi^2	281.0500	57.2700	222.3200	57.2700
Pseudo R^2	0.0750	0.0547	0.0471	0.0547

注：*** 、** 、* 分别表示通过1%、5%、10%的显著性检验，系数下括号内为聚类调整的稳健标准误（Cluster & Robust Standard Error）。

表7-12第（2）列结果显示，创业动机与农户家庭股票占比的关系在5%置信水平显著为正，这说明具有创业动机的农户家庭参加股票投资的深度较高，这可能是因为具有创业动机的家庭往往有更高的风险偏好，因此倾向于在家庭资产中配置更多的股票资产。但是，本研究同时发现，主观幸福感与创业动机不能形成交互作用影响农户家庭的股票占比。

表7-12第（3）列结果显示，创业动机因素与农户家庭参与商品房的占比显著负相关，表明创业家庭会选择降低商品房在家庭资产中的比重。究其原因，商品房作为中国家庭中重要的资产，其价格往往较高，过多的参与房产投资可能会对创业资产的投资形成"挤出效应"。因此，

虽然由表7－11可知创业家庭会增加农户家庭参与商品房的概率，但是农户家庭仍可能做出"理性"的选择，降低商品房在家庭总资产中的比重。另外，主观幸福感与创业动机的交互作用与农户家庭商品房占比呈正向作用，且在5%置信水平显著。这表明，主观幸福感与创业动机的交互作用能够显著提高农户家庭在城镇地区参与商品房投资的深度。究其原因，房产虽然流动性较差，但是仍具有一定增值和保值的作用，能够为家庭经济提供一些保障作用，所以主观幸福感较强的创业农户家庭仍会愿意持有一定比重的商品房。

表7－12第（4）列数据反映了主观幸福感与创业动机的交互作用对农户家庭资产中商业保险占比的作用。结合表7－11的估计结果，发现创业动机不仅能够促进家庭参与商业保险的概率，而且对于农户家庭持有商业保险比重也有显著的促进作用。结果还显示，主观幸福感与创业动机的交互作用对农户家庭持有商业保险的占比没有显著的作用。

7.7 本章小结

本章主要研究了农村居民主观幸福感与农户家庭参与储蓄、股票、商品房和商业保险4种资产配置选择的关系。从描述性统计结果看，随着农村居民主观幸福感的提升，其参与4种资产选择活动的概率以及每种资产占资产总额的占比均逐渐提升，呈正相关关系。但是，参与股票和商业保险的概率和占比均较小，股票表现出明显的"有限参与"现象。

本章通过内生性检验发现，除了参与股票资产选择外，农村居民主观幸福感与农户家庭参与储蓄、商品房和商业保险3种资产配置选择都有显著的内生性关系。通过加入控制变量后发现，随着农村居民主观幸福感的提升，其参与储蓄的概率下降，参与股票无显著差异，参与商品房和商业保险均上升。同时，随着农村居民主观幸福感的提升，其资产中配置储蓄和股票的比重会减少，但是商品房和商业保险的比重不一定增加。

进一步研究还发现，当考虑农村居民的风险偏好后，除了风险偏好不能与主观幸福感之间形成有效的交互作用进而影响农户家庭股票的参与概率外，主观幸福感越强的、具有风险偏好的农户家庭越愿意参与储蓄、商品房和商业保险的投资。与此同时，风险偏好对股票和商业保险的配置比重的影响不显著，与储蓄和商品房的比重正相关。当考虑农村居民的创业动机后发现，主观幸福感与创业动机之间可能形成交互作用，提高居民参与储蓄和股市的概率，抑制参与商品房和商业保险的概率。同时，创业动机对股票和商业保险的配置比重的影响不显著，与储蓄和商品房的比重正相关。

第8章 区域创新创业环境、创业动机与进城农民家庭资产选择

8.1 引言

家庭金融（Household Finance）领域的早期研究主要从人口结构特征和个体特征角度解释了理性人的消费—投资行为。而近年一些文献开始尝试从社会环境视角解释家庭金融行为的"有限理性"，认为社会资本[①]和制度背景在中国家庭参与金融市场的过程中也存在重要的作用。社会资本是行动主体与社会的联系以及通过这种联系获取稀缺资源的能力。洪等（Hong et al.，2004）、圭索等（Guiso et al.，2004）研究表明，个人居住地区的社会资本量对股市参与率存在正向促进作用。圭索等（2008）指出，社会信任是解释家庭资产选择"有限参与之谜"的重要因素。国内学者巩宿裕和王聪（2015）研究发现，社会资本对中国当前家庭金融市场参与表现为正向作用。杨汝岱等（2011）认为社会网络能够促进农民获得正规或非正规借贷。梁爽等（2014）发现农村家庭从非正规渠道融资的能力不但会受到财富的影响，也会受到社会资本的影响。申云（2016）认为农户家庭社会资本对于农户借贷具有显著的正向影响，这种作用在农户非正规金融借贷中尤为突出。

[①] 布尔迪厄（1997）界定社会资本为实际的或潜在的资源集合体，这些资源与对某种持久性的关系网络的占有密不可分，这一关系网络是大家共同熟悉的、得到公认的，而且是一种体制化的，集体的每一个成员都拥有这些资源。

制度环境的刻画和研究应当成为未来家庭金融研究极其重要的研究方向（王江等，2010）。制度环境的变迁可能导致居民未来不确定性的增加，迫使人们着眼于在整个生命周期中形成一生效用极大化的家庭资产配置的合理安排。同时，甘犁等（2013）指出金融环境深化是家庭金融资产结构多元化的主要原因。国内外相关文献研究已为此提供了一些实证证据。谢平（2000）发现，制度变迁通过影响个人预期进而对个人储蓄行为发挥着重要的作用。王聪和张海云（2010）认为中国的医疗、养老等社会保障制度尚不完善，导致家庭将财富主要分配到储蓄存款、国债等非风险性金融资产上，而很少投资于股票和保险等风险性资产。肖作平和张欣哲（2012）认为制度环境因素中的集体主义文化与金融市场化水平对家庭金融市场参与的概率和参与深度发挥着显著的正面作用。高明和刘玉珍（2013）进行跨国家庭金融比较时发现，健全的资本市场制度对于家庭风险资产持有量的影响非常重要，而适当的养老金保障也使得家庭更愿意投资风险资产。此外，各国税收制度和所得税等也对本国家庭资产配置异质性具有一定的解释力（Haliassos and Bertraut，1995；Bartiloro et al.，2012）。

农村剩余劳动力进城务工形成了中国一个特殊的社会群体，其总量已经达到2.7亿人，而随着城镇化、工业化、农业现代化和信息化的加速，进城农民的规模还将继续扩大[①]。进城农民迁移的主要目的是务工或是经商，而以"创业带动就业"对于转移农村富余劳动力、增加农民收入、缩小城乡收入差距都具有非常积极的作用，也已成为解决"三农"现实问题的一项重要措施（朱红根和康兰媛，2013）。进城农民中一些具备了一定的市场经济意识、一定的现代企业经营管理能力，并且有了一定的资金积累，逐渐成为利用手里的资金开始自己创业的创业者，而另一些进城农民则继续以打工者身份在城镇工作。需要指出，随着农业劳动生产率的大幅度提高，进城务工农民不再是

---

① 2014年国务院公布的《国家新型城镇化规划》称，2020年要实现常住人口城镇化率达到60%左右，户籍人口城镇化率达到45%左右。

农村需要的劳动力，这使得城务工农民不能够以农业作为后备的就业领域，更加难以回到农村（蔡昉，2010）。因此，不管创业的还是打工的进城农民都必须融入城镇社会，作为经济人出于利益最大化和生存发展的需求行使理性的行为。

进城农民创业者的行为决策是一个复杂的过程，其在不同创新创业环境背景下，需要面对的一个大难题就是如何合理配置有限的家庭资产，以满足其自身生存和发展的双重需要。究其原因，一是随着我国金融市场不断发展，金融产品多元化发展，家庭也越来越广泛地参与到金融市场，进城农民家庭也不例外；二是很多农民进城从事工商业都会遇到资金不足的问题，创业者往往面临财富约束和信贷约束的共同作用，而家庭内部配置所得资金往往是其创业活动的主要或唯一来源（王飞绒和池仁勇，2005）。那么，本研究提出重要的学术问题，在创新创业和谐发展的"五大发展"理念的作用下，进城农民家庭资产选择行为是否受到外部环境变化的影响？农民创业家庭与打工家庭在资产选择上是否表现异质性？创业者所处的创新创业环境的差异是否是解释其家庭金融参与概率和资产配置参与深度的重要因素？目前对此进行实证研究的文献尚显不足。

综上所述，由于国内家庭金融研究工作开展较晚，研究领域较狭窄，目前尚缺乏进城农民家庭资产配置异质性成因的分析，也缺乏区域创新创业环境等外部因素对家庭金融行为决策影响的研究。本研究以"五大发展"中的创新发展为切入口，运用2013年中国家庭金融调查（CHFS）微观数据，研究区域创新创业环境对进城农民家庭金融市场参与及资产选择的影响及可能存在的机制，以期能够对相关文献做必要补充，同时为政策制定者提供相关经验证据。

本章以下部分是这样安排的：第2节是研究假说；第3节是模型与变量；第4节是实证结果和机制探析；第5节是结论与政策建议。

8.2 研究假说

8.2.1 区域创新创业环境与创业家庭资产选择

资源依附理论作为创业研究领域的一个重要理论基础，认为创业的外部环境条件是影响创业行为的一个关键因素。该理论认为创新创业环境是参与主体必须去适应的一个外部条件，参与主体应及时调整自身资源配置以适应外部环境的变化提高自身的效用（Romanelli，1989）。区域创新创业环境是一个地区政治、经济、文化、法律等系列制度因素中与社会成员各种行为密切相关的因素，是影响转型期国家和地区经济参与主体行为的重要因素，也决定着经济发展活动和各种经济关系展开的框架。科文和斯莱文（Covin and Slevin，1989）曾指出，创新创业环境对于解释任何创业者行为都是一个合理的出发点。同时，国内学者对此做了大量探讨（蔡莉等，2007；林嵩和姜彦福，2012；蔡莉和单标安，2013）。按照是否开展创业活动，可以将社会成员划分为创业者和打工者，这两类人群的行为都难免受到外生环境因素的影响，外生环境存在的不确定性能够对参与主体的行为提供正面支持或负面阻碍作用。

中国深化改革以来，一个重要的变化就是原来存在的城乡二元结构正在转化为城镇内部户籍居民与进城农民的新二元分割，进城农民未能通过"同步市民化"真正融入城市社会（陈云松和张翼，2015）。进城农民在城镇的生存和发展依然存在严重的资金约束，交易成本也难以降低（朱红根和康兰媛，2013）。不难理解，进城农民在城镇务工或是创业都必须面对的一个问题就是：在生存和发展双重需求压力下，进城农民家庭如何配置有限的家庭资产以同时满足生存和发展的需求？因此，本研究在中国创新创业环境不断提升，进城创业农民规模不断扩大的背景下，检验区域创新创业环境对进城农民创业家庭和打工家庭资产选择的影响。由此，本章提出如下原假设：

假设1：区域创新创业环境与进城农民家庭资产参与和家庭资产持

有比重不相关。

8.2.2　区域创新创业环境与创业动机的交互作用

进城农民中的创业者是有着自主的心理空间的市场参与者，但受到社会结构的约束，其行动依赖于动态的社会经济与政治文化等环境（Zukin and DiMaggio，1990）。进城农民创业的实质是创业者嵌入区域创新创业环境之中，创业活动从发生前到发生，再到结束，都与其所处的环境相互联系、相互作用，环境由始至终影响和制约着创业者的经济行为（张秀娥等，2013）。现有资产选择领域的研究文献为此也提供了一些间接的实证证据。尹志超等（2014）、李凤等（2016）的研究发现，从事自营工商业的创业家庭的资产选择行为受到创业动机的影响，但是目前学术文献尚缺乏证据来直接说明创新创业环境与创业动机之间存在影响家庭资产配置行为的交互作用。为此，本章提出如下原假设：

假设2：区域创新创业环境与创业动机之间不存在交互作用影响进城农民家庭金融资产参与概率和家庭金融资产持有比重。

8.2.3　区域创新创业环境与家庭财务脆弱性的交互作用

创业活动不是一个封闭的系统，而是处于瞬息万变的环境之中，不可避免地面临着各种环境刺激。在这一复杂的互动过程中，要了解创业者应该如何把握来自外界的复杂多变的环境压力的一个重要前提就是正确认识家庭财务脆弱性的影响。因为，不管在发达国家还是在发展中国家，创业资金来源都受到很多限制，主要仍以家庭内部财务配置所得到的资金为主（王飞绒和池仁勇，2005），无论创业家庭还是打工家庭受资源约束影响程度如何，只要其对资源存在依赖，都可能存在脆弱性。现有文献对家庭脆财务弱性定义争议广泛。本研究理解家庭财务脆弱性是指由于不确定因素造成的家庭收入稳定性状态遭到破坏，进而导致家庭系统不确定所集聚的风险状态。林和格蕾丝（Lin and Grace，2007）、付丽思和孙（Frees and Sun，2010）使用美国消费者金融调查数据发现，家庭财务脆弱性对美国家庭的定期寿险持有量和寿险持有总量均有显著影响。国内学者孙祁祥和王向楠（2013）认为家庭财务脆弱程度能够影响家庭是否持有寿险行为。由此可见，家庭财务脆弱性也可能成为影响家庭资产组合配置决策的重要因素。

需要指出的是，家庭财务脆弱性也是家庭所具有的一种内在属性，但往往是在"外力干扰"的驱动下才会凸显出来，而这种脆弱性将表现为家庭在外界环境的影响下的调整和适应能力，采取有效地抵抗措施，将外界环境带来的风险降到最低，以保证自身效用最大化。但是，目前国内文献尚缺乏关于区域创新创业环境对家庭资产选择行为的影响是否与家庭财务脆弱性有关的讨论。因此，在研究区域创新创业环境对进城农民家庭资产选择行为的背景下，本研究引入家庭财务脆弱性这一重要因素，以考察区域创新创业环境与家庭财务脆弱性的交互作用对家庭资产选择行为可能存在的机制作用。为此，本章提出如下原假设：

假设3：区域创新创业环境与家庭财务脆弱性之间不存在交互作用影响家庭资产参与和家庭资产持有比重。

8.3 研究设计

8.3.1 计量模型设定

首先，本研究用 Probit 模型分析创新创业环境对进城农民家庭金融资产参与概率的影响，具体模型设定如下：

$$\text{Prob}(Asset_i = 1) = \alpha_0 + \alpha_1 \cdot Entrep_i + \gamma \cdot Z_i + \varepsilon_i \quad (8.1)$$

其中，被解释变量 Prob（$Asset_i = 1$）表示受访进城农民家庭是否参与了目标资产投资的哑变量，赋值为1，则表示存在家庭目标资产选择参与动机，否则赋值为0；$Entrep_i$是本研究关注的解释变量——区域创新创业环境，假如 $\alpha_1 > 0$，则表示良好的区域创新创业环境提高了进城农民家庭金融资产选择参与的概率；Z 是控制变量集合，主要包括家庭人口统计特征变量和地区控制控制变量；ε 表示独立分布的随机误差，代表不可观测的因素的汇总，其服从标准正态分布；i 表示受访进城农民家庭。

接下来，由于风险资产占家庭资产的比重是截断的，因此，本研究使用 Tobit 模型估计创新创业环境对进城农民家庭风险资产配置比重的影响，具体模型设定如下：

$$Asset_i = \beta_0 + \beta_1 \cdot Entrep_i + \tau \cdot Z_i + \mu_i \qquad (8.2)$$

其中，被解释变量 $Asset_i$ 表示目标投资资产占家庭总资产的比重，其样本观测值的值域在 [0，1] 之间。安全资产占比则采用居民投资储蓄、保险等资产总市值占家庭金融资产的比重来衡量，而风险资产占比则采用为家庭投资股票总市值占家庭资产的比重来衡量。$Entrep$ 和 Z 同 (8.1) 式，假如 $\beta_1 > 0$，则表示良好的区域创新创业环境提高了进城农民家庭资产持有的比重；μ 表示独立分布的随机误差，代表不可观测的因素的汇总，其服从标准正态分布。

8.3.2　样本数据与主要变量构建

本研究使用的微观数据来自2013年西南财经大学中国家庭金融调查与研究中心在全国范围内开展的第二轮中国家庭金融调查（China Household Finance Survey，CHFS）。该家庭金融问卷设计了关于家庭是否从事经营活动、是否主动创业以及资产配置等系列问题，这为本文研究不同类型家庭资产选择行为提供了很好的数据支撑。本文数据处理方法为：（1）以在城镇地区生活且从事非农活动的农村户籍居民家庭为研究对象；（2）剔除了解释变量和控制变量缺失的观测样本；（3）剔除了家庭净资产为负的观测样本；（4）同时以家庭风险资产占比为依据剔除了最大1%和最低1%的极端观测样本，最终获得4931户进城农民家庭作为有效研究样本[①]。本研究使用的区域创新创业环境评价指标变量是由一

[①]　CHFS2013 家庭金融微观数据全样本中农村户籍的家庭数量占比为48.9%，进一步依据本研究筛选标准所得进城农民家庭样本占农村户籍家庭的比重为36.2%，占比较高说明本研究样本代表性较好。

个包括 6 个维度指标、32 个二级指标的复杂评价体系构建而成，其中涉及的反映创新创业环境水平的 32 个二级指标数据来自《中国统计年鉴》《中国教育统计年鉴》《中国劳动统计年鉴》《中国科技统计年鉴》。接下来，就本研究所使用的解释变量和控制变量进行说明。

8.3.2.1　进城农民创业家庭和打工家庭的识别

进城农民是指户籍仍在农村，但是已经来到城市务工或经商，并不同程度融入城市社会，主要从事非农产业，以工资为主要收入来源的社会劳动者（邓保国和傅晓，2006）。在城市中进城农民的收入来源主要依靠留城创业和打工两种方式，由于在二元经济结构下，进城农民控制的社会资源非常少，所以大多数进城农民创业属于"生存推动型"（庄晋财，2011）。鉴于此，本研究将"进城农民"界定为目前工作或居住所在地为城市的 18 岁及以上具有农村户籍人口的人群。而关于创业者的识别，本研究借鉴保尔森和汤森（Paulson and Townsend，2004）的研究，将进城农民家庭从事非农经营视为创业，即"从事个体经营或企业经营"的家庭为创业家庭；反之，则视为打工家庭。

8.3.2.2　区域创新创业环境评价指标构建

区域创新创业环境（Entrep）是创业过程外部影响因素的集合，包括经济文化、社会条件、人才市场竞争力等有形和无形的外部支撑因素，各个不同因素可能同时发生作用，也可能相互融合交错在一起并共同作用。本研究借鉴国内外研究成果（Li and Zahra，2012；周密等，2013；陈怡安，2015），基于经济环境维度（Economy），包括：地区 GDP、GDP 增速、外商直接投资额、地方财政收入、第三产业 GDP 占比；科技环境维度（Tech），包括：高新科技产品产值在工业 GDP 中的占比、全员劳动生产率、科技研发人员全时当量、人均科技研发经费支出、科技研发支出在 GDP 中占比、政府教育支出占比、科技企业数量、专利申请授权数、技术市场成交额；文化环境（Social），包括：普通高等学校数量、每万人图书馆藏书量、每万人在校学生数；发展环境维度（Developing），包括：职工年均工资、恩格尔系数、住房平均价格、人均城市道路面积、城市汽车保有量、城市用水普及率、互联网接入端口数、医疗机构床位数；生存环境维度，（Living）包括：人均绿地面积、省会城市空气质量、环境治理能力、生活垃圾无害化处理率；知识流动环境维度（Human），包括：每万人求职者职业介绍机构数、人才市场高学历就业人数占比、人才市场社会保障覆盖率，共计 6 个维度，32 个二级指标构建了区域创新创业环境评价指标，其数学表达式可写作：

$$\widehat{Entrep_i} = F(Economy, Tech, Social, Developing, Living, Human)$$

$$(8.3)$$

本研究采用主成分分析法对区域创新创业环境 6 个维度相关变量进行计量分析，并进行特征值分解，然后按照特征值大小对相关变量分配权重，最后依据加权平均的方法求得各个地区创新创业环境评价指标的得分，经标准化处理，并以此衡量中国各个地区的区域创新创业环境水平。

北京、上海、江苏、广东、天津等省市创新创业环境质量较高，大部分省份的创新创业环境水平较低。其中，中国创新创业环境最高的是北京，此外，中西部地区创业质量较高的是湖北、四川和重庆。总体而言，中国创新创业环境差异显著，呈现出"东强、中平、西弱"的格局。进一步比较分析还发现，经济环境、科技竞争力、社会文化环境、人才市场发达水平四项指标排名前三的均为北京、上海、江苏；城市宜居程度指标排名前三的为浙江、海南、江苏，而非"北上广"这样的一线城市；此外，生态环境竞争力指标排名前三的为海南、福建、西藏。

8.3.2.3　进城农民家庭财务脆弱性识别

本研究借鉴林和格蕾丝（Lin and Grace，2007）的方法构建进城农民家庭财务脆弱性指标。首先，进城农民家庭 i 剩余成员因配偶去世而遭受的影响程度，例如，进城农民家庭 i 中因为丈夫去世而遭受的影响程度 $Impact_{wife,i}$，如下所示：

$$Impact_{wife,i} = \frac{\beta_{wife,i}(Income_i - I_{hus,i})(2 + 0.5N_i)^s}{\alpha_i Income_i(1 + 0.5N_i)^s} - 1 \quad (8.4)$$

其中，$Income_i$ 表示进城农民家庭 i 的总收入，α_i 为家庭的边际消费倾向，N_i 表示家庭中小孩的数量，$I_{hus,i}$ 表示丈夫的年收入；此外，设定家庭规模经济因子 $s = 0.678$。

相应地，与（8.4）式计算类似可以获得进城农民家庭 i 中因为妻子去世而遭受的影响程度 $Impact_{hus,i}$。

接下来，本研究依据夫妻的收入、死亡概率以及收入丧失年数形成"权重"，并将 $Impact_{wife,i}$ 和 $Impact_{hus,i}$ 进行加权平均，即可得到进城农民家庭 i 的财务脆弱性指标 $HFVI_i$，$HFVI$ 值越大，则表明进城家庭的财务状况越脆弱，如下式所示：

$$HFVI_i = \sqrt{q_{x,i}^{hus}\left(a_{\overline{65-x}} \cdot I_{hus,i} \cdot Impact_{wife,i}\right)^2 + q_{y,i}^{wife}\left(a_{\overline{65-y}} \cdot I_{wife,i} \cdot Impact_{hus,i}\right)^2}$$

$$(8.5)$$

其中，$q_{x,i}^{hus}$ 和 $q_{y,i}^{wife}$ 分别表示 x 岁男性和 y 岁女性的一年死亡率，a 表示收入丧失年数的现值折现因子。

8.3.2.4 控制变量的构建

参照前人的文献，本研究选取的控制变量包括家庭人口描述性统计特征，包括家庭规模、婚姻状态、受教育程度、民族、年龄、异地就业等特征以及地区经济水平，同时还控制了地区和城市的固定效应。表8 -1给出了变量的描述性统计结果。

从表8 -1中可以看出，中国进城农民的主体仍然是农民工，而样本家庭中有16.5%的进城农民家庭进行了创业，表明家庭整体创业动机良好。从参与动机来看，样本家庭中有96.2%的家庭参与了安全性资产投资，其中创业者家庭中96.6%的家庭选择了安全资产，略高于打工者家庭的96.1%；样本中有17.9%的家庭参与了股票投资，其中14.9%的创业者家庭选择了股票，低于打工者家庭的18.5%。从持有资产占比来看，样本家庭中持有安全资产占家庭总资产的比重为59.8%，其中创业者家庭中安全资产的占比为61.2%，略高于打工者家庭的59.5%；样本家庭中持有股票占比为5.3%，其中创业者家庭中股票的占比为3.8%，略低于打工者家庭的5.6%。从描述性统计结果可以发现，进城农民家庭仅"有限参与"了风险资产的投资，且创业家庭参与风险资产选择的概率和持有风险资产的比重均低于打工者家庭。此外，由表8-1还可以发现，创业家庭的风险厌恶程度较低，户主年龄更显年轻化特点，但是创业家庭户主的受教育程度却普遍低于打工家庭。

表 8-1　　　　　　　主要变量的描述性统计结果

变量	变量定义	全样本	创业家庭	打工家庭
安全资产参与概率	受访家庭参与配置储蓄、保险、政府债券等风险较低的金融资产，则赋值为1，否则赋值为0	0.962	0.966	0.961
股票参与概率	受访家庭参与配置风险性资产指股票、期货、期权、外汇、黄金等风险较高的金融资产，则赋值为1，否则赋值为0	0.179	0.149	0.185
安全资产持有比重	受访家庭中风险较低的安全资产市值占家庭金融资产的比重	0.598	0.612	0.595
股票持有比重	受访家庭中风险较高的风险资产市值占家庭金融资产的比重	0.053	0.038	0.056
区域创新创业环境	从经济环境维度、科技环境维度、文化环境、发展环境、生存环境、知识流动环境6个维度，经主成分法分解、加权，求得区域创新创业环境评价指标得分的标准化值	0.532	0.506	0.537
家庭财务脆弱性	夫妻的收入、死亡概率以及收入丧失年数形成权重，并将夫妻一方去世而遭受的影响程度进行加权平均值	0.491	0.261	0.536
地区经济水平	采用受访者所在省份的人均GDP去自然对数	10.843	10.780	10.854
性别	受访者家庭户主的性别，男性赋值为1，女性赋值为0	0.494	0.477	0.500
婚姻状态	受访者家庭户主已婚且夫妻双方同居则赋值为1，否则赋值为0	0.838	0.851	0.836
风险偏好	受访者家庭户主风险偏好程度由低到高依次赋值1到5	1.993	1.973	1.997

变量	变量定义	全样本	创业家庭	打工家庭
受教育程度	受访者家庭户主受教育程度,"没上过学"赋值为0;"小学"赋值为1;"初中"赋值为2;"高中或中专"赋值为3;"大专或大学本科、高职"赋值为4;"硕士研究生及以上"赋值为5	3.061	2.931	3.086
民族	受访者家庭户主为汉族则赋值为1,否则赋值为0	0.902	0.900	0.902
年龄	受访者家庭户主的自然年龄	44.733	42.265	45.224
异地就业	受访者家庭户主就业所在省市并非其出生所在地则赋值为1,否则赋值为0	0.066	0.068	0.065
观测样本量		5132.000	849.000	4283.000

8.4 实证分析

8.4.1 进城农民家庭资产参与概率回归结果

首先,基于Probit模型检验了区域创新创业环境的好坏是否是影响进城农民家庭资产参与决策的重要因素。表8-2第(1)、(3)列回归结果显示,区域创新创业环境与创业家庭安全资产和股票选择正相关,但在10%显著水平上不显著。此外,第(2)、(4)列结果显示,良好的区域创新创业环境不仅对打工家庭参与安全资产的概率有促进作用,而且对打工家庭参与股票概率也显著正相关,且从系数大小来看,区域创新创业环境对提高股票参与概率的作用可能更大。总体来说,表8-2结果表明区域创新创业环境的好坏对进城农民家庭选择参与资产配置具有重要的影响,且对创业型和打工型两类家庭的影响存在差异。

表 8 - 2　　　　　　进城农民家庭资产选择参与概率的回归结果

项目	安全资产		股票	
	创业家庭	打工家庭	创业家庭	打工家庭
	（1）	（2）	（3）	（4）
区域创新创业环境	0.016	0.045 ***	0.028	0.130 ***
	（0.601）	（0.002）	（0.678）	（0.000）
地区经济水平	- 0.037	- 0.069 ***	0.088 *	- 0.024
	（0.177）	（0.000）	（0.084）	（0.365）
风险偏好	0.003	- 0.002	0.013 **	0.008 *
	（0.558）	（0.414）	（0.041）	（0.073）
性别	- 0.028 **	0.007	- 0.021	- 0.005
	（0.027）	（0.899）	（0.402）	（0.663）
婚姻状态	0.023	0.027 ***	0.006	0.037 *
	（0.158）	（0.001）	（0.870）	（0.056）
受教育程度	0.023 ***	0.020 ***	0.076 ***	0.094 ***
	（0.001）	（0.000）	（0.000）	（0.000）
民族	- 0.015	- 0.019	- 0.015	- 0.025
	（0.553）	（0.116）	（0.747）	（0.248）
家庭规模	0.019 **	0.013 ***	0.008	0.007
	（0.007）	（0.001）	（0.450）	（0.237）
年龄	0.004	- 0.007	0.005	0.031 ***
	（0.418）	（0.775）	（0.686）	（0.000）
年龄的平方	- 0.040	0.003	- 0.002	- 0.003 ***
	（0.532）	（0.919）	（0.903）	（0.000）
异地就业	0.033	0.028 *	- 0.021	- 0.006
	（0.263）	（0.092）	（0.676）	（0.787）
地区和城市控制变量	Yes	Yes	Yes	Yes
准 R^2	0.177	0.110	0.070	0.092
观测值	799.000	4120.000	835.000	4281.000

注：* 、** 、*** 分别表示10%、5%、1%水平显著，括号内为聚类异方差稳健的 p 值。

表 8 - 2 结果还显示，地区经济水平对进城农民家庭参与资产选择的

概率具有重要的作用，且对创业家庭和打工家庭存在显著差异，即经济水平越高的地区，提升区域创业环境会降低打工家庭选择安全资产的概率，但是其对创业家庭的影响不显著；经济水平越高的地区，提升区域创新创业环境可以提高创业家庭选择股票的概率，但是其对打工家庭的影响不显著。此外，进城农民的风险态度对创业和打工家庭的安全资产选择决策影响不显著，且无差异。但是，风险偏好与其股票参与显著负相关，且存在差异，即区域创新创业环境越好的地区，进城农民创业家庭越会降低参与股票的概率，且降低的幅度较打工家庭而言更加强烈。这表明，由于创业家庭具有较高的风险偏好，提高了其家庭参与配置高风险资产的概率，这与经典文献观点一致。异地就业的进城农民在资产选择参与动机上显得更为保守，尤其是打工家庭理性上可能更加愿意在家庭资产配置中选择风险较低或零风险的安全资产。此外，家庭规模与进城农民家庭安全资产选择也显著正相关，但其与股票参与概率无显著关系。幸福美满的婚姻状态和受教育年限也与进城农民家庭参与资产选择显著正相关。

8.4.2 进城农民家庭资产持有比重回归结果

接下来，基于 Tobit 模型分析了区域创新创业环境与进城农民家庭资产选择深度的关系，即区域创新创业环境对家庭安全资产和股票的持有比重产生的影响。表 8 - 3 第（1）、（2）列结果显示，区域创新创业环境与创业家庭和打工家庭的安全资产配置比重正相关，但是却不显著，这表明区域创新创业环境的好坏对进城农民家庭配置安全资产的比重无显著影响。表 8 - 3 第（3）、（4）列分结果显示，区域创新创业环境对创业家庭股票持有比重的边际效应为 - 0.094，在 1% 置信水平显著。同时区域创新创业环境对打工家庭股票持有比重的边际效应为 - 0.071，在 1% 置信水平显著。这表明创新创业环境对创业家庭和打工家庭持有股票比重的影响均显著为负，即提高区域创新创业环境会导致创业家庭和打工家庭显著降低持有股票的比重，且对于两类家庭系数大小存在差异。

表 8 - 3   进城农民家庭资产持有比重的回归结果

项目	安全资产		股票	
	创业家庭	打工家庭	创业家庭	打工家庭
	（1）	（2）	（3）	（4）
区域创新创业环境	- 0.009	0.006	- 0.094 ***	- 0.071 ***
	（0.501）	（0.251）	（0.001）	（0.000）
地区经济水平	- 0.039 ***	- 0.037 ***	0.085 ***	0.053 ***
	（0.000）	（0.000）	（0.001）	（0.000）
风险偏好	- 0.005 **	- 0.002 **	0.001	0.001
	（0.011）	（0.007）	（0.466）	（0.200）
性别	- 0.006	- 0.002	0.007	0.002
	（0.220）	（0.420）	（0.172）	（0.268）
婚姻状态	0.002	0.005 *	0.014 **	- 0.001
	（0.809）	（0.071）	（0.040）	（0.639）
受教育程度	- 0.001	0.003	0.003	0.002 *
	（0.777）	（0.817）	（0.202）	（0.087）
民族	0.005	- 0.004	0.016	0.011 **
	（0.539）	（0.230）	（0.140）	（0.010）
家庭规模	- 0.003	- 0.004 **	0.005 **	0.004 ***
	（0.233）	（0.003）	（0.022）	（0.001）
年龄	- 0.002	- 0.001	- 0.002	- 0.002
	（0.422）	（0.603）	（0.379）	（0.107）
年龄的平方	0.002	0.003	0.003	0.002
	（0.418）	（0.776）	（0.389）	（0.126）
异地就业	0.015	- 0.007	- 0.011	- 0.010 ***
	（0.176）	（0.881）	（0.141）	（0.001）
地区和城市控制变量	Yes	Yes	Yes	Yes
Adj R²	0.099	0.101	0.079	0.052
观测值	849.000	4283.000	849.000	4283.000

注：*、**、***分别表示10%、5%、1%水平显著，括号内为聚类异方差稳健的 p 值。

此外，表 8 - 3 还显示，地区经济水平对进城农民家庭资产选择比重具有重要的作用。其中，地区经济水平与安全资产持有比重显著负相关，但其与股票持有比重呈显著正相关，表明随着经济水平的提高不管是创业家庭还是打工家庭都会在一定程度上降低家庭中安全资产的持有比重，但是会增加股票的持有比重。风险偏好与进城农民家庭安全资产的持有显著负相关，即风险偏好越高，则更倾向于减少安全资产的比重。另外，虽然风险偏好与股票持有关系为正，但是系数不显著，这可能是因为进城农民家庭可以选择的风险资产种类太少，而股票市场投资难度相对较大，所以其在股票参与深度选择上仍然十分的保守，这与经验判断基本一致。婚姻状态对于创业家庭和打工家庭的影响也存在差异，户主已婚的打工家庭会选择配置更多的安全资产，而户主已婚的创业家庭则会选择在家庭资产中配置更多的股票。另外，进城农民是否在异地就业对其选择安全资产没有显著的影响。但是，异地就业特征与打工家庭选择股票持有比重显著负相关，表明异地就业的打工家庭参与股票投资的深度会显著降低，这可能是因为异地打工家庭收入的稳定性更加难以保证，更加不愿意分配更多的家庭资源在风险水平较高的股票之上。

8.4.3 进一步的机制分析

上文结果发现，区域创新创业环境对进城农民创业家庭和打工家庭资产选择具有重要的影响。下面将从创业动机和家庭财务脆弱性两方面进一步分析区域创新创业环境影响进城农民家庭资产选择的机制。

8.4.3.1 区域创新创业环境与创业动机的交互作用估计结果

表 8 - 4 为检验区域创新创业环境与创业动机交互作用的回归结果。第 (1)、(2) 列结果显示，创业动机对进城农民股票参与概率的影响为负，在 10% 置信水平上显著，但是创业动机对进城农民的安全资产参与概率影响不显著。这结果与上文一致，说明实证结果是稳健的。考察区域创新创业环境和创业动机的交互项结果可见，交互项对进城农民家庭安全资产和股票的参与概率影响为负，在 10% 置信水平上显著，表明随

着区域创新创业环境的不断提升，创业家庭会降低参与安全资产和股票的概率。表8-4第（3）、（4）列结果显示，创业动机对进城农民股票持有比重的影响为负，在10%置信水平上显著，但是创业动机对进城农民的安全资产持有比重影响不显著。这结果与上文实证结果一致，说明实证结果是稳健的。创新创业环境和创业动机的交互项的回归结果表明，随着区域创新创业环境的不断提升，创业家庭会减少家庭资产中股票的持有比重，但是对安全资产的持有比重不存在显著的交互作用。

表8-4　　　　区域创新创业环境与创业动机的交互作用检验结果

项目	Probit		Tobit	
	安全资产	股票	安全资产	股票
	（1）	（2）	（3）	（4）
区域创新创业环境	0.047 ***	0.111 ***	0.064	- 0.075 ***
	(0.001)	(0.000)	(0.256)	(0.000)
创业动机	0.017	- 0.003 *	0.007	- 0.006 *
	(0.182)	(0.092)	(0.139)	(0.078)
区域创新创业环境 × 创业动机	- 0.035 *	- 0.014 *	- 0.012	- 0.004 **
	(0.097)	(0.086)	(0.200)	(0.047)
控制变量	Yes	Yes	Yes	Yes
观测值	4931.0000	5129.0000	5132.0000	5132.0000

注：*、**、*** 分别表示在10%、5%、1%水平显著；由于篇幅限制，本表省略了其他控制变量的回归结果。

8.4.3.2　区域创新创业环境与家庭财务脆弱性的交互作用估计结果

对进城农民家庭财务脆弱性进行分组描述性统计分析发现，与创业家庭相比，打工家庭的财务状况更加脆弱。表8-5为检验区域创新创业环境与家庭财务脆弱性交互作用的回归结果。表8-5第（2）列结果显示，家庭财务脆弱性的估计系数为正，在5%置信水平上显著，表明财务脆弱的进城农民家庭反而更加可能参与股票投资。此外第（2）列数据还表明，区域创新创业环境与家庭财务脆弱性的交叉项结果显著为负，表明随着区域创新创业环境的提升，财务脆弱性较高的进城农民家庭会显著降低参与股票投资的概率。但是，第（1）列结果表明，交互项对安全资产选择概率的影响不显著。

表8-5第（3）列结果显示，家庭财务脆弱性对安全资产持有比重的估计系数为负，在10%置信水平上显著，表明财务脆弱的家庭会降低家庭配置安全资产的比重。进一步研究发现，区域创新创业环境与家庭财务脆弱性的交互项的估计系数为正，在5%置信水平上显著，表明随着区域创新创业环境的不断提升，财务脆弱性较高的进城农民家庭会增加持有安全资产的比重。

表8-5   区域创新创业环境与家庭财务脆弱性的交互作用检验结果

项目	Probit		Tobit	
	安全资产	股票	安全资产	股票
	（1）	（2）	（3）	（4）
区域创新创业环境	0.042 **	0.149 ***	-0.083	-0.073 ***
	(0.007)	(0.000)	(0.668)	(0.000)
家庭财务脆弱性	0.009	0.007 **	-0.005 *	0.003
	(0.359)	(0.016)	(0.061)	(0.551)
区域创新创业环境×家庭财务脆弱性	-0.002	-0.084 **	0.014 **	-0.004
	(0.919)	(0.020)	(0.022)	(0.605)
控制变量	Yes	Yes	Yes	Yes
观测值	4931.0000	5129.0000	5132.0000	5132.0000

注：*、**、*** 分别表示在10%、5%、1%水平显著；由于篇幅限制，本表省略了其他控制变量的回归结果。

8.4.4   稳健性检验

本研究利用区域创新创业环境作为解释变量，由于该变量是外生的，所以不存在内生性问题的影响。为了检验结果的稳定性，本研究依据适应性预期的假设，采用2012年的区域创新创业环境指标表示进城农民对区域创新创业环境的预期，进行稳健性回归分析，结果与前文一致，这说明本研究所得区域创新创业环境对进城农民家庭资产选择的相关结论是稳健的。

8.5　本章结论

以中国进城农民家庭为例，本研究实证研究了区域创新创业环境对进城农民家庭资产中安全资产和股票投资的影响。在刻画区域创新创业环境时，本研究从经济环境维度、科技环境维度、文化环境、发展环境、生存环境、知识流动环境6个维度利用主成分法构建了区域创新创业环境指标，力图分析不同区域创新创业环境对进城农民家庭资产配置异质性的解释。描述性研究结果发现，与打工家庭相比较，创业家庭在安全资产选择概率上无差异，但家庭持有安全资产的比重更低；创业家庭的股票投资参与概率低于打工家庭，且家庭持有股票的比重也更低。这表明进城农民家庭由于其是否创业在家庭资产配置上可能表现异质性特征。回归分析结果显示，良好的区域创新创业环境对于提高打工家庭参与股市的概率有显著的促进作用，对创业家庭安全资产和股票参与概率的影响均为正，但是不显著。就家庭资产持有比重而言，区域创新创业环境的改善可能降低创业家庭和打工家庭在家庭资产中的持有股票的比重，但是对二者安全资产持有比重的影响不显著。进一步研究还发现，区域创新创业环境与进城农民的创业动机形成交互作用，降低家庭参与资产选择的概率和持有比重。同时，区域创新创业环境也可能与进城农民家庭财务脆弱性形成交互作用，降低家庭参与股票投资的概率，并提高安全资产的持有比重。

第9章　亲子利他性与农户家庭资产选择

9.1　引言

近年中国普惠金融市场虽然得到不断发展，呈现多样化和复杂化发展趋势，城乡居民家庭也越来越积极地参与到金融市场，但城乡居民家庭的金融市场参与率仅为11.5%，农村家庭的金融参与率相对更低，但农村家庭也越来越积极地参与到金融市场中，同时表现多样化的投资组合的资产配置倾向（甘犁等，2013）。如何鼓励家庭利用金融手段，合理通过储蓄和资产投资等手段进行家庭资产配置，对于扩大内需、刺激经济增长发挥着重要的作用。因此，家庭金融相关研究中所关注的金融市场参与、资产选择影响机制自然也就成为该领域研究的核心问题之一（Campbell，2006）。经典生命周期理论认为，居民家庭"消费—投资"决策通过跨期资源分配，需要做出理性决策将一定比重财富投资于风险资产如储蓄、投资、借贷等，则可以实现理性预期、风险回避，以获得满足自身效用最大化的经济目标（Gourinchas and Parker，2002）。经济人理性预期认为，经济生活中一切经济行为的最本质的特征就是自身利益最大化的精密计算，其狭隘地认为现实社会中丰富多样的人类个体不考虑他人的福利，仅热衷于使用数学符号和数理逻辑来解释自身行为，坚持个体效用最大化。事实上，家庭资产选择决策是一个极其复杂的过程。最新学术研究认为，经济人的"理性"决策对资产选择差异性的解释存在局限性。例如，农村家庭中出现的高比例"风险资产零选择"现象就难以通过"理性选择"进行解释（汪伟，2008）。究其原因，人们的实际决策并非完全理性，其对理性决策的偏离可能是系统性的，偏差因素会不同程度地造成家庭金融行为差异。目前，学术界对"非理性因素"如何影响家庭资产配置的机制了解还十分有限，而"亲子利他性"作为人性中最为普遍的一种行为，是一个不争的事实，同时在经济学上被视为是一种"非理性"的经济行为，正受到学术界更多的关注，相关研究已经成为经济学研究热点。

本章利用中国农村 2007～2011 年省级面板数据，研究了亲子利他性对中国农村家庭资产配置的影响，主要贡献体现在两个方面：第一，目前亲子利他性与农村家庭资产选择之间的关系鲜有文献，本文以中国农村居民为研究对象，重点检验农村家庭"亲子利他性"与家庭资产选择和配置比重的关系，并试图对家庭金融领域"非理性"因素影响机制做有益补充；第二，研究亲子利他性是否可以解释农村家庭资产选择差异具有十分重要的理论和现实意义，该研究既有助于深入认识中国农村家庭资产选择的决策运行机制，也有助于为相关部门的政策制定提供参考依据。

本章之后的结构安排如下：第 2 节为文献综述，第 3 节为研究设计，包括理论分析和研究假说、实证模型设定、样本变量定义描述；第 4 节为实证结果分析和稳健性检验；第 5 节为主要结论。

9.2　文献综述

现代金融学理论产生于 20 世纪 50 年代，并于 70 年代得到了长足的发展，形成了一套比较完备的体系。理性经济人假设一直被视作现代金融学理论基石之一，然而在不断获得认可的同时，金融市场涌现出了许多有悖于标准金融理论的投资行为异象，标准金融理论的完备体系面临金融事实的挑战。近年来，大量文献开始反思理性人假设的局限性，即"自利模型"虽然能够解释某些再分配活动，但肯定不能解释所有。因此，学术界考虑将心理学和行为科学引入金融决策分析框架，并逐渐成为标准金融理论的有效补充。金融决策与"非理性"因素之间存在着重要的联系，它可能始终贯穿于投资决策过程中，与人类的理性思维共同存在，二者共同影响投资者的决策行为（Loewenstein，2000）。

所谓的"利他性"是作为"自利"的对立面提出来的，生物学意义上的"利他"是指个体牺牲自身的适合度，而提高其他个体适合度的行为。贝克尔（Becker，1976）关于利他主义的开拓性论文突破了传统经济学的研究领域，提出"利他主义行为"是一个人在对他人所做的财务或劳务无偿支出获得满足，因为其他人效用的增进而感到高兴。其观点强调的是行为结果，该分析结果与现实吻合性强，并成为经济学分析利他主义影响家庭行为的重要文献。客观上现实世界中存在大量的利他经济行为，例如，父母对子女的无私投入（Dutta and Michel，1998）、子女赡养父母（Ackerman，1996）、慈善捐助（Levitt and List，2007）等。可以说，利他行为的出现有着复杂的心理学和社会学解释。黄少安和韦倩（2008）从经济研究的方法论角度提出，经济理论对利他行为的解释可以分为两类：一是人们可以从利他行为中直接获得满足，最大化自身效用；二是人们可以间接从利他行为中获得物质利益，即从受惠者的回报或未来的交易中获得收益。

"亲子利他"是利他主义类型的一种，它的存在是一个不争的事实，一般可以将其理解为血缘的生物个体为自己的后代做出的不含直接的功利目的某种牺牲，在微观层面体现为代与代之间的纵向传递。最近一个时期，经济学家对利他主义及其经济意义的兴趣得到复兴并日益增强，但大量相关文献仍主要局限在探讨利他性与经济增长的关系（黄少安和韦倩，2008）。穆里根（Mulligan，1997）较早地将父母对子女的亲子利他性变量引入对经济增长的分析，认为亲子利他性直接影响经济增长，阿尔梅利尼和巴舒（Armellini and Basu，2011）利用多个国家数据也发现父母对子女的亲子利他性与社会经济增长显著正相关。拉波鲍特和维达尔（Rapoport and Vidal，2007）将父母对子女的利他行为分解为自然利他行为和社会利他行为两个部分，实证结果显示利他性决定了父母的遗赠水平，从而影响了资本积累速度，并对经济增长有重要的影响。坤泽（Kunze，2014）的研究也得到了类似的结论，其认为亲子利他通过对子女健康和教育投资的渠道，形成整个社会的人力资本积累，从而影响宏观经济增长。但是，查克拉博蒂（Chakraborty，2004）提出质疑，认为发展中国家在人口结构转型过程中，当面对代际利他性选择时，其社会储蓄率和资本积累并不一定上升。张芬和方迎风（2015）认为，经济发达地区父母的亲子利他性程度更强，且亲子利他性促进了人力资本的形成，然而其对物质资本积累却表现出明显的负增长效应。总体来说，利他性因素对于人力资本的积累具有正向的促进作用，但利他性对宏观层面物质资本积累的影响存在明显的不确定性。

对前人文献评述引发出一个学术思考："在微观层面利他性与对家庭资产配置是否存在影响机制，如果有，其影响机制是怎么作用的？"要准确回答这一问题，迫切需要学术界提供更多的理论依据和实证证据。而传统经济学文献主要是从"经济人"变量解释家庭资产配置行为的差异，包括人口特征、财富水平和流动性约束以及风险偏好、社会网络、社会资本等（Poterba and Samwick，2003；尹志超等，2014；Vissing-Jorgensen，2002；吴卫星和齐天翔，2007；Guiso and Paiella，2008；李涛和郭杰，2009）。事实上，个人和家庭特定的动机或偏好会影响经济体系中的储蓄和投资行为，一种具有明确目的性和方向性的利他行为是纵向利他的，而在中国"养儿防老"的文化影响下，也可以被理解为是横向利己的另类储蓄形式。杨春学（2001）从理论分析角度分析了利他主义与家庭资源分配和配置效率的问题，认为利他主义行为仍然不能摆脱"自利"，同时利他动机又可以在驱动资源的转移上发挥作用，另外还发现有利他主义成员的家庭将会更加有效地实现资源配置。综上所述，中国农村家庭的利他性经验分析文献十分匮乏，而国内相关研究更是几乎处于空白，但是利他性的经济学分析和探讨在现实生活中又显得格外重要，这可能直接影响居民消费和家庭金融行为决策以及"第三驾马车"——消费对经济均衡发展的作用。

9.3　研究设计

9.3.1　理论模型和研究假设

基于勃朗宁基和维达尔（Bräuninger and Vidal，2000）和阿尔梅利尼和巴舒（Armellini and Basu，2011）提出的利他经济增长模型，本研究构建了一个消费决策的二期迭代模型，个体的生命周期为两期：第一期 $t-1$ 从事生产但不消费，而第二期 t 只进行消费。假设在不考虑可以通过信贷手段对个体后代教育投资的情况下，第二期 t 时刻个体后代的人力资本则完全由 $t-1$ 时刻个体的亲子利他性投入转化决定，即 ah_{t-1}，其中 h_{t-1} 表示个体由于父母利他性教育投资所知的人力资本水平，设定 $a>0$，表示教育投资回报率。

在 t 时刻，个体的消费决策由个体消费 c_t 及其后代获得的亲子利他性投资水平 h_t 两部分组成，换言之，个体的总效用 W_t 不仅取决于其自身消费的直接效用 $U(c_t)$，而且受到其对后代人力资本投资的间接效用 $V(h_t)$ 的影响。个体总效用函数的数学表达式可以写作：

$$W_t = \theta U(c_t) + (1 - \theta) V(h_t) \tag{9.1}$$

其中，$1-\theta$ 表示亲子利他性程度，反映个体对后代教育的关心程度。

设定效用函数 $U(c_t)$ 和 $V(h_t)$ 均满足一阶导数大于零，而二阶导数均小于零。

个体总效用函数的预算约束条件可以写作：

$$ah_t - T_t = c_t + (1 - \omega_t) h_t \tag{9.2}$$

其中，T_t 表示政府对个人一次性征税总量，$T_t = \omega_t h_t$，ω_t 为政府补贴教育而征税的固定比率，表示社会贴现率，即政府通过税收收入来贴补教育费用，ω_t 越大表明政府投入越大。

对上述效用函数和预算约束最大化求解，即可得最优解 I：

$$\partial h_t / \partial \omega_t = -U'(c_t) / \{(1 - \omega_t) U''(c_t) + [(1 - \theta)/\theta] V''(h_t)\} \tag{9.3}$$

由最优解 I 可知，社会贴现率对人力资本的边际效益递增，即 $\partial h_t / \partial \omega_t > 0$，其个体后代的总教育支出与社会贴现率成正比。

另外，最大化求解还可得最优解 II：

$$\partial c_t / \partial \omega_t = -\partial h_t / \partial \omega_t \tag{9.4}$$

由最优解 II 可知，$\partial c_t / \partial \omega_t < 0$，即社会贴现率对个体消费增长的边际效益递减，个体消费与社会贴现率成反比，提高社会贴现率，则个体消费将减少。

此外，在 $0 < \theta < 1$ 限制条件下，社会贴现率 ω_t 与个体亲子利他性程度 $1 - \theta$ 负相关，表明过高的社会贴现率会降低个体的效用，意味着亲子利他性程度更高的社会反而更倾向于选择较低的社会贴现率，使得个体对社会贴现需求减少，亲子利他性高的个体更愿意通过自己的能力进行后代人力资本投资。

如果市场存在信贷约束，人力资本的投资难以通过借款实现，而且由于后代在青少年时期很多年都不能完全照顾自己，也不能与父母形成合约贷款，所以教育的投入一般都由父母进行投资（Becker，1991）。在现实经济活动中，后代教育投资是一项长期的、多个维度、多层次的积累过程，需要个体充分利用所掌握的家庭资产（见表 9-1），进行有效配置，以最大化满足个体抚养后代的各种需求。不难理解，在现实中表现较高亲子利他性的个体可能对其持有的资产进行优化配置。鉴于此，本章提出研究原假设 H_0：亲子利他性对个体所持有资产（金融资产、实物资产、借贷等）配置不存在显著的影响作用。

表 9-1　　　　　　　　　　　　居民家庭的资产负债表

资产		负债		
金融资产	实物资产	短期负债	中期负责	长期负债
现金、储蓄、债券、股票、保险、基金、理财产品、其他金融资产	房地产、耐用消费品、生意	短期消费借贷、其他短期借款	汽车贷款、其他中期借款	住房贷款、其他长期借款

9.3.2 实证模型设定

本研究首先通过实证模型考察了中国农村地区影响居民亲子利他性的因素。关于相关影响因素，本研究重点关注了家庭经济因素、地区经济水平、人口因素三个方面。构建如下实证回归模型：

$$Altruism_{i,t} = \beta_0 + \beta_1 Income_{i,t} + \beta_2 Growth_{i,t} + \beta_3 Open_{i,t} + \beta_4 Edu_{i,t} + \beta_5 Child_{i,t}$$
$$+ \beta_6 Old_{i,t} + \beta_7 Gender_{i,t} + \beta_8 West_{i,t} + \mu_i + \eta_{i,t} \tag{9.5}$$

其中，被解释变量为父母的亲子利他性的测度指标（Altruism），采用幼儿教育学杂费占家庭消费总支出的比例，用以衡量各个地区农村家庭亲子利他倾向程度。亲子利他性指标的选择主要是考虑到数据的可得性及中国教育制度的特点。2011 年，中国居民平均教育年限达到 8.8 年（未考虑幼儿阶段的教育年限），表明我国基本全面实现了九年制义务教育。对大多数家庭而言，家庭对子女幼儿阶段的教育投入与九年制义务教育相比，存在较大差异，经济条件更优越的家庭对前者的投入自由度更大，同时考虑我国长期实行"独生子女政策"和父母补偿性心理"不要输在起跑线上"观点的影响，本研究以父母对子女幼儿阶段的投入作为代理变量，可能可以更好地反映父母所表现的"亲子利他性"倾向程度。式（9.5）中的解释变量包括：地区经济开放程度（Open），采用各地区进出口贸易总额占 GDP 比例；地区经济发展速度（Growth），采用各地区名义 GDP 增速，用以衡量地区经济发展水平；平均受教育年限（Edu），采用加权平均法计算，其具体年限设定为：文盲及半文盲为 0 年，小学为 6 年，初中为 9 年，高中为 12 年，大专及以上为 16 年，权重为各类人群在抽样人口中的比重，用以衡量各个地区农村居民受教育的程度；少儿抚养比（Child），采用地区人口中少年儿童人口数（0~14 岁）与劳动年龄人口数（15~64 岁）之比，用以衡量劳动力对少年儿童的负担程度；老年扶养比（Old），采用非劳动年龄人口数（65 岁以上）与劳动年龄人口数之比，以衡量劳动力对家庭老年的负担程度；性别比（Gender），采用地区男性居民与女性居民人口数之比；地区控制变量

（Middle-west）为哑变量，中西部省市赋值 1，东部省市赋值 0。此外，i 代表地区横截面，t 代表时间单元，μ_i 代表不同地区不可观测的地区特征，$\eta_{i,t}$ 为非特异误差项。

接下来，本研究从亲子利他性角度解释中国农村家庭资产配置选择的需求，为此，构建模型分析亲子利他性对农村家庭资产配置选择中的借贷、储蓄、投资、保险、住房的影响。

$$Asset_{i,t} = \beta_0 + \beta_1 Altruism_{i,t} + \beta_2 Open_{i,t} + \beta_3 Edu_{i,t} + \beta_4 Familysize_{i,t} + \beta_5 Gender_{i,t}$$
$$+ \beta_6 Rfe_{i,t} + \beta_7 Rfs_{i,t} + \beta_8 West_{i,t} + \mu_i + \eta_{i,t} \tag{9.6}$$

其中，被解释变量为农村居民资产配置选择（Asset），包括：家庭借贷（Debt），采用农村人均贷款额；储蓄（Saving），采用农户储蓄与农村信用社存款余额之和与地区农村居民人数的比值，以衡量居民银行储蓄的需求；投资（Investment），采用农村居民人均固定资产投资额，以衡量居民对投资增值的需求；住房（Housing），采用农村居民人均住房投入，以衡量居民对房地产投资的需求；保险（Insurance），采用农村居民人均最低生活保障性支出和救济费之和，以衡量居民对基本生活保障性保险的需求。解释变量包括：家庭规模（Familysize），采用农村每户家庭中的人口数；农村金融效率（Rfe），采用农村存贷比来衡量；农村金融发展的规模（Rfs），采用农村贷款与农村 GDP 的比值来衡量，由于目前统计口径中没有农村 GDP 的统计数据，所以本研究按各地区第一产业 GDP 与乡镇企业增加值之和来衡量农村 GDP。本研究还对面板数据的各变量进行自然对数变换处理，以降低面板数据的异方差影响。

9.3.3 样本数据来源

本章样本数据选取 2007～2011 年共 5 年的中国 30 个省、自治区、直辖市的面板数据，由于西藏数据缺失，因此该省未包括在面板数据中。所有数据均来源于相关年份《中国农村统计年鉴》《中国金融年鉴》《中国统计年鉴》《教育经费统计年鉴》。其中，关键变量"亲子利他性"来源于《教育经费统计年鉴》，但该年鉴 2012 年后停止统计，这是本研究所获有效数据截止于 2011 年的重要原因。

9.4　实证分析结果

9.4.1　亲子利他性影响因素的回归估计结果

由表 9 - 2 结果可见，地区经济的开放程度与亲子利他性显著正相关，说明开放程度越高的地区，父母的亲子利他性越强。而农村家庭收入（Income）的回归系数为负，表明亲子利他性与家庭收入水平负相关，即与收入水平较低的家庭相比，富裕家庭反而表现出较低的父母亲子利他性。地区经济发展速度与农村家庭亲子利他性正相关但是不显著。另外，从地区差异角度看，东部和中西部地区经济发展水平不平衡，但回归结果显示，东部地区和中西部地区的亲子利他性差异不显著，这些结果表明亲子利他性是人类先天影响的自身本能倾向的表现，也是一种普遍存在的共同特征，其受到地理因素和区域经济因素差异的影响较小。

表 9 - 2　　　　　　　　　亲子利他性影响因素分析

项目	（1）	（2）	（3）
Income	- 0. 209 ***	- 0. 224 ***	- 0. 248 ***
	（0. 000）	（0. 000）	（0. 000）
Growth	0. 085	0. 084	0. 086
	（0. 532）	（0. 575）	（0. 566）
Open	0. 328 ***	0. 324 ***	0. 256 ***
	（0. 000）	（0. 000）	（0. 000）
Edu		0. 017 *	0. 012 *
		（0. 098）	（0. 057）
Gender			- 0. 423
			（0. 137）

项目	(1)	(2)	(3)
Child			− 0. 746 ***
			(0. 005)
Old			− 0. 859 **
			(0. 036)
Middle-west	0. 017	0. 014	0. 045
	(0. 741)	(0. 794)	(0. 426)
R^2	0. 111	0. 217	0. 306

注：* 、** 、*** 分别表示 10% 、5% 、1% 显著性水平下拒绝原假设。括号里为 p 值。

9.4.2　亲子利他性对农村居民资产配置选择的回归估计结果

通过表 9 – 3 回归分析结果可以看出，亲子利他性（Altruism）对农村家庭的借贷（Debt）有显著的正向刺激作用，农村家庭用于后代支出占家庭收入的占比每增加 1% ，则可以促进家庭借贷支出增加 0. 22% 。这个结果从经济角度解释了家庭不惜通过借贷手段为使后代接受更好的教育或为后代创造更好的生活条件。亲子利他性与农村家庭储蓄（Saving）显著正相关，而储蓄的回归系数略小于借贷支出，说明亲子利他性会促使农村家庭在资产配置中选择资产安全性较高、收益较低的储蓄手段，这可能有利于满足农村家庭在未来为后代支付更高水平教育需要的费用。住房是传统中国家庭财富的重要组成部分，分析发现亲子利他性与农村家庭的住房支出（Housing）显著负相关。究其原因，中国现行的农村住房宅基地供应制度表现特征为"一户一宅、无偿、无期限"，即只要具备了"户"的条件，地方政府就有义务与责任为农村居民供应一块用于修建住房的宅基地，且农村居民住房成本十分低，相反农村子女教育的机会成本很高，随着城镇化进程和城镇在诸多方面的示范效应的影响，农村家庭较以前越来越重视教育的影响，开始关注子女接受更好教育带来的长期的效应，因此亲子利他性对家庭的住房支出产生一定的抑制作用。此外，亲子利他性虽然分别与农村家庭固定资产投资和保险支出负相关，但回归系数不显著。

表 9 – 3   亲子利他性对资产配置的影响分析

项目	Debt	Saving	Investment	Insurance	Housing
Altruism	0. 222 ***	0. 198 **	− 0. 002	− 0. 024	− 0. 347 **
	(0. 000)	(0. 011)	(0. 987)	(0. 883)	(0. 039)
Income	1. 134 ***	1. 469 ***	1. 290 ***	2. 330 ***	1. 468 ***
	(0. 000)	(0. 000)	(0. 000)	(0. 000)	(0. 000)
Open	− 0. 193 **	− 0. 215 **	− 0. 465 ***	− 0. 866 ***	− 0. 309
	(0. 022)	(0. 017)	(0. 000)	(0. 000)	(0. 114)
Edu	0. 194 ***	0. 139 ***	0. 058 *	− 0. 337 ***	− 0. 011
	(0. 000)	(0. 001)	(0. 086)	(0. 000)	(0. 849)
Familysize	− 0. 159 ***	− 0. 243 ***	− 0. 054	− 0. 113	0. 109
	(0. 000)	(0. 001)	(0. 575)	(0. 565)	(0. 532)
Gender	− 0. 219	− 0. 172	0. 028	0. 128 **	0. 642
	(0. 425)	(0. 638)	(0. 954)	(0. 016)	(0. 389)
Rfs	2. 108 ***	1. 474 ***	0. 647 ***	1. 874 ***	0. 249
	(0. 000)	(0. 000)	(0. 000)	(0. 000)	(0. 315)
Rfe	− 0. 001	0. 304 ***	− 0. 317 **	0. 465	0. 035
	(0. 999)	(0. 004)	(0. 009)	(0. 116)	(0. 884)
Middle-west	− 0. 279 ***	− 0. 315 ***	0. 131 **	0. 284 *	− 0. 041
	(0. 000)	(0. 000)	(0. 033)	(0. 070)	(0. 795)
R^2	0. 769	0. 695	0. 514	0. 495	0. 284

注：*、**、***分别表示10%、5%、1%显著性水平下拒绝原假设。

此外，本研究发现农村家庭收入水平与其资产选择决策成正比，家庭收入越高，则农村家庭更加愿意参与资产的选择，不仅增加借贷支出，而且增加储蓄、投资、保险、住房支出。但令人疑惑的是，经济开放程度与农村居民的资产选择呈负相关，地区的经济开放程度升高引起农村居民借贷、储蓄、投资、保险显著下降，虽然与住房支出也表现负相关，但结果不显著。平均受教育年限对农村家庭资产选择也有显著的影响，随着国家近几年农村基础教育设施投入的增加，农村居民教育水平提高显著，在一定程度上对改变传统的资产配置习惯有积极的作用，结果说明农村居民受教育年限越长，其选择借贷、储蓄、投资的能力和意识越强。但是，农村居民平均受教育年限与保险选择呈显著负相关，这可能是因为农村尚缺乏商业保险。本研究保险的代理变量更多的反映的是社会保障和救济，这也正说明居民受教育程度越高，其对社会保障和救济的需求越小，也表明教育对于改善农村居民的资产配置结构具有重要的作用。此外，农村家庭规模大小也是影响资产决策的重要因素，家庭规模越大，则越倾向于在家庭资产配置中相应地减少借贷和储蓄。

从农村金融发展指标视角来看，农村金融发展规模与家庭借贷、储蓄、投资、保险在 1% 水平显著，且系数为正，这意味着农村金融规模的扩大与家庭资产选择显著正相关，农村金融发展规模的扩大有利于发展普惠金融，拓宽农村居民参与金融市场的渠道，提高资本市场参与度。农村金融发展效率对资产选择的影响存在差异，农村金融发展效率的提高对于增加农村居民储蓄有显著的促进作用，但是对农村居民参与固定资产投资有抑制作用，这与我国的实际情况也是相符合的。现阶段的农村金融调控下，农村金融显著外生性局面难以在短期内彻底扭转，资金不断外流、金融服务效率低下等现实问题不能得到很好的解决，这会对农村家庭资产配置造成长期的负面影响。

9.4.3　进一步检验结果

前文中的实证结果表明了亲子利他性和平均受教育年限两个变量对于农村家庭资产配置存在明显的影响作用，与前人研究结果一致，教育程度对资产配置的影响尤为显著。然而，本研究的亲子利他性采用幼儿教育学杂费占家庭消费总支出的比例为代理变量，这不禁会使人提出疑问，农村家庭的亲子利他性能否解释资产选择差异，还是所谓的亲子利他性对资产选择的差异不过是受过教育家庭的理性表现而已？为了回答这个疑问，本研究引入亲子利他性哑变量（$DUMMY_{Altruism}$）、平均受教育程度哑变量（$DUMMY_{Edu}$）及二者的交叉项变量（$DUMMY_{Altruism} \times DUMMY_{Edu}$），然后参照表 9 – 3 所用实证模型进行回归分析。

表 9 – 4 进一步检验结果

项目	Debt	Saving	Investment	Insurance	Housing
$DUMMY_{Altruism}$	0.027**	0.080**	− 0.019	− 0.097	− 0.171**
	(0.037)	(0.059)	(0.632)	(0.354)	(0.023)
$DUMMY_{Edu}$	0.016*	− 0.062	0.072*	0.039**	0.133
	(0.068)	(0.262)	(0.058)	(0.029)	(0.313)
$DUMMY_{Altruism} \times DUMMY_{Edu}$	0.006	− 0.057	0.028	0.276*	0.038
	(0.826)	(0.251)	(0.603)	(0.052)	(0.678)
Controls	Yes	Yes	Yes	Yes	Yes
R^2	0.863	0.705	0.643	0.452	0.359

注：*、**、***分别表示10%、5%、1%显著性水平下拒绝原假设。

设定不小于亲子利他性中值（或平均受教育程度）观察样本赋值为 1，其他则赋值为 0。结果显示，前文主要结论依然成立，在其他因素不变的情况下，亲子利他性与农村家庭储蓄显著正相关，与住房显著保持负相关，但与投资和保险无显著关系，回归结果与表 9 – 3 结论基本一致，表明本文实证结果具有稳健性。有趣的是，各个资本分别回归结果显示交叉项 $DUMMY_{Altruism} \times DUMMY_{Edu}$ 回归系数在 5% 水平均不显著。究其原因，可以从生物学根源进行解释，即"自私的基因"通过长期的基因演变和发展，最终除了一些非常特殊事例之外，人的亲缘性利他选择行为是自然的，很容易实现外部性内在化，并实现资源的有效配置。换言之，亲子利他性的这种内生偏好可能作为解释和预测家庭资产选择和金融决策行为的重要因素，但偏好内生性假设会使问题复杂化，尽管存在利他动机驱动的资源配置行为，但其决策行为并不会或很少程度受到教育的影响，因此，可能更多地表现为个体的偏好行为，而非协同作用。

9.5　本章结论

本研究认为理性行为决策不能完全解释农村家庭中存在的资产选择差异，认为理性的"自利"与非理性的"利他"均可能影响家庭资产配置决策，提出农村家庭的亲子利他性对资产选择具有重要作用的原假设，而实证分析结果为通过亲子利他性因素解释中国农村家庭选择负债、储蓄、投资、保险和住房5种资产在家庭资产选择的行为差异提供了一个较为合理的解释。农村家庭表现亲子利他性越强的地区，父母越倾向于通过借贷、储蓄的方式支付子女在教育、健康等方面的支出，而且结果还显示农村家庭可能主动地减少满足自身住房需求的支出以保障子女的需求。然而，亲子利他性对家庭投资和保险的选择表现较强的抑制作用。大量研究证明，教育是影响理性人资产选择的重要影响因素，本研究在考虑教育与亲子利他性相互作用的情况下，发现提高农村家庭教育素质对农村家庭表现的亲子利他性之于借贷、储蓄、投资及住房四项资产选择的影响十分有限，但是结果也显示，后天教育能够与利他性产生交互作用增加保险资产配置。总体来说，本研究结论提供了证据表明，农村家庭资产选择不仅受到理性人因素的影响，同时非理性因素亲子利他性的影响也非常重要，并能对家庭资产配置差异提供一定的解释力。

中国经济正处于新常态时期，经济结构性调整倾向于再平衡农村家庭部门资产配置与消费倾向调整，只要由亲子利他性所带来的资产配置优化和人力资本正增长效应持续增加，亲子利他性则可能促进经济增长，并形成经济增长与亲子利他性的螺旋式强化效应，而且一旦达到这种效果，则可以降低经济增长对于政府财政支出的依赖性。最后，本研究不得不指出，由于研究数据的限制，无法获得农村家庭的微观数据，仅能利用2007～2011年的省际短面板数据进行实证分析，虽然检验结果稳健，但仍然可能由于观察值较少存在一定的计量误差。在尝试获取后续微观数据的基础上，将对上述问题做出进一步完善。

第 10 章　研究结论与政策建议

10.1　研究结论

随着我国经济结构不断调整，金融改革不断深化，农村金融得到了快速的发展，农户家庭金融资产不断丰富，家庭资产配置多元化发展趋势显著。本研究以农户家庭为研究对象，探寻了我国农户家庭资产选择的现状和特征，分析了农户家庭的消费金融效应及地区差异，以及家庭人口结构特征、婚姻状况、主观幸福感、风险偏好等因素与农户家庭资产选择的关系，得出如下研究结论：

（1）储蓄仍是我国农户家庭资产选择的主要方式，但是农户家庭参与金融市场的广度和深度日趋深入，对整个宏观金融市场和促进消费意义重大。在家庭资产中，风险资产配置比重越来越高，初现资产风险化发展趋势，但相对于发达国家和城镇地区而言，风险资产占比依然较低，风险化程度仍有较大发展空间。

（2）家庭资产对于我国农户家庭消费支出具有显著的促进作用，但是储蓄、股票、商品房和商业保险 4 种不同类型家庭资产对于农户家庭消费的促进程度存在一定的差异。其中，购买商业保险的投资占比最小，但是对农户家庭消费支出的促进作用最大。可见增加农户家庭保障，有利于促进消费支出。

（3）中西部地区相对于东部地区而言，其农户家庭资产选择对消费支出的促进作用更加显著，国家应重视中西部地区消费金融市场的发展和培育。就储蓄、股票、商品房和商业保险 4 种不同类型家庭资产而言，中西部地区农户家庭参与储蓄对消费支出的促进作用最为显著，东部地区农户家庭购买股票对消费支出的促进作用最为显著。

（4）老年扶养比、少儿抚养比、家庭规模、家庭代际数4种家庭人口结构特征对农户家庭储蓄、股票、商品房和商业保险的参与概率和持有比重有显著影响，老年扶养比越大，家庭规模越大，家庭代际数越多，农户家庭越倾向于参与储蓄等无风险的资产选择活动。因此，社会保险、社会福利、社会救助等社会保障体系的建立和完善，有助于促进农户家庭资产选择。

（5）婚姻状态、婚姻家庭态度、婚龄以及婚姻匹配等多个婚姻关系因素对农户家庭储蓄、股票、商品房和商业保险的参与概率和持有比重有显著影响，但对不同家庭资产选择的作用表现存在一定差异。

（6）我国农村居民主观幸福感对农户家庭参与储蓄、股票、商品房和商业保险4种资产选择有重要促进作用，随着农村居民主观幸福感的提升，其参与4种资产选择活动的概率以及每种资产占资产总额的占比均逐渐提升，呈正相关关系。但是，参与股票和商业保险的概率和占比均较小，股票表现出明显的"有限参与"现象。

10.2 政策建议

基于前面几个章节的研究结论，本研究特提出促进农户家庭消费和优化家庭资产配置的具体政策建议。

10.2.1 提升农户家庭收入水平，增加农户资产选择的可能

农户家庭资产总量较小是制约农户家庭资产选择的主要原因。提高农户家庭收入水平，增加家庭资产总量，为农户家庭资产选择提供更多资金支持。我国在发展中出现的"城乡二元结构"和"三农"问题由来已久，城乡居民之间由于制度、政策、历史发展背景等方面的差异带来了二者之间收入差距的逐渐扩大。因此，提高农户家庭收入水平，缩小

城乡居民间、东部与中西部地区间的收入差距，对于促进农户家庭消费投资有重要意义。

（1）完善农业支持保护制度。继续加大对农业基础设施的投入，推进农业补贴政策逐步转型，促进农业结构进一步优化调整，改革完善农产品价格形成机制，建立新型农业经营主体支持制度体系。

（2）增加农村居民财产性收入。健全农村产权市场，进一步完善土地征收制度，盘活集体土地、山林等资产和资源，促进土地承包经营权、宅基地使用权、集体收益分配权等财产权利有序流转，进一步发展股份合作，推动农村居民财产性收入增加。

（3）强化就业创业扶持政策。通过加强新型职业农民培育，完善城乡劳动者平等就业制度，支持农民创业创新，鼓励工商资本投资农业农村，健全产业链利益联结机制等措施，拓宽农民增收新渠道，挖掘农民增收新潜力，培育农民增收新动能。

（4）构建一体化发展长效机制。加快推进小城镇建设，强化城市群对农村辐射和带动的作用，加大城市支持农村、工业反哺农业的力度，调整国民收入在城乡之间的分配格局，促进城乡一体化发展。加快建立全国统一开放的市场体系，促进东部产业有序向中西部地区转移，积极支持老少边穷地区发展，促进区域间基本公共服务均等化，继续推动"一带一路"建设、京津冀协同发展、长江经济带发展三大战略的实施，促进区域一体化发展。

10.2.2 健全完善社会保障体系，培育农户积极的消费预期

健全完善的社会保障体系是农户家庭扩大消费、参与资产选择的重要前提。随着农村经济体制的改革和农村社会的转型，农村现有保障制度越来越不适应农村经济的发展需要，农户家庭在收入增长的同时，也面临着改革带来的不确定性支出的增加。农户家庭资产选择行为以储蓄为主，在很大程度上是受改革带来的不确定性影响。因此，以精准扶贫、精准脱贫为突破口，以完善新型农村合作医疗制度为重点，逐步推进农

村养老保险制度，建立完善农村社会保障体系，有利于保障农户家庭基本生活，降低风险预期，实现农户家庭资产选择总效用水平的提高。

（1）推进社会保障的法制化建设。加快推进社会保险法、社会救助法立法进程，加快出台救灾条例、新型农村合作医疗条例等行政法规，从制度层面保障农村社会保障工作有法可依、有章可循，明确各方面的权利和责任，规范农村社会保障的基本程序及运行方式，促进农村社会保障的制度化发展，规范化运行。

（2）加大社会保障的资金投入。统筹经济社会发展水平、农村居民基本生活需求、消费者物价指数、财政承受能力等因素，增加农村社会保障资金投入，切实保障农村困难群众基本生活。坚持事权财权统一，更加科学地划分事权财权，合理确定中央和地方的保障责任。加强对农村社会保障经费管理与监督，确保专款专用。

（3）扩大社会保障的覆盖面。不断完善新型农村合作医疗、新型农村社会养老保险、农村救灾、农村社会福利服务、农村"五保"供养、农村医疗救助、被征地农民社会保障、农民工社会保险等多种保障制度，加大对农村社会保障的宣传力度，积极鼓励农民参保。建立农村社会保障基金，确保农村社会保障能够最大化地惠及农民利益。

（4）促进社会保障的统筹平衡。统筹平衡地区间社会保障差异，鼓励东部地区带动和帮助中西部地区发展，加大对革命老区、民族地区、边疆地区、贫困地区的扶持力度，加快破除城乡二元体制，实现社会保障区域协调发展，提高社会整体保障水平。

10.2.3　建立金融市场良好秩序，增强农户参与资产选择意愿

推进金融市场化、金融创新、合理发展消费信贷以缓解流动性约束等从而改善金融消费环境，不断优化家庭资产与消费选择行为，满足社会公众不断发展的金融需求和消费需求。

（1）积极推进金融市场化和金融创新，促进居民消费增长。按照市场经济的规则将金融监管逐步纳入法制化轨道，逐步推进金融机构层次

化、利率市场化、资本市场健全化、金融调控灵活化。这不仅能通过金融深化促进经济增长，提高居民收入，而且也能使财富效应由负转正，进一步支持消费的增长。

（2）积极改善金融环境，完善金融法制，降低消费风险。加快个人征信系统建设，实现跨行信用信息共享，改善消费信贷环境，促进个人信贷业务的发展。出台有利于保护金融机构债权人利益、督促金融机构稳健经营、有效引导金融资源合理配置的金融法规，严厉打击涉及金融领域的各类违法犯罪行为，打击各类逃避银行债务的行为，改善金融环境，降低金融消费风险。

（3）增强农户家庭金融意识和风险意识，加强金融基础知识和风险管理知识的普及性宣传，帮助农村居民获取金融知识，了解金融产品，提高理财能力，对可能的风险进行有效评估和判断，引导广大农村居民正确参与金融市场，实现家庭财富的保值、增值，实现共建和谐社会，营造健康人生的目的。

10.2.4 丰富创新金融产品供给，满足农户家庭金融消费需求

随着资本市场的不断发展壮大、幸福感的持续提升，农户家庭可能降低家庭资产配置中储蓄的比重，转而投资其他资产，如房产、基金、理财、保险，甚至可能是股票。因此，丰富创新金融产品供给，满足农户家庭金融消费多样化需求，有利于促进农户家庭消费投资。

（1）创新金融产品，满足多样化需求。商业银行应有效利用现有存款客户资源，积极开拓收益更高的理财产品，实现农户家庭由储蓄到理财的顺利过渡；其他金融机构应抓住我国资本市场日趋成熟、投融资功能更加完善、农户参与资本市场的意愿逐步加强的机遇，要在金融制度改革安排上落实创新改革，在金融资源禀赋和金融结构的供给侧做到"量体裁衣"和"最优配置"，完善市场功能，开发既能够实现财富增值又满足流动性需求更加细致的金融产品，如子女教育保险、家庭医疗保险等，弥补银行理财产品相对单一的缺陷，满足农户多元化、多样化金

融消费需求，维持经济长期增长。

（2）加强金融服务，积极构建功能完善、服务高效的农村金融组织体系。充分发挥农村信用社作为农村金融主力军和联系农民金融纽带的作用，更好地支持农村经济结构调整，推动现代农业综合配套改革发展；鼓励商业银行发展农村机构网点，增加对特色农业、订单农业的信贷支持；积极引导民间金融组织规范发展，健全监管机制。创新服务，建立多种形式的农村信贷抵押担保模式，积极探索多户联保、"公司＋农户"担保、林权抵押、农机具抵押等新的担保方式。研究农村土地承包经营权等动产抵押和权利质押的可行性，疏通资金供需通道。

参考文献

［1］卜范达，韩喜平．"农户经营"内涵的探析［J］．当代经济研究，2003（9）：37－41．

［2］布尔迪厄．文化资本与社会炼金技术：布尔迪厄访谈录［M］．包亚明译．上海：上海人民出版社，1997．

［3］蔡昉．城市化与农民工的贡献—后危机时期中国经济增长潜力的思考［J］．中国人口科学，2010（1）：2－10．

［4］蔡莉，崔启国，史琳．创业环境研究框架［J］．吉林大学社会科学学报，2007（1）：50－56．

［5］蔡莉，单标安．中国情境下的创业研究：回顾与展望［J］．管理世界，2013（12）：160－169．

［6］曹扬．社会网络与家庭金融资产选择［J］．南方金融，2015（11）：38－46．

［7］曾令华，赵晓英．中国城镇居民消费函数分析——基于1978～2004年的数据［J］．山西财经大学学报，2006（6）：46－54．

［8］陈斌开，徐帆，谭力．人口结构转变与中国住房需求：1999～2025——基于人口普查数据的微观实证研究［J］．金融研究，2012（1）：129－140．

［9］陈斌开．收入分配与中国居民消费——理论和基于中国的实证研究［J］．南开经济研究，2012（1）：35－51．

［10］陈峰，姚潇颖，李鲲鹏．中国中高收入家庭的住房财富效应及其结构性差异［J］．世界经济，2013（9）．

［11］陈健，黄少安．遗产动机与财富效应的权衡：以房养老可行吗？［J］．经济研究，2013（9）：56-70．

［12］陈亮，朱琛．我国农村居民消费对经济增长拉动作用的实证分析及对策［J］．经济纵横，2010（2）：50-54．

［13］陈强，叶阿忠．股市收益、收益波动与中国城镇居民消费行为［J］．经济学季刊，2009，8（3）：995-1012．

［14］陈学彬，傅东升，葛成杰．我国居民个人生命周期消费投资行为动态优化模拟研究［J］．金融研究，2006（2）：21-35．

［15］陈学彬，章妍．医疗保障制度对家庭消费储蓄行为的影响——一个动态模拟研究［J］．上海财经大学学报，2007，9（6）：55-62．

［16］陈亚玲，胡爱丽．马克思的幸福观及其当代价值［J］．甘肃社会科学，2014（4）：30-33．

［17］陈彦斌，陈小亮．人口老龄化对中国城镇住房需求的影响［J］．经济理论与经济管理，2013，33（5）：45-58．

［18］陈彦斌，邱哲圣．高房价如何影响居民储蓄率和财产不平等［J］．经济研究，2011（10）：25-38．

［19］陈怡安．我国人才创新创业环境测算与评价——基于31个省份的实证［J］．经济体制改革，2015（5）：29-35．

［20］陈云松，张翼．城镇化的不平等效应与社会融合［J］．中国社会科学，2015（6）：78-95．

［21］陈钊，徐彤，刘晓峰．户籍身份、示范效应与居民幸福感：来自上海和深圳社区的证据［J］．世界经济，2012，4：79-101．

［22］陈志英．状态变化和学习行为下的最优资产组合选择［J］．管理科学，2013，26（2）：81-89．

［23］程兰芳．中国城镇居民家庭的消费模式分析［J］．统计与决策，2004（4）：53-54．

［24］戴颖杰，周奎省．房价变动对居民消费行为影响的实证分析［J］．宏观经济研究，2012（3）：73-79．

［25］邓保国，傅晓．农民工的法律界定［J］．中国农村经济，2006（3）70－72.

［26］邓学斌．跨期消费的动态风险投资模型［J］．湖北民族学院学报（自科版），2006，24（4）：397－399.

［27］董丽霞，赵文哲．人口结构与储蓄率：基于内生人口结构的研究［J］．金融研究，2011（3）：1－14.

［28］段军山，崔蒙雪．信贷约束、风险态度与家庭资产选择［J］．统计研究，2016，33（6）：62－71.

［29］段军山，洪榕，吴倩雯，等．婚姻状况与家庭风险资产选择——基于中国家庭金融调查（CHFS）的经验证据［J］．金融学季刊，2016（1）：20－50.

［30］樊纲治，王宏扬．家庭人口结构与家庭商业人身保险需求——基于中国家庭金融调查（CHFS）数据的实证研究［J］．金融研究，2015（7）：170－189.

［31］范叙春，朱保华．预期寿命增长、年龄结构改变与我国国民储蓄率［J］．人口研究，2012，36（4）：18－28.

［32］方显仓，王昱坤．社会保障，预防性储蓄与上海居民消费［J］．上海经济研究，2013，25（10）：75－84.

［33］冯俊，袁志刚．融资合同、信号机制与中国金融结构改革［J］．中国社会科学，2005（6）：67－78.

［34］甘犁，尹志超，贾男，徐舒，马双．中国家庭资产状况及住房需求分析［J］．金融研究，2013，（4）：1－14.

［35］高晨雪，汪明，叶涛，等．种植行为及保险决策在不同收入结构农户间的差异分析［J］．农业技术经济，2013（10）：46－55.

［36］高春亮，周晓艳．34个城市的住宅财富效应：基于panel data的实证研究［J］．南开经济研究，2007（1）：36－44.

［37］高明，刘玉珍．跨国家庭金融比较：理论与政策意涵［J］．经济研究，2013（2）：134－149.

［38］龚斌磊，郭红东，唐颖．影响农民工务工收入的因素分析——基于浙江省杭州市部分农民工的调查［J］．中国农村经济，2010（9）：38－47．

［39］巩宿裕，王聪．社会资本对城镇家庭金融市场参与的影响［J］．金融论坛，2015（6）：61－70．

［40］郭峰，冉茂盛，胡媛媛．中国股市财富效应的协整分析与误差修正模型［J］．金融与经济，2005（2）：29－31．

［41］郭金龙，张昊．中国保险业发展的人口因素分析［J］．中国人口科学，2005，2005（1）：74－80．

［42］郭琳．家庭结构对家庭实物资产的影响研究——以住房为例［J］．当代经济管理，2013，35（8）：50－56．

［43］郭士祺，梁平汉．社会互动、信息渠道与家庭股市参与——基于2011年中国家庭金融调查的实证研究［J］．经济研究，2014（S1）：116－131．

［44］郭树清．不改善金融结构 中国经济将没有出路［J］．国际经济评论，2012（4）：9－16．

［45］郭新强，汪伟，杨坤．刚性储蓄、货币政策与中国居民消费动态［J］．金融研究，2013（2）：46－59．

［46］韩洁．我国城镇家庭生命周期资产组合选择行为的动态模拟［D］．上海：复旦大学，2008．

［47］韩立岩，杜春越．城镇家庭消费金融效应的地区差异研究［J］．经济研究，2011（S1）：30－42．

［48］韩立岩，伍燕然．投资者情绪与IPOs之谜——抑价或者溢价［J］．管理世界，2007（3）：51－61．

［49］韩明谟．社会发展与稳定［M］．天津人民出版社，2001．

［50］杭斌，申春兰．预防性储蓄动机对居民消费及利率政策效果的影响［J］．数量经济技术经济研究，2002（12）：51－55．

［51］何兴强，李涛．社会互动、社会资本和商业保险购买［J］．金融研究，2009（2）：116－132．

［52］何秀红，戴光辉．收入和流动性风险约束下家庭金融资产选择的实证研究［J］．南方经济，2007（10）：58 – 69．

［53］贺京同，霍焰．投资者行为、实物经济与资产价格——基于损失规避的股价走势与实物经济相脱离现象研究［J］．财经问题研究，2005（11）：3 – 12．

［54］胡永刚，郭长林．股票财富、信号传递与中国城镇居民消费［J］．经济研究，2012（3）：115 – 126．

［55］胡振，臧日宏．风险态度、金融教育与家庭金融资产选择［J］．商业经济与管理，2016（8）：64 – 76．

［56］黄静，屠梅曾．房地产财富与消费：来自于家庭微观调查数据的证据［J］．管理世界，2009（7）：35 – 45．

［57］黄倩．社会网络与家庭金融资产选择［D］．成都：西南财经大学，2014．

［58］黄珊，曹伟丽．中国人身保险需求的实证分析［J］．上海理工大学学报，2008，30（6）：551 – 556．

［59］黄少安，韦倩．利他经济学研究述评［J］．经济学动态，2008（4）：98 – 101．

［60］金晓彤，崔宏静．新生代农民工社会认同建构与炫耀性消费的悖思考［J］．社会科学研究，2013（4）：104 – 110．

［61］况伟大．房地产投资、房地产信贷与中国经济增长［J］．经济理论与经济管理，2011（1）：59 – 68．

［62］李冰．从提高家庭经营性收入的角度来思考扩大农民消费［J］．消费经济，2010（1）：24 – 26．

［63］李凤，罗建东，路晓蒙，邓博夫，甘犁．中国家庭资产状况、变动趋势及其影响因素［J］．管理世界，2016（2）：45 – 56．

［64］李后建．门当户对的婚姻会更幸福吗？——基于婚姻匹配结构与主观幸福感的实证研究［J］．人口与发展，2013，19（2）：56 – 65．

［65］李金昌，窦雪霞．经济转型时期中国农村居民消费与收入关系

变迁实证分析 [J]. 中国农村经济, 2007 (7): 45 - 52.

[66] 李明贤, 文春晖. 农村消费不足对我国经济增长的约束分析 [J]. 湖湘论坛, 2006, 20 (5): 22 - 25.

[67] 李树, 陈刚. 幸福的就业效应——对幸福感、就业和隐性再就业的经验研究 [J]. 经济研究, 2015 (3): 62 - 74.

[68] 李涛, 陈斌开. 家庭固定资产、财富效应与居民消费: 来自中国城镇家庭的经验证据 [J]. 经济研究, 2014 (3): 62 - 75.

[69] 李涛, 郭杰. 风险态度与股票投资 [J]. 经济研究, 2009 (2): 56 - 67.

[70] 李涛, 张文韬. 人格经济学研究的国际动态 [J]. 经济学动态, 2015 (8): 128 - 143.

[71] 李涛, 张文韬. 人格特征与股票投资 [J]. 经济研究, 2015 (6): 103 - 116.

[72] 李涛. 社会互动与投资选择 [J]. 经济研究, 2006 (8): 45 - 57.

[73] 李祥, 高波. 人口年龄结构对住宅市场的影响效应分析 [J]. 经济体制改革, 2011 (6): 38 - 42.

[74] 李心丹, 肖斌卿, 俞红海, 等. 家庭金融研究综述 [J]. 管理科学学报, 2011, 14 (4): 74 - 85.

[75] 李雪松. 水资源资产化与产权化及初始水权界定问题研究 [J]. 江西社会科学, 2006 (2): 150 - 155.

[76] 李雪增, 朱崇实. 养老保险能否有效降低家庭储蓄——基于中国省际动态面板数据的实证研究 [J]. 厦门大学学报 (哲学社会科学版), 2011 (3): 24 - 31.

[77] 李雅君, 李志冰, 董俊华, 等. 风险态度对中国家庭投资分散化的影响研究 [J]. 财贸经济, 2015 (7): 150 - 160.

[78] 梁琪, 郭娜, 郝项超. 房地产市场财富效应及其影响因素研究——基于我国省际面板数据的分析 [J]. 经济社会体制比较, 2011 (5): 179 - 184.

[79] 梁爽，张海洋，平新乔，郝朝艳．财富、社会资本与农户的融资能力 [J]．金融研究，2014（4）：83-97.

[80] 梁运文，霍震，刘凯．中国城乡居民财产分布的实证研究 [J]．经济研究，2010（10）：33-47.

[81] 林光华．农户收入风险与预防性储蓄——基于江苏农户调查数据的分析 [J]．中国农村经济，2013（1）：55-66.

[82] 林嵩，姜彦福．创业活动为何发生：创业倾向迁移的视角 [J]．中国工业经济，2012（6）：94-106.

[83] 林毅夫．"三农"问题与我国农村的未来发展 [J]．农业经济问题，2003（1）：8-10.

[84] 刘旦．中国城镇住宅市场财富效应分析——基于生命周期假说的宏观消费函数 [J]．首都经济贸易大学学报，2007，9（4）：108-112.

[85] 刘建江．从美国经验看中国股市财富效应的制约因素 [J]．湖南社会科学，2002（1）：73-77.

[86] 刘生龙，胡鞍钢，郎晓娟．预期寿命与中国家庭储蓄 [J]．经济研究，2012（8）：107-117.

[87] 刘楹，杜胜，谢丽娟．国内银行理财产品市场的发展状况与趋势 [J]．西南金融，2007（6）：22-23.

[88] 陆益龙．"门当户对"的婚姻会更稳吗？——匹配结构与离婚风险的实证分析 [J]．人口研究，2009，33（2）：81-91.

[89] 骆祚炎．中国居民金融资产与住房资产财富效应的比较检验 [J]．中国软科学，2008（4）：40-47.

[90] 孟亦佳．认知能力与家庭资产选择 [J]．经济研究，2014（S）：132-142.

[91] 庞新军，冉光和．风险态度、农户信贷与信贷配给——基于张家港市问卷调查的分析 [J]．经济经纬，2014，31（1）：149-154.

[92] 裴平，张谊浩．中国股票投资者认知偏差的实证检验 [J]．管理世界，2004，12：12-23.

［93］亓寿伟，刘智强．"天花板效应"还是"地板效应"——探讨国有与非国有部门性别工资差异的分布与成因［J］．数量经济技术经济研究，2009（11）：63-77．

［94］申树斌，夏少刚．考虑最优消费的动态风险投资组合决策模型［J］．运筹与管理，2002，11（5）：93-96．

［95］申云．社会资本、二元金融与农户借贷行为［J］．经济评论，2015（1）：80-90．

［96］施建淮，朱海婷．中国城市居民预防性储蓄及预防性动机强度：1999~2003［J］．经济研究，2004（10）：66-74．

［97］史代敏，宋艳．居民家庭金融资产选择的实证研究［J］．统计研究，2005，22（10）：43-49．

［98］宋铮．中国居民储蓄行为研究［J］．金融研究，1999（6）：46-50．

［99］孙祁祥，王向楠．家庭财务脆弱性、资产组合与人寿保险需求：指标改进和两部回归分析［J］．保险研究，2013（6）：23-34．

［100］谭仁杰．论建立婚姻经济学［J］．武汉大学学报（人文科学版），1990（3）：53-59．

［101］唐珺，朱启贵．家庭金融理论研究范式述评［J］．经济学动态，2008（5）：115-119．

［102］唐绍祥，蔡玉程，解梁秋．我国股市的财富效应——基于动态分布滞后模型和状态空间模型的实证检验［J］．数量经济技术经济研究，2008，25（6）：79-89．

［103］万广华，张茵，牛建高．流动性约束、不确定性与中国居民消费［J］．经济研究，2001（11）：35-44，94．

［104］汪红驹，张慧莲，芝山．资产选择、风险偏好与储蓄存款需求［J］．经济研究，2006（6）：48-58．

［105］汪伟，艾春荣．人口老龄化与中国储蓄率的动态演化［J］．管理世界，2015（6）：47-62．

［106］汪伟．经济增长、人口结构变化与中国高储蓄［J］．经济学：季刊，2009，9（4）：29 - 52.

［107］汪伟．投资理性、居民金融资产选择与储蓄大搬家［J］．当代经济科学，2008，（2）：33 - 38.

［108］汪伟．中国居民储蓄率的决定因素——基于1995—2005 年省际动态面板数据的分析［J］．财经研究，2008，34（2）：53 - 64.

［109］王聪，张海云．中美家庭金融资产选择行为的差异及其原因分析［J］．环球金融，2016（10）：55 - 61.

［110］王德文，叶文振，朱建平，等．高龄老人日常生活自理能力及其影响因素［J］．中国人口科学，2004（S1）．

［111］王飞绒，池仁勇．发达国家与发展中国家创业环境比较研究［J］．外国经济与管理，2005（11）：41 - 48.

［112］王刚贞，左腾飞．城镇居民家庭金融资产选择行为的实证分析［J］．统计与决策，2015（12）：151 - 154.

［113］王江，廖理，张金宝．消费金融研究综述［J］．经济研究，2010（S）：5 - 29.

［114］王琎，吴卫星．婚姻对家庭风险资产选择的影响［J］．南开经济研究，2014（3）：100 - 112.

［115］王珊珊．基于扩大内需的中国农村居民消费变动研究［D］．哈尔滨：东北农业大学，2010.

［116］王向楠，孙祁祥，王晓全．中国家庭寿险资产和其他资产选择研究——基于生命周期风险和资产同时配置［J］．当代经济科学，2013，35（3）：1 - 10.

［117］王晓芳，王维华．我国经济运行的"动态效率"——基于居民储蓄——消费决策机制的实证判断［J］．山西财经大学学报，2007，29（8）：39 - 46.

［118］王宇，周丽．农村家庭金融市场参与影响因素的比较研究［J］．金融理论与实践，2009（4）：13 - 17.

[119] 王跃生. 家庭结构转化和变动的理论分析——以中国农村的历史和现实经验为基础 [J]. 社会科学, 2008 (7)：92 - 105 + 193.

[120] 王子龙, 许箫迪. 房地产市场广义虚拟财富效应测度研究 [J]. 中国工业经济, 2011 (3)：15 - 25.

[121] 魏梦. 山区农户家庭资产组合选择偏好研究 [D]. 贵阳：贵州财经大学, 2013.

[122] 翁媛媛, 高汝熹, 饶文军. 中国高储蓄率部门特征、成因及对策 [J]. 经济学家, 2010 (3)：41 - 49.

[123] 巫昌祯. 我与婚姻法 [M]. 北京：法律出版社, 2001.

[124] 吴卫星, 齐天翔. 流动性、生命周期与投资组合相异性——中国投资者行为调查实证分析 [J]. 经济研究, 2007, (2)：97 - 110.

[125] 吴卫星, 邵旭方, 陶利斌. 家庭财富不平等会自我放大吗？——基于家庭财务杠杆的分析 [J]. 管理世界, 2016 (9)：44 - 54.

[126] 吴卫星, 王治政, 吴锟. 家庭金融研究综述——基于资产配置视角 [J]. 科学决策, 2015 (4)：69 - 94.

[127] 吴文峰, 王建琼. 农民工储蓄与消费行为分析——以四川成都地区为例 [J]. 江西社会科学, 2012 (7)：227 - 230.

[128] 伍燕然, 韩立岩. 不完全理性、投资者情绪与封闭式基金之谜 [J]. 2007, 3：117 - 129.

[129] 肖经建. 消费者金融行为, 消费者金融教育和消费者福利 [J]. 经济研究, 2011 (S1)：4 - 16.

[130] 肖忠意, 李思明. 中国农村居民消费金融效应的地区差异研究 [J]. 中南财经政法大学学报, 2015 (2)：56 - 63.

[131] 肖作平, 张欣哲. 制度和人力资本对家庭金融市场参与的影响研究——来自中国民营企业家的调查数据 [J]. 经济研究, 2012 (S1)：91 - 104.

[132] 谢平. 经济制度变迁和个人储蓄行为 [J]. 财贸经济, 2000 (10)：15 - 20.

[133] 谢平．经济制度转轨中的个人储蓄行为［J］．经济社会体制比较，1997（1）：15－19．

[134] 谢勇．中国居民储蓄的分布特征——微观数据及其宏观含义［J］．经济与管理研究，2010（10）：5－11．

[135] 谢勇．中国农村居民储蓄率的影响因素分析［J］．中国农村经济，2011（1）：77－87．

[136] 邢大伟．城镇居民家庭资产选择结构的实证研究——来自江苏省扬州市的调查［J］．华东经济管理，2009，23（1）：15－20．

[137] 邢大伟．农村居民家庭资产选择的结构与变动研究——以江苏省扬州市为例［J］．华东经济管理，2008，22（5）：19－23．

[138] 徐安琪．亲密伴侣权力及其对性别平等感的影响机制［J］．社会学，2012（1）：15－29．

[139] 徐梅，李晓荣．经济周期波动对中国居民家庭金融资产结构变化的动态影响分析［J］．上海财经大学学报，2012（5）：54－60．

[140] 徐升艳，刘培松．人口年龄结构变化对中国居民储蓄的长期动态影响研究［J］．经济经纬，2013（5）：111－116．

[141] 许红缨，刘俊，李明．婚姻家庭关系的经济学思考［J］．江西社会科学，2003（12）：166－168．

[142] 闫伟，杨春鹏．金融市场中投资者情绪的研究进展［J］．2011，13（3）：33－43．

[143] 颜色，朱国钟．"房奴效应"还是"财富效应"？房价上涨对国民消费影响的一个理论分析［J］．管理世界，2013（3）：34－47．

[144] 杨春学．利他主义经济学的追求［J］．经济研究，2001（4）：82－90．

[145] 杨继东，章逸然．空气污染的定价：基于幸福感数据的分析［J］．世界经济，2014，12：162－188．

[146] 杨凌，陈学彬．我国居民家庭生命周期消费储蓄行为动态模拟研究［J］．复旦学报（社会科学版），2006（6）：14－24．

[147] 杨汝岱，陈斌开．高等教育改革、预防性储蓄与居民消费行为 [J]．经济研究，2009（8）：113 – 124．

[148] 杨汝岱，朱诗娥．公平与效率不可兼得吗？——基于居民边际消费倾向的研究 [J]．经济研究，2007（12）：46 – 58．

[149] 杨汝岱，陈斌开，朱诗娥．基于社会网络视角的农户民间借贷需求行为研究 [J]．经济研究，2011（11）：116 – 129．

[150] 杨天宇，荣雨菲．高收入会导致高储蓄率吗——来自中国的证据 [J]．经济学家，2015（4）．

[151] 姚海祥，李仲飞．不同借贷利率下的投资组合选择——基于均值和 VaR 的效用最大化模型 [J]．系统工程理论与实践，2009，29（1）：22 – 28．

[152] 叶德珠，周丽燕．幸福感会影响家庭金融资产的选择吗？——基于中国家庭金融调查数据的实证分析 [J]．南方金融，2015，2：24 – 32．

[153] 易纲．中国金融资产结构分析及政策含义 [J]．经济研究，1996（12）：26 – 33．

[154] 尹海员，李忠民．个体特质、信息获取与风险态度——来自中国股民的调查分析 [J]．经济评论，2011（2）：29 – 37．

[155] 尹晓伟．居民家庭的风险态度及其影响因素研究 [D]．北京：对外经济贸易大学，2012．

[156] 尹志超，甘犁．中国住房改革对家庭耐用品消费的影响 [J]．经济学：季刊，2009，9（4）：53 – 72．

[157] 尹志超，宋全云，吴雨．金融知识、投资经验与家庭资产选择 [J]．经济研究，2014，4：62 – 75．

[158] 尹志超，吴雨，甘犁．金融可得性、金融市场参与和家庭资产选择 [J]．经济研究，2015（3）：87 – 99．

[159] 余明桂，夏新平，汪宜霞．我国股票市场的财富效应和投资效应的实证研究 [J]．武汉金融，2003（11）：21 – 24．

[160] 余新平. 中国城乡居民家庭固定资产选择及其对消费的影响研究 [D]. 杭州：浙江大学，2015.

[161] 喻开志，邹红. 我国居民资产配置行为的随机模拟研究 [J]. 数理统计与管理，2010，29（1）：32－40.

[162] 臧旭恒，张继海. 收入分配对中国城镇居民消费需求影响的实证分析 [J]. 经济理论与经济管理，2005（6）：5－10.

[163] 张冲. 中国人口结构对人身保险市场发展的影响研究 [J]. 保险研究，2013（4）：63－70.

[164] 张传勇. 基于"模型—实证—模拟"框架的家庭金融研究综述 [J]. 金融评论，2014（2）：102－109.

[165] 张大永，曹红. 家庭财富与消费：基于微观调查数据的分析 [J]. 经济研究，2012（S1）：53－65.

[166] 张芬，方迎风. 亲子利他性与经济增长：来自中国的经验分析 [J]. 当代经济科学，2015（2）：70－76.

[167] 张贵良，雷韬，梁海梅. 婚姻幸福及其相关因素的研究 [J]. 社会学研究，1996（4）：106－116.

[168] 张连增，尚颖. 中国人口老龄化对人身保险市场发展的影响分析——基于省际面板数据的经验分析 [J]. 保险研究，2011（1）：46－53.

[169] 张秀娥，王勃，张峥. 东北地区创业环境对创业导向与创业绩效的影响分析 [J]. 经济纵横，2013（3）：105－109.

[170] 张学志，才国伟. 收入、价值观与居民幸福感——来自广东成人调查数据的经验证据 [J]. 管理世界，2011（9）：63－73.

[171] 赵进文，邢天才，熊磊. 我国保险消费的经济增长效应 [J]. 经济研究，2010（S1）：39－50.

[172] 赵杨，张屹山，赵文胜. 房地产市场与居民消费、经济增长之间的关系研究——基于1994—2011年房地产市场财富效应的实证分析 [J]. 经济科学，2011（6）：30－41.

[173] 赵杨. 中国房地产市场财富效应研究 [D]. 长春：吉林大

学，2012.

[174] 周华东.中国住房"财富效应"之谜：一个文献综述 [J].消费经济，2015（3）：79 - 85.

[175] 周密，刘秉镰，盛玉雪.创新过程、创新环境及其跨层级交互作用对创新的影响效应研究——基于知识生产函数的两阶层线性模型分析 [J].财经研究，2013（3）：4 - 18.

[176] 周铭山，孙磊，刘玉珍.社会互动、相对财富关注及股市参与 [J].金融研究，2011（2）：172 - 184.

[177] 周钦，袁燕，臧文斌.医疗保险对中国城市和农村家庭资产选择的影响研究 [J].经济学：季刊，2015（3）：931 - 960.

[178] 周绍杰，张俊森，李宏彬.中国城市居民的家庭收入、消费和储蓄行为：一个基于组群的实证研究 [J].中国经济学，2009，8（3）：1197 - 1220.

[179] 周雅玲、于文超、肖忠意.主观幸福感、人格特征与家庭资产选择 [J].中南财经政法大学学报.2017，1：47 - 56.

[180] 周长城，何芳.经济行为与文化：社会学视野下的跨国企业 [J].武汉大学学报（哲学社会科学版），2003，56（1）：120 - 125.

[181] 朱光伟，杜在超，张林.关系、股市参与和股市回报 [J].经济研究，2014（11）：87 - 101.

[182] 朱国林，范建勇，严燕.中国的消费不振与收入分配：理论和数据 [J].经济研究，2002（5）：72 - 80.

[183] 朱红根，康兰媛.金融环境、政策支持与农民创业意愿 [J].中国农村观察，2013（5）：24 - 33.

[184] 庄晋财.自主创业视角的中国农民工转移就业研究 [J].农业经济问题，2011（8）：75 - 80.

[185] 邹红，喻开志.家庭金融资产选择：支献述评与研究展望 [J].金融理论与实践，2008（9）：92 - 96.

[186] 邹红，喻开志.我国城镇居民家庭的金融资产选择特征分

析——基于 6 个城市家庭的调查数据 [J]. 工业技术经济, 2009, 28 (5): 19 - 22.

[187] 邹红, 喻开志. 我国城镇居民家庭资产选择行为研究 [J]. 金融发展研究, 2010 (9): 13 - 17.

[188] Ackerman P. L. , A Theory of Adult Intellectual Development: Process, Personality, Interests and Knowledge [J]. Intelligence, 1996 (22): 227 - 257.

[189] Agarwal S. The Impact of Homeowners' Housing Wealth Misestimation on Consumption and Saving Decisions [J]. Real Estate Economics, 2007, 35 (2): 135 - 154.

[190] Agnew J. , Balduzzi P. , Sundén A. Portfolio Choice and Trading in a Large 401 (k) Plan [J]. American Economic Review, 2003, 93 (1): 193 - 215.

[191] Alessandri P. Aggregate Consumption and the Stock Market: A New Assessment of the Equity Wealth Effect [J]. University of London, 2003.

[192] Ameriks J. , Zeldes S. P. How do household portfolio shares vary with age [R]. working paper, Columbia University, 2004.

[193] André C. A Bird's Eye View of OECD Housing Markets [J]. General Information, 2010 (1).

[194] Antoniou C. , Doukas J. A. , Subrahmanyam A. . Investor sentiment and price momentum [J]. Work. Pap. , Cent. Empir. Res. Finance, Durham Univ. /Old Dominion Univ. /Judge Bus. Sch. , Cambridge University, 2010.

[195] Apergisa N. , Millerb S. M. Consumption asymmetry and the stock market: Empirical evidence [J]. Economics Letters, 2006, 93 (3): 337 - 342.

[196] Armellini M. , Basu, P. Altruism, Education Subsidy and Growth [R]. Durham University Working Paper, 2011, No. 10345.

[197] Aziz J. , Cui L. Explaining China's Low Consumption: The Neglected Role of Household Income [J]. Social Science Electronic Publishing,

2007, 07 (181).

[198] Barber B. M. , Odean T. The Internet and the Investor [J]. Journal of Economic Perspectives, 2001, 15 (1): 41 –54.

[199] Bardhan P. , Mookherjee D. Capture and governance at local and national levels [J]. The American Economic Review, 2000, 90 (2): 135 –139.

[200] Barsky R. B. , Juster, F. T. , Kimball, M. S. , Shapiro, M. D. , 1997. Preference parameters and behavioral heterogeneity: An experimental approach in the health and retirement study. Quarterly Journal of Economics 112, 537 –579.

[201] Bartiloro L. , M. , Coletta, R. De Bonis, and A. Mercatanti, 2012, Household Wealth in a Cross-Country Perspective, Financial Systems of Industrial Countries: Evidence from Financial Accounts, Edited by R. De Bonis and A. Pozzolo, Springer Press.

[202] Becker G. S. A note on restaurant pricing and other examples of social influences on price [J]. Journal of Political Economy, 1991, 99 (5): 1109 –1116.

[203] Becker G. S. A Theory of Social Interactions [J]. Journal of Political Economy, 1974, 82 (6): 1063 –1093.

[204] Becker, G. A. Altruism, Egoism, and Genetic Fitness: Economics and Sociobiology [J]. Journal of Economic Literature, 1976, (14): 817 –826.

[205] Becker, G. A. Treatise on the Family [M]. Published by Harvard University Press. 1991. Cambridge, Massachusetts, USA.

[206] Benjamin J. D. , Chinloy P, Jud G. D. Real Estate Versus Financial Wealth in Consumption [J]. The Journal of Real Estate Finance and Economics, 2004, 29 (3): 341 –354.

[207] Bernheim B. D. , Garrett D. M. The effects of financial education in the workplace: evidence from a survey of households [J]. Journal of public Economics, 2003, 87 (7): 1487 –1519.

[208] Bertaut C. C. Equity prices, household wealth, and consumption growth in foreign industrial countries: wealth effects in the 1990s [J]. 2002.

[209] Bertocchi G. , Brunetti M. and Torricelli C. Marriage and Other Risky Assets: A Portfolio Approach [J]. Journal of Banking and Finance, 2011, 35 (11): 2902 - 15.

[210] Bindu S. , Chigusiwa L. , Mazambani D, et al. The Effect of Stock Market Wealth on Private Consumption in Zimbabwe [J]. International Journal of Economic Sciences & Applied Research, 2011, 4 (2): 125 - 142.

[211] Bodie Z. , Crane D B. Personal investing: advice, theory, and evidence [J]. Financial Analysts Journal, 2006, 53 (6): 13 - 23.

[212] Bogan, V. Stock Market Participation and the Internet [J]. Journal of Financial and Quantitative Analysis. 2008, 43 (1): 191 - 211.

[213] Bonaparte Y. , Korniotis G. M. , Kumar A. Income hedging and portfolio decisions [J]. Journal of Financial Economics, 2014, 113 (2): 300 - 324.

[214] Bostic R. , Gabriel S. , Painter G. Housing wealth, financial wealth, and consumption: New evidence from micro data [J]. Regional Science and Urban Economics, 2009, 39 (1): 79 - 89.

[215] Bräuninger, M. , Vidal, J. P. Private Versus Public Financing of Education and Endogenous Growth [J]. Journal of Population Economics, 2000, 13 (3): 387 - 401.

[216] Brown J. R. , Ivkovich Z. , Smith P. A. , et al. The geography of stock market participation: The influence of communities and local firms [R]. National Bureau of Economic Research, 2004.

[217] Brown, G. , Cliff, M. Investor Sentiment and the Near-term Stock Market [J]. Journal of Empirical Finance, 2004, 11 (1): 1 - 27.

[218] Burdekin R. C. K. , Redfern L. Sentiment effects on Chinese share prices and savings deposits: The post - 2003 experience [J]. China Economic Review, 2009, 20 (2): 246 - 261.

［219］ Caballero R. J. Consumption puzzles and precautionary savings ［J］. Journal of monetary economics, 1990, 25 (1): 113 – 136.

［220］ Calomiris C. W. , Longhofer S. D. , Miles W. The Housing Wealth Effect: The Crucial Roles of Demographics, Wealth Distribution and Wealth Shares ［J］. Ssrn Electronic Journal, 2012.

［221］ Calvet L. E. , Campbell J. Y. , Sodini P. Measuring the Financial Sophistication of Households ［J］. Nber Working Papers, 2009, 99 (2): 393 – 398.

［222］ Calvet L. E. , Sodini P. Twin Picks: Disentangling the Determinants of Risk-Taking in Household Portfolios ［J］. The Journal of Finance, 2014, 69 (2): 867 – 906.

［223］ Campbell J. Y. , Cocco J. F. Household risk management and optimal mortgage choice ［J］. The Quarterly Journal of Economics, 2003, 118 (4): 1449 – 1494.

［224］ Campbell J. Y. , Cocco J. F. How do house prices affect consumption? Evidence from micro data ［J］. Journal of monetary Economics, 2007, 54 (3): 591 – 621.

［225］ Campbell J. Y. Consumption-based asset pricing ［M］. Handbook of the Economics of Finance, 2003, 1: 803 – 887.

［226］ Campbell J. Y. Household Finance ［J］. The Journal of Finance, 2006, 61 (4): 1553 – 1604.

［227］ Campbell, J. Y. Household Finance ［J］. Journal of Finance, 2006, 61 (4): 1553 – 1604.

［228］ Carroll C. D. , Otsuka M. , Slacalek J. How Large is the Housing Wealth Effect?, a New Approach ［J］. Social Science Electronic Publishing, 2006.

［229］ Carroll, Glenn. Dynamics of organizational populations ［M］. Oxford University Press, 1992.

［230］ Case K. E. , Quigley J. M, Shiller R. J. Comparing wealth effects: the stock market versus the housing market ［J］. 2001.

［231］ Chakraborty, S. Endogenous Lifetime and Economic Growth ［J］. Journal of Economic Theory, 2004, 116: 119 - 137.

［232］ Chen J. Re-evaluating the association between housing wealth and aggregate consumption: New evidence from Sweden ［J］. Journal of Housing Economics, 2006, 15 (4): 321 - 348.

［233］ Cho S. Evidence of a stock market wealth effect using household level data ［J］. Economics Letters, 2006, 90 (3): 402 - 406.

［234］ Cho S. Housing wealth effect on consumption: Evidence from household level data ［J］. Economics Letters, 2011, 113 (2): 192 - 194.

［235］ Cocco J. F. Portfolio choice in the presence of housing ［J］. Review of Financial studies, 2005, 18 (2): 535 - 567.

［236］ Cooper D. House price fluctuations: the role of housing wealth as borrowing collateral ［J］. Review of Economics and Statistics, 2013, 95 (4): 1183 - 1197.

［237］ Cooper R. , Zhu G. Household Finance: Education, Permanent Income and Portfolio Choice ［J］. Nber Working Papers, 2014.

［238］ Covin J. G. , Slevin D. P. Strategic management of small firms in hostile and benign environments. Strategic Management Journal, 1989, 10 (1): 75 - 87.

［239］ Davis M. A. , Palumbo M. A Primer on the Economics and Time Series Econometrics of Wealth Effects ［J］. Ssrn Electronic Journal, 2001.

［240］ Deaton A. Price elasticities from survey data: extensions and Indonesian results. ［J］. Journal of Econometrics, 1990, 44 (3): 281 - 309.

［241］ Douglas, M. Risk and Blame: Essays in Cultural Theory ［C］. London: Routledge, 1992.

［242］ Durlauf, S. , Fafchamps, M. Empirical Studies of Social Capital: A Critical Survey . Mimeo ［C］. University of Wisconsin. 2003.

［243］ Dutta, J. , Michel, P. The Distribution of Wealth with Imperfect

Altruism [J]. Journal of Economic Theory, 1998 (82): 379 -404.

[244] Dvornak N. , Kohler M. Housing Wealth, Stock Market Wealth and Consumption: A Panel Analysis for Australia [J]. Economic Record, 2007, 83 (261): 117 -130.

[245] Easterlin R. A. , Morgan R. , Switek M. , et al. From the Cover: China's life satisfaction, 1990 -2010 [J]. Proceedings of the National Academy of Sciences of the United States of America, 2012, 109 (25): 9775.

[246] Easterlin, R. A. , Morgan, R. , Switek, M. , Wang, F. China's Life Satisfaction, 1990 -2010 [J]. Proceedings of the National Academy of Science, 2012, 109 (25): 9775 -9780.

[247] Easterlin, R. A. Does Economic Growth Improve the Human Lot? Some Empirical Evidence. Nations and Households in Economics [C]. New York: Academic Press, 1974: 89 -125.

[248] Edelstein R. H. , Lum S. K. House prices, wealth effects, and the Singapore macroeconomy [J]. Journal of Housing Economics, 2004, 13 (4): 342 -367.

[249] Ermisch J. F. , Francesconi M. Family structure and children's achievements [M]. Family, Household and Work. Springer Berlin Heidelberg, 2003: 151 -172.

[250] Feenberg D. R. , Poterba J. M. The income and tax share of very high-income households, 1960—1995 [J]. The American Economic Review, 2000, 90 (2): 264 -270.

[251] Flannagan R. Chapter 3. Marriage and Divorce [M] / John Milton: A Short Introduction. Blackwell Publishers Ltd, 2008: 19 -23.

[252] Fredrickson, B. L. The Role of Positive Emotion in Positive Psychology: The BroadenandBuild Theory of Positive Emotions [J]. American Psychologist, 2001, 56 (3): 218 -226.

[253] Frees, E. W. , Sun, Y. , 2010, Household life insurance de-

mand: A multivariate two-part model. North American Actuarial Journal, 14 (3): 338 – 354.

[254] Frey, B. S. , Stutzer, A. What Can Economists Learn from Happiness Research? [J]. Journal of Economic Literature, 2002, 40 (2): 402 – 435.

[255] Frijns B. , Koellen E. , Lehnert T. On the determinants of portfolio choice [J]. Journal of Economic Behavior & Organization, 2008, 66 (2): 373 – 386.

[256] Fukuyama. F. Trust : The Social Virtues and the Creation of Prosperity [C]. New York : Free Press, 1995.

[257] Glewwe P. , Jacoby H. G. Economic growth and the demand for education: is there a wealth effect? [J]. Journal of Development Economics, 2004, 74 (1): 33 – 51.

[258] Gollier C. Should we beware of the Precautionary Principle? [J]. Economic Policy, 2001, 16 (33): 301 – 328.

[259] Gomes F. , Michaelides A. Optimal Life-Cycle Asset Allocation: Understanding the Empirical Evidence [J]. The Journal of Finance, 2005, 60 (2): 869 – 904.

[260] Gourinchas P. O. , Parker J. A. Consumption over the life cycle [J]. Econometrica, 2002, 70 (1): 47 – 89.

[261] Gourinchas, P. , Parker, J A. Consumption over the Life Cycle [J]. Econometrica, 2002, 70 (1): 47 – 89.

[262] Grant C. , Peltonen T. A. Housing and Equity Wealth Effects of Italian Households [J]. Social Science Electronic Publishing, 2005.

[263] Guiso L. , Jappelli T. , Haliassos M. Household Portfolios: An International Comparison [J]. Csef Working Papers, 2000.

[264] Guiso L. , Jappelli T. Stockholding in Italy [M]. Stockholding in Europe. Palgrave Macmillan UK, 2003: 141 – 167.

[265] Guiso L. , Paiella M. Risk Averslon, Wealth, and Background

Risk [J]. Journal of the European Economic Association, 2008, 6 (6):
1109 – 1150.

[266] Guiso L. , Sapienza P. , Zingales L. Cultural biases in economic exchange. NBER Working Paper Series 11005 [J]. Social Science Electronic Publishing, 2004, 124 (3): 1095 – 1131.

[267] Guiso, L. , P. Sapienza, L. Zingales, 2008, Trusting the Stock Market, Journal of Finance, 63 (6): 2557 – 2600.

[268] Guiso, L. , Paiella, M. Risk Aversion, Wealth and Background Risk [J]. Journal of the European Economic Association, 2008, 6 (6):
1109 – 1150.

[269] Guiso, L. , Sapienza , P. , Zingales , L. , 2004 , The role of Social capital in Financial Development, American Economic Review, 94:
526 – 556 .

[270] Guiso, L. , Sapienza, P. , Zingales, L. Trusting the Stock Market [R]. NBER Working Paper, 2005, No. W11648.

[271] Guiso, Luigi, Michael Haliassos, and Tullio Jappelli, eds. Stockholding in Europe [J]. Springer, 2002.

[272] Guven, C. Reversing the Question: Does Happiness Affect Consumption and Savings Behavior? [J]. Journal of Economic Psychology, 2012, 33, 701 – 717.

[273] Haliassos, M. and C. C. Bertaut, 1995, Why Do So Few Hold Stocks? [J]. Economic Journal, 1110 – 1129.

[274] Hall R. E. Stochastic Implications of the Life Cycle-Permanent Income Hypothesis: Theory and Evidence [J]. Journal of Political Economy, 1978, 86 (Volume 86, Number 6): 971 – 987.

[275] Heaton J. , Lucas D. Market Frictions, Savings Behavior, and Portfolio Choice [J]. Macroeconomic Dynamics, 1997, 1 (1): 76 – 101.

[276] Heaton J. , Lucas D. Portfolio Choice and Asset Prices: The Im-

portance of Entrepreneurial Risk [J]. The Journal of Finance, 2000, 55 (3): 1163 –1198.

[277] Heaton, Tim B., Albrecht, et al. Stable Unhappy Marriages [J]. Journal of Marriage & Family, 1991, 53 (3): 747.

[278] Henriksen E. R. A demographic explanation of US and Japanese current account behavior [J]. Unpublished manuscript, Carnegie Mellon University, 2002: 1 –30.

[279] Hermalin, B., Isen, A. A Model of the Effect of Affect on Economic Decision Making [J]. Quantitative Marketing and Economics, 2008, 6 (1): 17 –40.

[280] Hong H., Kubik J. D., Stein J. C. Social interaction and stock-market participation [J]. The journal of finance, 2004, 59 (1): 137 –163.

[281] Hong, H., J. D. Kubik, J. C. Stein, 2004, Social Interaction and Stock Market Participation, Journal of Finance, 59 (1): 137 –163.

[282] Hong, H., Kubik, K. D., Stein, J. C. Social Interaction and Stock-Market Participation [J]. Journal of Finance, 2004, 59: 137 –163.

[283] Horioka C. Y. Capital gains in Japan: their magnitude and impact on consumption [J]. The Economic Journal, 1996: 560 –577.

[284] Hughes J., MaurerFazio M. Effects of Marriage, Education and Occupation on the Female / Male Wage Gap in China [J]. Pacific Economic Review, 2002, 7 (1): 137 –156.

[285] Isen, A. M., Patrick, R. The Influence of Positive Feelings on Risk Taking: When the Chips Are Down [J]. Organizational Behavior and Human Performance, 1983, 31 (2): 194 –202.

[286] Iwaisako T. Household portfolios in Japan [J]. Japan & the World Economy, 2009, 21 (4): 373 –382.

[287] Jalan J., Ravallion M. Behavioral responses to risk in rural China [J]. Journal of Development Economics, 2001, 66 (1): 23 –49.

[288] Japelli, T. , 1990, Who is Credit Constrained in the US Economy , The Quarterly Journal of Economics, 105 (1), 219 – 234.

[289] Jianakoplos N. A. , Bernasek A. Are women more risk averse? [J]. Economic inquiry, 1998, 36 (4): 620 – 630.

[290] Kahn, B. E. , Isen, A. M. The Influence of Positive Affect on Variety Seeking among Safe, Enjoyable Products [J]. Journal of Consumer Research, 1993, 20: 257 – 270.

[291] Kahneman D. , Tversky A. Prospect theory: An analysis of decision under risk [J]. Econometrica: Journal of the econometric society, 1979: 263 – 291.

[292] Kalmijn M. Marriage selection among the children of European immigrants: the role of education and national origins [C]. 1991. Presented at the Annual Meeting of the Population Association of America Washington DC March 21 – 23 1991. , 1991.

[293] Karlan D. S. Using experimental economics to measure social capital and predict financial decisions [J]. The American economic review, 2005, 95 (5): 1688 – 1699.

[294] Keller C. , Siegrist M. Investing in stocks: The influence of financial risk attitude and values-related money and stock market attitudes [J]. Journal of Economic Psychology, 2006, 27 (2): 285 – 303.

[295] Kennon M. S. and Tim K. Goals, Congruence and Positive Well-being: New Empirical Support or Humanistic Theories [J]. The Journal of Humanistic Psychology, 41 (1): 30 – 51, 2001.

[296] Kim K. H. Housing and the Korean economy [J]. Journal of Housing Economics, 2004, 13 (4): 321 – 341.

[297] Kishor N. K. Does Consumption Respond More to Housing Wealth Than to Financial Market Wealth? [J]. N Kishor, 2004.

[298] Koivu T. Monetary Policy in Transition-Essays on Monetary Policy

Transmission Mechanism in China [J]. Scientific Monographs, 2012.

[299] Kumar A. , Lee C. Retail investor sentiment and return comovements [J]. The Journal of Finance, 2006, 61 (5): 2451 – 2486.

[300] Kunze, L. Life Expectancy and Economic Growth [J]. Journal of Macroeconomics, 2014, (39): 54 – 65.

[301] Kurov A. Investor sentiment, trading behavior and informational efficiency in index futures markets [J]. Financial Review, 2008, 43 (1): 107 – 127.

[302] Lee C. , Shleifer A. , Thaler R H. Investor sentiment and the closed-end fund puzzle [J]. The Journal of Finance, 1991, 46 (1): 75 – 109.

[303] Leff N. H. Dependency Rates and Savings Rates [J]. American Economic Review, 1969, 59 (5): 886 – 896.

[304] Levitt, S. D. List, J. A. What Do Laboratory Experiments Measuring Social Preferences Reveal About The Real World [J]. The Journal of Economic Perspectives, 2007, (2): 153 – 174.

[305] Li, Y. and S. A. Zahra, 2012, Formal Institutions, Culture, and Venture Capital Activity: A Cross-country Analysis, Journal of Business Venturing, 27 (1): 95 – 111.

[306] Lin, Y. , and M. Y. Grace, 2007, Household life cycle protection: Life insurance holdings, financial vulnerability, and portfolio implications. Journal of Risk and Insurance, 74: 141 – 173.

[307] Loewenstein, G. Emotions in Economic Theory and Economic Behavior [J]. American Economic Review, 2000, (90): 426 – 432.

[308] Loughran D. S. The Effect of Male Wage Inequality on Female Age at First Marriage [J]. Review of Economics & Statistics, 2006, 84 (84): 237 – 250.

[309] Love D. A. The Effects of Marital Status and Children on Savings and Portfolio Choice [J]. Review of Financial Studies, 2010, 23 (1): 385 – 432.

[310] Lupton J. P. Marriage, Assets, and Savings Joseph P. Lupton and James P. Smith [J]. Marriage and the economy: Theory and evidence from advanced industrial societies, 2003: 129.

[311] Lusardi A., Mitchell O S. Baby boomer retirement security: The roles of planning, financial literacy, and housing wealth [J]. Journal of monetary Economics, 2007, 54 (1): 205 – 224.

[312] Maki D. M., Palumbo M. Disentangling the Wealth Effect: A Cohort Analysis of Household Saving inthe 1990s [J]. 2001.

[313] Mankiw N. G., Weil D. N. The baby boom, the baby bust, and the housing market A reply to our critics [J]. Regionalence & Urban Economics, 1989, 19 (2): 235 – 258.

[314] Markowitz H. Portfolio Selection [J]. The Journal of Finance, 1952, 7 (1): 77 – 91.

[315] Massa M., Simonov A. Hedging, Familiarity and Portfolio Choice [J]. Review of Financial Studies, 2006, 19 (2): 633 – 685.

[316] Mehra Y. P. The Wealth Effect in Empirical Life Cycle Aggregate Consumption Equations [J]. Economic Quarterly-Federal Reserve Bank of Richmond, 2001, 87 (March): 45 – 68.

[317] Merton R. C. Lifetime portfolio selection under uncertainty: The continuous-time case [J]. The review of Economics and Statistics, 1969: 247 – 257.

[318] Mian A. Household Balance Sheets, Consumption, and the Economic Slump [J]. Quarterly Journal of Economics, 2013, 128 (4): 1687 – 1726.

[319] Modigliani F., Brumberg R. E. Utility Analysis and the Consumption Function: An Interpretation of Cross Section Data [J]. Journal of Post Keynesian Economics, 1954.

[320] Modigliani F., Brumberg R. Utility analysis and the consumption function: An interpretation of Cross Section data [J]. Franco Modigliani, 1954, 1.

［321］ Modigliani F. , Cao S. L. The Chinese Saving Puzzle and the Life-Cy-cle Hypothesis ［J］. Journal of Economic Literature, 2004, 42 (1): 145 –170.

［322］ Modigliani, F. , Brumber, R. Utility Analysis and Aggregate Consumption Functions: An Attempt at Integration, MIT Press, 1980

［323］ Mulligan, C. B. Scale Economics, the Value of Time, and the Demand for Money: Longitudinal Evidence from Firms ［J］. Journal of Political Economy, 1997 (105): 1061 –1081.

［324］ Mutoh H. , Kawai H. , Sano M. Consumption and adverse wealth effect ［J］. Nihon Keizei Kenkyu, 1993, 26: 57 –92.

［325］ Neal, R. , Wheatley, S. , Do measures of Investor Sentiment Predict Stock Returns ［J］. Journal of Financial and Quantitative Analysis, 1998, 34: 523 –547.

［326］ Ogawa K. , Kitasaka S. , Yamaoka H, et al. An empirical re-e-valuation of wealth effect in Japanese household behavior ［J］. Japan and the World Economy, 1996, 8 (4): 423 –442.

［327］ Paiella M. The Stock Market, Housing and Consumer Spending: A Survey of the Evidence on Wealth effects ［J］. Journal of Economic Sur-veys, 2009, 23 (5): 947 –973.

［328］ Paulson, A. L. , Townsend, R. , 2004, Entrepreneurship and financial constraints in Thailand ［J］. Journal of Corporate Finance, 10 (2): 229 –262.

［329］ Pelizzon L. , Weber G. Are Household Portfolios Efficient? An A-nalysis Conditional on Housing ［J］. Journal of Financial and Quantitative A-nalysis, 2008, 43 (2): 401 –431.

［330］ Peltonen T. A. , Sousa R. M, Vansteenkiste I. S. Wealth effects in emerging market economies ［J］. International Review of Economics & Fi-nance, 2009, 24 (5): 155 –166.

［331］ Peltonen, T. A. , Sousa, R. M. , and I. S. Vansteenkiste. Wealth effects in emerging market economies [R]. ECB Working Paper No. 1000. (2009)

[332] Poterba J. M., Samwick A. A., Shleifer A., et al. Stock owner-ship patterns, stock market fluctuations, and consumption [J]. Brookings papers on economic activity, 1995, 1995 (2): 295 – 372.

[333] Poterba J. M, Samwick A. Household portfolio allocation over the life cycle [J]. Nber Working Papers, 1997.

[334] Poterba, J. M., Samwick, A. Taxation and Household Portfolio Composition: Evidence from Tax Reforms in the 1980s and 1990s [J]. Jour-nal of Public Economics, 2003, (87): 5 – 39.

[335] Rao Y., Mei L., Zhu R. Happiness and Stock-Market Participa-tion: Empirical Evidence from China [J]. Journal of Happiness Studies, 2016, 17 (1): 271 – 293.

[336] Rao, Y., Mei, L., Zhu, R. Happiness and Stock-Market Par-ticipation: Empirical Evidence from China [J]. Journal of Happiness Study, 2014, 19: 1 – 23.

[337] Rapoport, H., Vidal, J. P. Economic Growth and Endogenous Intergenerational Altruism [J]. Journal of Public Economics, 2007 (91): 1231 – 1246.

[338] René M. Stulz, Rohan Williamson. Culture, openness, and fi-nance [J]. Journal of Financial Economics, 2001, 70 (3): 313 – 349.

[339] Romanelli, E., Organization birth and population vailety: A community perspective on origins [M]. Research in organizational behavior, Greenwich, CT: JAI Press, 1989, 11: 211 – 246.

[340] Romer P. M. Endogenous Technological Change [J]. Journal of Political Economy, 1990, 14 (Volume 98, Number 5, Part 2): 71 – 102.

[341] Ross S. A. The arbitrage theory of capital asset pricing [J]. Jour-nal of economic theory, 1976, 13 (3): 341 – 360.

[342] Samuelson P. A. An Exact Consumption-Loan Model of Interest with or without the Social Contrivance of Money [J]. Journal of Political Economy, 1958, 66 (Volume 66, Number 6): 467 – 482.

[343] Samuelson P. A. Lifetime portfolio selection by dynamic stochastic programming [J]. The review of economics and statistics, 1969: 239 – 246.

[344] Sandmo A. The effect of uncertainty on saving decisions [J]. The Review of Economic Studies, 1970, 37 (3): 353 – 360.

[345] Schmidt L., Sevak P. Gender, marriage, and asset accumulation in the United States [J]. Feminist Economics, 2006, 12 (1 – 2): 139 – 166.

[346] Schwartz, S. H., Ben, D. A. Responsibility and Helping in an Emergency: Effects of Blame, Ability and Denial of Responsibility [J]. Sociometry, 1976, 39 (4): 406 – 415.

[347] Shah A., Kung H., Addoum J. M. Money and Marriage? How Marital Dynamics and Gender Differences in Risk Affect Financial Portfolio Composition Choices [J]. NA-Advances in Consumer Research Volume 41, 2013.

[348] Sharpe, W. F. Capital Asset Prics: A Theory of Market Equilium under Conditions of Risk [J]. Journalof Finance, 1964, 19: 425 – 422.

[349] Shefrin, H., Statman, M. Behavior Capital Asset Pricing Theory [J]. Journal of Financial and Quantitative Analysis, 1994, 29 (3): 323 – 349.

[350] Shefrin, H., Statman, M. Behavior Portfolio Theory [J]. Journal of Financial Quantitative Analysis, 2000, 35: 127 – 151.

[351] Shiller R. J. Speculative prices and popular models [J]. The Journal of Economic Perspectives, 1990, 4 (2): 55 – 65.

[352] Sierminska, Eva, Takhtamanova, Yelena F. Wealth Effects Out of Financial and Housing Wealth: Cross Country and Age Group Comparisons [J]. Ssrn Electronic Journal, 2007 (2007 – 01).

[353] Singh B. How important is the stock market wealth effect on consumption in India? [J]. Empirical Economics, 2012, 42 (3): 915 – 927.

[354] Song L. , Appleton S. Social Protection and Migration in China: What Can Protect Migrants From Economic Uncertainty? [M]. Migration and Social Protection in China. 2008: 138 – 152.

[355] Sundén A. E. , Surette B. J. Gender Differences in the Allocation of Assets in Retirement Savings Plans [J]. American Economic Review, 1998, 88 (2): 207 – 211.

[356] Thau, S. , Bennett, R. J. , Mitchell, M. S. , Marris, M. B. How management style moderates the relationship between abusive supervision and workplace deviance: An uncertainty management theory perspective [J]. Organizational Behavior and Human Decision Processes, 2009, 108 (1): 79 – 92.

[357] Thomson M. , Tang K. K. An Empirical Assessment of House Price Adjustments on Aggregate Consumption [C]. The Australasian Macroeconomics Workshop. 2004.

[358] Tobin, J. , (1958), Liquidity preference as behavior toward risk, Review of Economic Studies 25, 65 – 85.

[359] Tufano P. Consumer Finance [J]. Annual Review of Financial Economics, 2009, 1 (1): 227 – 247.

[360] Vaillant C. O. , Vaillant G. E. Is the U-curve of marital satisfaction an illusion? A 40-year study of marriage [J]. Journal of Marriage and the Family, 1993: 230 – 239.

[361] Viceira L. M. Optimal Portfolio Choice for Long-Horizon Investors with Nontradable Labor Income [J]. The Journal of Finance, 2001, 56 (2): 433 – 470.

[362] Vissingjorgensen A. Towards an Explanation of Household Portfolio Choice Heterogeneity: Nonfinancial Income and Participation Cost Structures [C]. Econometric Society World Congress 2000 Contributed Papers. Econometric Society, 2002.

[363] Vissing-Jorgensen, A. Towards an Explanation of Household Port-

folio Choice Heterogeneity: Nonfinancial Income and Participation Cost Structure [R]. NBER Working Paper, 2002, No. W8884.

[364] Waite L., Gallagher M. The case for marriage: Why married people are happier, healthier and better off financially [M]. Broadway Books, 2002.

[365] Xiao J. J., Anderson J. G. Hierarchical Financial Needs Reflected by Household Financial Asset Shares [J]. Journal of Family and Economic Issues, 1997, 18 (4): 333 –355.

[372] Yoo, P. S. Age dependent portfolio selection [J]. No. 1994 –003. 1994.

[366] Zeldes S. P. Optimal Consumption with Stochastic Income: Deviations from Certainty Equivalence [J]. Quarterly Journal of Economics, 1989, 104 (2): 275 –298.

[367] Zhou D. C., Xie H. D., Du Z. F. Empirical Test of Asymmetric Wealth Effect of China Stock Market [M]. The 19th International Conference on Industrial Engineering and Engineering Management. Springer Berlin Heidelberg, 2013: 1195 –1204.

[368] Zietz E. N. Multifamily Housing: A Review of Theory and Evidence [J]. Journal of Real Estate Research, 2003, 25 (2): 185 –244.

[369] Zukin S., Dimaggio P. Structures of capital: the social organization of the economy [M]. Cambridge University Press, 1990.

后 记

    2015 年以来，我花了不少的时间从事家庭金融（Household Finance）相关领域的研究，在研究过程中还获得了教育部人文社科青年项目"新常态时期农村居民家庭消费 – 投资行为的实证与动态模拟研究"（编号：15YJC790117）、教育部人文社科青年项目"教育可得性对农村贫困代际传递影响效应研究：作用机理、综合测度与政策选择"（项目编号：16XJC790004）、重庆市教育科学技术研究项目"乡村振兴战略下精准识别农村多维贫困与脱贫路径选择研究"等项目的资助。该书不少研究内容获得了陈志英副教授、周雅玲博士、李瑞琴博士等团队科研人员的大力支持，作为研究团队的重要成员，他们在本研究中在数据整理、实证分析中做出了非常多的贡献，对于本研究的顺利完成的作用非常大。课题组成员周雅玲博士的博士阶段的研究成果以及最终成行的博士论文的纳入极大的丰富了本研究成果的内容，不仅为本书注入了非常多的、有价值的学术内容，而且也丰富相关领域的研究，具有非常重要的作用。

    随着研究的深入，感觉家庭金融研究内容覆盖广博，觉得如能够更深入的对此研究，对中国三驾马车中的消费作用的发挥具有非常重要的意义。本书作为农村家庭金融研究的初步尝试，必然存在许多不尽完善之处，对此，欢迎读者批评和指正。也衷心期望，本书的发表能够为从事家庭金融研究的学者提供新的研究视角和思考方向。

    最后，我想再次感谢教育部人文社科青年项目和重庆市教委科学技术研究项目在研究经费上的资助，以及课题组成员的辛勤付出。

肖忠意

2018 年 10 月 1 日